KB261346

복이 될지라

복이 될지라

'본향'과 함께 걸어온 채영남 목사의 길

강영길 지음

홍성사

"하나님은 관계 신비주의자"라는 말이 있다. 신비롭고 절묘한 방법으로 사람과 사람을 연결시키시는 하나님의 섭리를 일컫는 말이다. 하나님의 능력을 체험해 본 사람이라면 이 말에 고개를 끄덕일 것이다.

1973년, 내가 초등학교 3학년이었을 때의 일이다. 어느 여름날 저녁, 친구가 우리 집에 찾아와서는 "교회에 전도사님이 오셨다"는 말을 전했다. 갑작스러운 그 소식을 듣고 어머니가 분주히 교회로 내려갔던 일을 나는 생생히 기억한다.

그분은 하나님의 사자로 우리 마을에 찾아와 복음의 불바다를 만든 뒤 1년 만에 떠나갔다. 그리고 약 3년 후 병약한 몸으로 다시 돌아왔다. 한번은 그분이 마당에서 제기차기를 하다가 우리 집 현관문 유리창을 깼다. 찢어지게 가난한 살림이었으니 만일 내가 깼다면 종아리를 맞았을 텐데, 유리창을 깬 장본인이 그분인 걸 알고 어머니는 그냥 웃고 말았다.

그분은 폐결핵이 걸렸으니 곧 죽을 거라고 했다. 하지만 그분은 죽지 않고 살아서 우리 마을을 떠나갔다. 그분은 떠났지만 우리 마을과 우리 교회의 전설이 되었다. 특히 우리 가족에게 그분은 '영적인 아버지'가 되었다.

그 후 난 그분을 꽤나 오랫동안 제대로 뵙지 못했다. 정말이지 거의 뵙지를 못했으나 항상 여러 통로로 그분의 소식을 들었다. 아니 내 가슴속에 늘 그분이 계셨다. 그러는 사이 그분은 점점 유명한 목사님이 되어 가고 있었고, 나는 작가가 되어 그럭저럭 잘살고 있었다.

2014년에 《밥보다 예수》를 쓰면서 기독교 문화계에 발을 내디딘 나는 작가로서 그분을 다시 만나게 되었다. 나의 친형인 강기호 목사가 그분과 함께할 자리를 마련했고, 나는 그분, 그분과 함께한 하나님, 하나님과 함께한 그분의 이야기를 쓰기로 했다. 관계 신비주의자이신 하나님께서 1973년의 인연을 오늘의 인연으로 만들어 주셨다. 오늘 이 글을 쓰게 하기 위해서 그 오래전에 목사님과 나를 만나게 하셨던 것이다.

회개하는 심정으로 솔직히 말하자면, 나는 유명한 목사님들을 색안경을 끼고 보는 경향이 있다. 이미 뉴스에서 많이 보아 온 대로 유명하다는 목사님들은 좀 세속적이랄까, 겉과 속이 다르다 할까…. 어쩌면 그분도 그렇게 되었을지 모르겠다고 생각했다. 책을 쓰기로 하고 곧장 취재를 시작했다. 나는 하나님 앞에 정직한 책을 쓰고 싶었기에 목사님의 '비리'나 '문제점'을 밝혀 보려 노력했다. 작가는 모름지기 균형감을 가져야 한다는 어설픈 사명감으로 목사님의 문제점을 찾아내어 이분의 본연의 모습을 증명해 보려고 무던히 애썼다.

우리나라는 세계에서 가장 성형 수술을 잘하기도 하고 많이 하기도 한다. 그래서인지 복음도 성형 수술을 하는 시대다. 복음을 그 럴듯하게 변형하는 것이다. 때로는 하나님이 하나님인지, 유명한 목회자나 혹은 유명한 사역자가 하나님인지 구분하기 힘들 때도 있다. 목사님도 그런 분일 수 있다고 생각하며 냉정하게 취재를 했다.

그러나 나는 취재를 하다가 사실 몇 차례나 감동의 눈물을 흘렸다. 아, 이런 목사님이 아직도 계시구나, 어린 나이에 내가 알던 그 전도사님이 여전히 그 모습 그대로의 목사님이구나, 세상에 이럴 수가, 이런 감탄사가 저절로 나왔다.

사랑을 실천하는 교회, 천하 만민에 복이 되는 교회가 전설로만 존재할 줄 알았는데, 정말로 존재한다는 데에 전율을 느꼈다. 채영남 목사님이 이끄시는 '본향교회' 이야기다.

그래서 늘 좋은 책을 내는 홍성사에 이 책을 내달라고 졸랐다. 형편이 안 될지라도 하나님 나라를 생각하는 홍성사에서 이 좋은 원고를 세상에 알려 줄 거라는 믿음이 있었다. 심심한 감사의 말씀을 드린다.

나는 그 어린 시절에 목사님과 겸상을 자주 했다. 공책 두 권을 붙인 정도 크기의 교자상에서 단둘이 자주 밥을 먹었다. 이 책의 내용 중에 목사님이 폐결핵에 걸렸던 이야기가 여러 차례 나온다. 목사님과 겸상을 했던 나도 폐결핵을 앓았다. 이 글을 쓰는 순간 겸상할 때 보았던 목사님의 인자한 미소와 보조개가 떠오른다. 그 고운 전도사님, 아니 채영남 목사님이 오늘 대한예수교장로회 통합 교단 100회 총회장이 되었다.

내가 감히 목사님을 평가할 수 있을지 모르겠다. 그러나 작가로서 균형감을 갖고 평가할 때, 목사님은 '성자'라고 감히 말하고 싶다. 그러나 이렇게 표현하면 목사님에게 지나치게 큰 부담을 드릴 테니 '사표'(師表)라고 말하고 싶다. 영어 사전은 사표를 'be looked up to as a leader of the age'라고 표현한다. 그 시대의 지도자로서 우러른다는 뜻인데, 그런 의미에서 목사님은 이 시대 목회자의 사표가 되실 만하다.

나는 이 책에서 목사님이 성자라고 불려야 할 이유를 증언했다. 그리고 목사님의 목회 철학이 한국 교회의 미래에 얼마나 큰 지표가 되는지를 알리고 싶었다. 한국 교회는 목사님의 삶과 믿음과 소명에 귀를 기울일 충분한 이유가 있다. 글쓴이가 자기 책을 끈기 있게 읽어 달라고 말하는 게 이치에 맞지 않은 당부라는 걸 잘 안다. 하지만 독자 여러분이 끈기 있게 책을 읽어 주길 부탁드린다.

이 시대의 사표, 채영남 목사님에게 하나님께서 더 큰 은혜 베푸시길 소망한다.

2015년 8월 1일

차례

사랑으로

행함으로

1974년 거문중학교 조회 시간에 복음을 전하고 성경책을 나누어 주다.

하나님은 늘 그러하듯 역설적 상황에서 은혜와 축복을 더 크게 주신다. 거문도에서 채영남의 가슴 깊은 곳, 아무도 보지 못할 그곳, 오직 하나님만이 볼 수 있는 그곳에 하나님께서 스티그마를 새겼다. 하나님이 선택한 그, 하나님이 선택한 종을 하나님은 버리지도 떠나지도 않으셨다. 이 외진 극락교회에서 하나님은 채영남 목사의 인생을 모두 회복시키셨다.

갈라디아서 6장 13-17절은 사도 바울의 유명한 자기 고백이다.

할례를 받은 그들이라도 스스로 율법은 지키지 아니하고 너희에게 할례를 받게 하려 하는 것은 그들이 너희의 육체로 자랑하려 함이라. 그러나 내게는 우리 주 예수 그리스도의 십자가 외에 결코 자랑할 것이 없으니 그리스도로 말미암아 세상이 나를 대하여 십자가에 못 박히고 내가 또한 세상을 대하여 그러하니라. 할례나 무할례가 아무것도 아니로되 오직 새로 지으심을 받는 것만이 중요하니라. 무릇 이 규례를 행하는 자에게와 하나님의 이스라엘에게 평강과 긍휼이 있을지어다. 이 후로는 누구든지 나를 괴롭게 하지 말라. 내가 내 몸에 예수의 흔적을 지니고 있노라.

예수의 '흔적'을 헬라어로 스티그마(STIGMA)라고 한다. 과거에는 짐승이나 노예에게 소유자의 낙인을 찍었는데, 이 낙인이 스티그마다. 사도 바울은 지울 수 없는 예수님의 흔적, 스티그마가 자신의 몸에 있다고 말하며 자신이 예수님의 소유물, 노예라고 고백한다.

채영남은 20대의 젊은 나이에, 인간의 눈에 보이지 않는 깊은 곳에 예수님의 스티그마를 받았다. 예수님은 폐결핵의 흔적이라는 낙인을 채영남에게 찍어 버렸다.

그가 22세이던 1973년, 호남신학교 2학년 여름방학이었다. 무더위도 한풀 꺾이고 방학도 저물어 갈 무렵에 여수에 있는 선배 한 사람을 만났다. 그 선배는 여름방학을 이용해 전도여행 다녀온 이야기를 들려줬다.

"여수에서도 배를 타고 일곱 시간, 거문도의 덕촌이라는 마을에 갔더니 가난한 동네지만 주민도 많고 사람들이 열정이 대단해. 그 동네에 복음의 씨는 뿌려졌지만 목자가 없더라고. 누군가가 가서 조금만 일해도 교회가 일어날 텐데, 안타깝게도 사람이 없더라."

이렇게 말을 했다. 채영남은 선배의 이야기를 심드렁하게 듣고 흘려보낸 채 2학기 개강 준비를 하고 있었다. 개강하여 학교에 돌아왔는데, 묘하게도 기도만 하면 그곳에 사역자가 필요하다는 선배의 말이 떠올랐다. 잊어버리려 해도 선배의 말이 머리에서 떠나질 않았다. 그는 적잖이 고민이 되어 선배들이나 지인들에게 상의를 했다. 그의 이야기를 들은 사람들은 한결같이 학교를 먼저 마치라고 했다. 졸업도 안 한 신학생이 시골 교회에 가서 어쩌자는 것이냐고들 했다.

그러나 그 선배의 말이 귓가에서 떠나질 않았다. 어딘지도 모르고 아는 사람도 없는 그 섬이 대체 왜 이렇게 생각이 나는 건지. 이제 햇병아리 신학생인데 미래를 생각하나 현재 자신의 입장을 생각하나 사역자로 어딘가를 간다는 건 어불성설이다. 그럼에도 그 선배가 했던 말이 계속 뇌리를 맴돌았다. 채영남은 하나님이 요나에게 사명을 준 것처럼 자신에게 준 사명이 아닐까를 생각했다.

채영남은 마침내 휴학계를 내고서 짐을 쌌다. 어디서 그런 용기가 났는지 알 수 없지만 1년을 작정하고 무작정 거문도로 떠났다. 대학생 혼자 몸이니까 짐은 선풍기 상자 하나로 충분했다. 뱃길은 멀고 험했다. 여객선에 오르니 거칠고 검은 바다가 끝도 없이 펼쳐졌다. 갑판 위의 햇살은 따가웠고 가도 가도 끝나지 않을 것만 같은 바닷길을 7시간 넘게 달린 끝에 드디어 거문도에 도착했다. 거문리에 내려서 사람들에게 물어보니 덕촌은 건너 동네라고 했다. 거문리에서 본 덕촌은 마을 중앙 뒷산 높은 봉우리에서 내려온 능선이 마치 독수리 날개처럼 양쪽으로 펼쳐져 있는 곳이었다. 마을은 꽤 커서 얼핏 보기에 200가구는 족히 될 것 같았다.

나룻배를 타고 덕촌리에 내려서 사람들에게 물어 교회를 찾아갔다. 동네 중턱에 돌과 시멘트로 건축한 자그마한 교회가 있었다. 교회에는 머물 곳이 마땅치 않았다. 교회 바로 앞에 사는 여자 집사님 댁에 머물렀는데 그분은 혼자 사는 청각 장애인이었다.

청각 장애인이다 보니 의사소통에 문제가 많았다. 채영남 전도사가 한 마디 하면 전혀 다른 말로 둔갑해서 교회에 퍼지곤 했다. 그래서 채 전도사는 성경에 의거하여 귀를 잡고 기도를 했다. 기도하면

복이 될지라

나을 거라는 확신으로 "열려라 에바다" 소리치기도 했다. 그러나 귀는 끝내 낫지 않았다. 긴 세월 후 그분의 귀가 꽤 열렸다는 소문을 듣긴 했으나 그 당장은 아무런 변화가 없었다. 그러나 성경에 있는 그대로 '믿는 열정' 하나로 그렇게 기도했던 것이다.

박 집사님 댁에서 사는 것이 쉽지 않았던 그는 원용연 집사(현재 권사)의 집에 머물게 된다. 이 인연은 채영남의 인생에서 아주 소중한 인연 중 하나가 된다. 자세한 사연은 《밥보다 예수》에도 상세하게 실려 있다.

덕촌교회에 간 지 불과 얼마 되지 않아서 교회는 들불처럼 일어나 부흥하기 시작했다. 그러나 가만히 보니 동네에는 신앙생활을 주도적으로 방해하는 두 사람이 있었다. 한 사람은 박천식이라는 사람이고 한 사람은 정세기라는 사람이었다. 두 사람 모두 아주 깐깐하고 성격이 고약했다. 특히 박천식은 말기 폐결핵 환자인 데다 인생을 막사는 사람이었다. 그는 아주 다혈질이었으며 걸핏하면 주먹부터 나가는 사람이었다.

채영남은 저 사람을 전도하지 않으면 안 되겠다는 생각을 하고 박천식을 찾아다녔다. 처음엔 말이 먹히지도 않았다. 그럴수록 찾아가서 이야기도 하고 함께 누워 있기도 하고 함께 식사도 했다. 그러자 박천식의 마음이 서서히 열리기 시작했다. 박천식은 채영남에게 음식을 함께 먹지 말라고 했다. 폐결핵이 옮을까 봐 걱정된 것이다. 하지만 채영남은 굴하지 않았다. 하나님을 전하다 순교한 사도들을 생각하면 하나님을 전하다가 병이 옮는 것은 순교적 사역이었다. 하나님을 전하는 데 한목숨 바친다 해서 후회될 것도 없었다.

후일 채영남이 폐결핵에 걸리자 그의 곁에는 어머니 한 사람을 제외하곤 형제들조차 가까이 오지 않았다. 나중에 병이 걸린 사실을 알게 된 원용연 권사와 덕촌교회 교인들은 그런 채영남 전도사를 가족으로 안아 줬고, 채영남 전도사의 부인 고계옥 사모만 병에 걸린 남자를 사랑해 주었을 뿐 병에 걸린 당시에는 모두가 채영남 곁을 떠나갔다.

마찬가지로 남들은 박천식의 근처에도 가지 않았다. 그러나 채영남은 그 일이 어렵지 않았다. 한 생명에게 하나님을 전해서 그를 구원해야 한다는 열정을 가진 채영남에게는 무엇 하나 거슬릴 게 없었다. 한 생명을 구하는 데 자신의 목숨을 아낄 수는 없었다. 박천식은 결국 예수님을 영접하여 성경 공부도 하고 집사가 되었다. 박천식의 변화와 더불어 정세기도 변화되어 예수를 믿었다. 박천식은 그 후로 5년 정도 신앙생활을 하다 35세를 일기로 그의 짧은 인생을 마쳤다.

덕촌교회에서 채영남은 매일 기도로 밤을 새다시피 하고 전도에 혼신의 힘을 다했다. 섬에 있는 유일한 중학교인 거문중학교에서 학교장의 허락을 받아 아이들에게 성경을 가르치기도 했다. 주일학교부터 장년 예배까지 모든 예배를 인도하며 오직 복음을 위한 정열을 불태웠다.

그 짧은 덕촌교회 생활은 그의 인생에서 하나님을 가장 뜨겁게 만난 최고의 순간이었다. 불과 일 년 동안 섬마을에는 들불처럼 신앙이 일어났다. 그때 박천식의 병이 채영남에게 옮겨졌으나 아무도 그 사실을 알지 못했고, 그 병은 긴 잠복 기간을 갖는다. 그러나 그 병은 스티그마가 되었다. 복음에 목숨을 건 그에게 하나님은 "너는

복이 될지라

내 소유물"이라고 말씀하시며 아무도 볼 수 없는 폐에 낙인을 찍었다. 만일 그런 병에 걸리지 않았다면 아마 채영남은 그 초기의 열정을 잊고 살았을지 모른다. 그러나 평생을 따라 다닌 병의 흔적, 스티그마로 인해 채영남은 젊은 날의 그 열정을 잊을 수도 없고 하나님의 은혜로부터 벗어날 수도 없었다. 하나님을 감동시킨 그에게 결코 지울 수 없는 종의 표지를 선물로 준 것이다.

1974년 한국 기독교사에 족적을 남긴 '엑스플로 74' 집회가 여의도 광장에서 열렸다. 그 집회에 거문도 5개 교회 교인들이 30명 이상이 참석했다. 그중 채영남 전도사가 있는 덕촌교회 교인이 가장 많이 참석했다. 서울이라곤 평생 가보지 못한 사람들이 집회에 참석하려고 빚까지 얻어서 난생처음 서울 땅을 밟는 순간이었다. 비록 짧은 기간이었으나 참가자들은 많은 은혜를 받고 거문도로 돌아왔다.

여의도 집회가 있기 전에 입대 영장이 나왔다. 그러나 그는 아무에게도 그 사실을 말하지 않았다. 만일 그 사실을 말하면 집회에 참여하는 성도들의 마음이 흔들릴 수 있었다. 집회에서 돌아오자마자 채영남은 교인들에게 이 사실을 알렸다. 그 순간 교회는 삽시간에 눈물바다가 되었고 채영남 전도사도 같이 울었다.

그는 1년 전 거문도에 혜성처럼 나타났던 것처럼 또 그렇게 홀연히 떠났다. 그가 거문도에 있는 동안 집중한 것은 '복음의 씨앗'을 뿌리는 일이었다. 아주 간단히 말하면 '오직 예수'만을 전했다. 그가 단 1년 동안 뿌린 복음의 씨앗을 받은 많은 사람들이 오늘까지 하나님의 용사로 살아가고 있다.

채영남 전도사는 사례비 50원을 받았으나 그마저도 헌금해 버렸다. 그리고 군생활을 하면서 월급을 모아 덕촌교인들에게 보내기도 했다. 그는 해외가 아니라 육지에서 가장 먼 섬으로 선교를 나가서 필사적으로 오직 하나님만을 전한 선교사였다. 필사적이란 '반드시 죽을 각오'로 무언가를 한다는 뜻인 바, 채영남은 필사적으로 하나님을 전했다.

채영남은 신안군 비금면 당산리에서 7남매 중 막내로 태어났다. 그의 아버지는 예수를 믿지 않았으나 신실한 성도였던 어머니 덕분에 모태신앙인이 되었다. 오늘의 채영남 목사가 있기까지 수많은 분들이 그를 도왔으나 그중 더욱 특별한 세 명의 여인이 있었다. 그 한 분이 어머니이고 또 한 분이 고계옥 사모이며 마지막 한 분이 원용연 권사다.

어머니는 처녀 때부터 예수를 믿었는데 친정이 도교 집안이었기에 사실상 집에서 쫓겨나 오빠의 집에서 살았다. 오빠 집에서 식모살이를 하면서 교회를 다녔는데 한 청년이 프로포즈를 했다. 그러나 어머니는 예수를 믿지 않는다는 이유로 거들떠보지도 않았다. 그러자 청년은 교회에 나와 학습까지 받고 예수를 믿겠노라고 약속하여 결혼 승낙을 얻었다.

그러나 정작 결혼을 하니 교회를 나오지 않음은 물론 핍박을 하기 시작했다. 남편만 그러한 게 아니라 시댁 식구들이 하나같이 핍박을 했다. 남편에게 핍박당한 것은 헤아릴 수도 없고 시아주버니에게 머리채를 잡히기도 했다.

마을에는 교회가 없었다. 두 시간 이상 걸어야 당도하는 교회에 예배를 드리러 다니다가 나중에는 직접 당산교회를 지었다. 채영남의 어머니는 행상을 해서 교회와 목회자를 섬기고, 돌을 머리에 이고 날라서 교회 건물을 지었다. 믿음 하나로 평생을 살아온 어머니는 돌아가시기 얼마 전까지 당산교회를 지켰다. 자녀들이 다 성공해서 살았으나 끝까지 고향에 있었던 것은 본인이 직접 행상을 해서 번 돈으로 목회자들을 섬기기 위해서였다. 오늘의 채영남 목사가 존재하는 데 그 어머니의 믿음과 기도가 가장 큰 역할을 했다. 아버지가 일찍 돌아가시고 어머니 홀로 오직 기도와 믿음으로 채영남과 그 형제들을 키운 것이다. 그야말로 장한 믿음의 어머니다.

어머니는 채영남이 어렸을 때 교회에 가지 않으면 나무라기도 하고 때리기도 해서 교회에 꼭 나가게 만들었다. 채영남은 성장하여 광주에서 중학교를 다니고 숭일고등학교로 진학을 했다. 고등학생이 되어서 보니 예수 믿는 사람들이 다분히 이중적인 삶을 사는 것이 눈에 거슬렸다. 교회에서의 삶과 밖에서의 삶이 다른 교인들을 보며 채영남은 깊은 회의에 빠졌다.

그런 회의 속에서 공부도 점점 멀어졌고 학교 생활도 소홀히 하게 됐다. 폭력 서클에 가입해서 문제아들과 어울려 다니기도 했다. 마침내는 고 3때 집을 나와 버렸고 대학은 아예 갈 생각도 하지 않았다.

아주 고아처럼 돌아다니고 있을 때 목포에 사는 친구 생일을 축하하고자 목포에 갔다. 생일잔치를 마치고 광주로 돌아오는 기차를 탔는데, 하나님께서 예비하여 보낸 분이 그 기차간에 있었다.

채영남의 큰형이 채남선 목사다. 그는 약국을 하여 성공한 사람인데 대단한 믿음을 가진 사람이었다. 채남선 목사가 CCC 순천 여수 지부 대표로 부임해서 여수 순천 지도자 강습을 하기 위한 집회를 열었다. 목포는 여수, 순천과는 같은 전라도라도 교통이 아주 불편하다. 목포에서 순천으로 가려면 광주로 올라왔다가 다시 내려가야 한다. 그런데 채남선 목사의 순천 집회에 가기 위해 목포에서 광주로 기차를 타고 가는 분이 있었으니, 바로 채영남의 어머니였다. 채영남과 그의 어머니가 그 기차에서 만났다. 그 만남은 하나님의 예비하심이라는 말이 아니고선 설명할 수 없는, 결코 우연이라고 할 수 없는 운명적 만남이었다.

채영남은 어머니에게 붙들려서 순천까지 갔다. 순전히 어머니 때문에 본인이 원치도 않고 뜻하지도 않은 CCC 집회에 참석했다. 그 행사에서 채영남은 예수님을 깊이 만났다. 그동안 예수님을 알기는 했으나 피상적인 지식이었다. 그러나 CCC 집회에서 예수님을 알고 예수님의 사랑을 깊이 체험했으며 그동안의 삶을 청산했다.

채영남은 순천에서 세광교회를 다니면서 1년 동안 CCC에서 섬겼다. 그동안 그는 무엇을 위해 살아야 하는지를 분명히 깨달았다. 그래서 다음 해에 호남신학교에 진학을 했다. 호남신학교에 진학한 후 사도행전의 사도들처럼 예수님에 대한 정열이 활활 타오르던 그 시절 선배가 거문도 이야기를 했던 것이다.

25세 후반쯤 급격히 몸이 나빠지면서 폐결핵이 왔다. 그동안 잠복해 있던 결핵균이 군대에서 활동을 시작한 것이다. 병이 걸려 제대를 하고 고향으로 내려가서 쉬면서 금식기도를 했다. 훈련받을 때 배운 대로 기도의 일반적 순서에 따라 기도했다. 사흘은 회개 기도를

복이 될지라

하고 사흘은 병을 고쳐 달라는 간구 기도를 하고 사흘은 병을 고쳐 줘서 감사하다는 기도를 했다. 그리고 앞날을 주님을 위해 살겠노라고 서언을 한 뒤 믿음으로 약병을 내팽개쳤다. 기도를 했으니 믿음대로 되리라고 확신했다. 그러나 그렇게 되지 않았다. 그때 일시적으로 목포의 제2교회에 나가고 있었는데, 어느 날 피를 토하며 응급차에 실려 병원으로 갔다.

돌이켜 보면 그것은 채영남 자신의 믿음이었지 하나님의 응답은 아니었다. 만일 기도해서 모든 게 해결된다면 그것은 기도하는 사람의 능력이지 하나님의 은혜가 아니다. 그것은 사람의 의로 이뤄진 것이지 하나님이 은혜가 아니다. 하나님의 때는 인간의 때와 다르다. 인간의 기도에 응답하지 않는 때에는 하나님의 더 큰 계획이 숨어 있는 것이다.

화순에서 요양을 하고 있을 때 덕촌교회가 잘 성장하고 있는지도 궁금하고 오래 소식을 못 전한 터라 원 권사께 편지를 했다. 그 편지를 받은 원 권사가 채영남을 찾아왔다. 교회 교역자가 없으니 와서 요양도 하고 주일에 제단만 지켜 달라고 했다. 원용연 권사는 채영남 전도사가 덕촌교회에 큰 은혜를 주었는데, 그 은혜를 다 갚지 못했다는 부채감을 갖고 있었다. 이에 원 권사는 하루 종일 이동해야 하는 먼 길을 찾아갔다. 그러나 채영남 전도사는 자신이 그곳에 가는 것이 교회에 짐이 될 거라는 생각에 거절을 하고 돌려보냈다.

당시 형제들도 아무도 없이 홀로 막내아들을 돌보고 있던 그의 어머니도 거문도로 가라고 강권했다. 기도 끝에 원 권사에게 가겠노라고 전보를 했다. 그러자 원 권사가 직접 화순으로 와서 이사를 도왔다.

덕촌교회에 온 후는 원 권사댁 작은 방에 머물렀다. 일찍 남편이 죽고 아이들을 홀로 키우는 원 권사는 찢어지게 가난한 살림을 살고 있었다. 믿음은 이제 연약해질 대로 연약해져 발목 믿음에 불과했으나 그에게는 헌신된 순종이 있었다. 원 권사는 채소를 팔아다 채 전도사를 섬겼다. 그리고 목회자를 살려 내겠다는 일념 하에 할 수 있는 일은 거의 다했다. 괄괄한 성격이라 아이들에게는 신경질을 내기도 했으나 채 전도사 앞에서는 힘든 내색 한 번 하지 않았다. 원 권사만이 아니라 온 교회 성도가 채 전도사의 건강을 위해 애끓는 기도를 했고 약이 될 만한 것이나 음식을 챙겨 주었고 사랑도 주었다.

성도들의 기도와 보살핌에 하나님께서 감동한 것일까. 기도 중에 채 전도사의 뒤에서 예수님의 형상이 보인다는 성도들도 있었다. 채 전도사는 몸이 아파서 앉은 채로 기도를 할 수가 없기에 누워서 기도를 했다. 그때 누군가가 낭랑한 목소리로 그를 위해 기도하는 소리가 들렸다. 누군가 싶어서 눈을 떠보면 아무도 없고 뒤를 돌아 봐도 아무도 없었다. 그때 채 전도사는 성령님께서 말할 수 없는 탄식으로 자신을 위해 기도한다는 사실을 알 수 있었다.

채영남의 인생 전체를 들어 영적 상태가 가장 최상이었던 시기가 바로 그 시절이었다. 죽음의 목전에서 언제 하나님이 자신을 불러 갈지 모르던 그때, 그래서 내가 갖고 있는 모든 것을 놓아 버리고 오직 하나님만 바라봤던 바로 그때가 최고의 영적 상태였다. 바로 그런 상황에서 성령의 역사를 거부하지 않고 받아들이면 주님께서 그 받아들이는 자를 영적으로 성장시킨다.

어느 날 밤, 그 작은 방에 누워서 비몽사몽 하는데 화려한 옷을 입은 어떤 분이 나타나 채 전도사 가슴에 손을 얹고 이런 말을 했다.

"이제는 치유되었다. 이제는 끝났다. 이제 몸 관리를 잘하라. 몸 관리는 잘먹고 쉬는 게 아니라 하나님과의 관계, 영적인 관계를 건강하게 하는 것이다."

그 말을 듣고 채 전도사는 실제인 것처럼 답을 했다.

"아멘, 주여!"

이렇게 답을 하며 벌떡 일어났다. 그 음성을 듣고선 치료되었다는 것을 확신했다. 바닷가를 걸어 보기도 하고 뛰어다니기도 했다. 그의 몸은 정말 가뿐해졌다.

채영남은 생각했다. '하나님께서는 왜 이 땅으로 나를 다시 불렀을까? 병을 얻은 덕촌교회로 다시 나를 불러서 병을 낫게 한 이유는 어디에 있을까?' 한낱 인간이 하나님의 뜻을 온전히 알 수는 없겠지만, 분명한 것은 하나님께서는 그 상황을 통해 수많은 사람을 일으켜 세웠다는 사실이다. 그는 22세의 젊은 나이에 와서 복음의 씨앗을 뿌려 새싹이 나는 것을 보고 떠났다. 그런데 4년 후에 다시 와서 죽을병을 이겨 냄으로써 채영남 자신과 덕촌교회의 교인들을 일으켜 세웠다. 하나님은 복음의 씨만 뿌릴 것이 아니라 줄기와 가지가 생길 때까지 그곳에 머무르기를 원했던 것일까? 채 전도사를 가장 사랑하는 사람들 곁에서 그를 치유시키고 그 사람들이 영원히 하나님의 사람이 되는 모습을 증거로 보여 주었으며 채 전도사 자신이 전 생애를 걸어 하나님을 위해 살도록 기름 붓기 위해 불러온 것 아닐까? 이제는 생명을 거두어 달라고 로뎀나무 아래에서 부르짖던 엘리야를 호렙산으로 인도해 기름을 부은 것처럼 채영남의 삶에 기름 붓기 위해, 주님을 향해 온전한 순종을 했던 청년 채영남을 그 땅으로 다시 불러들였던 것 아닐까?

병이 아직 위중할 때 큰 위로가 되었던 것은 평생의 반려자, 고계옥 사모의 편지였다. 목포의 병원에서 몇 번 본 게 전부였으니 하나님이 맺어 주지 않았다면 서로에게 사랑이 싹틀 수 없는 상황이었다. 병을 앓는 동안에도, 그 이후에도 고계옥은 지극정성으로 기도하고 물심양면으로 채영남을 챙겨 줬다. 곧 죽을 사람을 사랑해 주고 일생을 함께할 각오를 하는 것은 굉장한 믿음과 용기였다. 그 믿음과 용기는 채영남에게도 든든한 희망과 용기를 불어넣어 주었다. 하나님께서 두 사람에게 가장 합당한 배우자를 허락해 준 것이다.

고계옥은 채영남의 고향 친구의 여동생이다. 썩 친하지 않았던 친구였으나 제대 후에 믿음 안에서 친해지면서 여동생을 소개받았다. 그러나 채영남은 몸이 심각하게 병든 상황이며 아직 학생 신분이라 결혼은 꿈도 꾸지 않았다. 간호사인 고계옥은 목사 사모의 길을 가게 해달라고 기도를 하던 차에 채영남을 만나게 된 것이다.

그날 환상을 본 후 날로 병이 나아져서 이제 광주로 나갈 무렵에 고계옥 사모에게서 편지가 왔다. 거문도에 한 번 방문하겠노라고 했다. 채영남 전도사는 이 먼 곳까지 왜 오느냐고, 오지 말라고 답장을 보냈다. 그러나 고계옥 사모는 꼭 가야겠노라고 했고, 마침내 그 머나먼 섬까지 찾아왔다. 목포에서 광주로, 광주에서 여수로, 여수에서 하룻밤을 묵은 후 아침에 출발하여 오후 세 시에 도착하는 배를 타고 왔으니 그 용기와 사랑에 감동하지 않을 수가 없었다.

안정된 직업을 내려놓고 스스로 결단한 선택치고는 무모하고 어리석은 것일 수 있었다. 대학 2학년 이후 휴학한 지 너무나 오래되어서 언제 다시 졸업할지도 알 수 없는 남자, 경제적 능력도 없는 남자, 게다가 곧 죽을병까지 걸린 남자, 그야말로 아무것도 내세울 것이 없는 남자를 선택하여 일생을 건 용기는 하나님이 주신 마음이 아니고선 불가능한 일이었다.

병이 말끔하게 나아지기까지는 그 후로도 오랜 시간이 걸렸지만 병이 차츰 나아지고 있으니 학교도 복학을 해야 하고 새로운 인생을 살아야 했다. 거문도에서 나와서 이듬해 4월 5일에 결혼을 하고 화순에 있는 영생교회에 자리를 얻었다. 학교도 2학년 2학기로 복학했다. 휴학을 할 때는 학교를 그만두고 일반 대학을 가려고 했으나 아프고 나서는 오직 감사한 마음으로 복학을 했다.

영생교회로 간 것은 채영남의 인생에서 큰 시련과 연단이었다. 특히 교회와의 관계 문제를 정립하는 데는 좋은 시험대가 되었다. 영생교회는 한 장로님이 개척을 하여 13년이 된 교회였다. 그동안 한 번도 목회자를 모신 적이 없는 교회에 첫 전임 사역자로 채영남 전도사가 간 것이다. 그러나 교회를 개척한 장로님은 그동안 모든 것을 자기 뜻대로 하다가 목회자를 섬기게 되니 몹시 불편해했다. 물론 훗날에는 그 장로님이 큰 힘이 되어 주었으나, 당시로서는 관계가 점차 어려워지기만 했다. 이 교회에 있어선 안 되겠다고 생각한 그는 어디든 좋으니 새 사역지를 달라고 기도했다.

그렇게 해서 극락교회로 왔다. 극락교회는 본향교회의 전신이다. 기도해서 나왔다고 하지만 사실상 쫓겨난 모양새였다. 더구나 아내는 열 달이 꽉 찬 만삭의 배를 이끌고 떠나와야 했으니 절망감마저 들었다. 마음이 어려워지니 몸도 쇠약해졌다. 극락교회는 광주 근교라곤 하지만 거문도 못지않은 오지였다. 영생교회는 성도들이 100명쯤 되었는데 극락교회는 불과 30명 정도였다. 인간의 눈으로 보기에는 너 화려했던 영생교회에서 실패하고 인간의 눈엔 보잘것없는 극락교회로, 실패자처럼 들어온 것이다.

그러나 하나님은 늘 그러하듯 역설적 상황에서 은혜와 축복을 더 크게 주신다. 거문도에서 채영남의 가슴 깊은 곳, 아무도 보지 못할 그곳, 오직 하나님만이 볼 수 있는 그곳에 하나님께서 스티그마를 새겼다. 하나님이 선택한 그, 하나님이 선택한 종을 하나님은 버리지도 떠나지도 않으셨다. 이 외진 극락교회에서 하나님은 채영남의 인생을 모두 회복시키셨다.

섬김으로

섬김으로

존경받아 마땅한 지도자   이성기 (본향교회 선임장로)

목사님은 성도가 종으로 사는 자세에 대해 강조하고 본인도 그렇게 본을 보인다. 사람이 하는 일이 인간의 자랑이 되면 안 된다.

나는 부족한 사람이라서 아는 것도 별로 없고 할 말도 많지가 않다. 다른 사람들이 나보다 훨씬 말을 잘하고 아는 것도 많으니 나같은 사람이 무언가를 적는다는 게 좀 어쭙잖다. 그러나 이 글을 통해 하나님이 영광받으시길 원하며 몇 자 적어 본다.

내가 조대부중 2학년일 때 우리 동네에 최양심 권사님이 구역장으로 계셨는데, 그분의 인도로 친구들과 교회를 몰려다녔다. 나는 그때부터 지금까지 교회를 꾸준히 다녔으나, 함께 몰려다니던 친구들은 다들 어디론가 가고 나만 남았다.

나는 학교를 졸업하고 직장생활 때문에 십 년쯤 나주에 있는 교회를 다녔다. 거기서 결혼하고 젊은 나이에 장로가 되었다. 그 교회를 다니다가 고향으로 와야겠다는 생각이 들었다. 그냥 부모님 곁으로 오고 싶었다. 지금은 형님 댁과 사백 미터 정도 거리에서 산다.

교회 안팎에서는 나더러 본향교회의 기둥이라고 하지만, 나는 사실 기둥이 아니라 심부름꾼이다. 우리 교회에는 나보다 선배인 김기섭 장로님이 있다. 신앙생활을 61년간 계속해 오며, 처음부터 우리 교회를 지킨 분이다. 그런 분 앞에서 나 같은 사람이 기둥이라고 하는 건 어불성설이다. 그분이 겸손해서 내가 드러나 보일 뿐이다.

그러나 누가 기둥이냐가 우리 교회에서 중요한 것은 아니다. 가장 중요한 것은 우리 교회 교인들이 하나님을 사랑하듯 모두 하나님의 위임자로서 목사님을 사랑한다는 사실이다. 우리가 목사님을 이처럼 사랑하는 것을 보며, 좀 과한 표현으로 사이비 교주 같다고 말하는 사람도 있다. 그러면 성도들이 목사님을 사랑하지 않고 늘 견제하며 따라가야 하는 것일까? 하나님이 목사님을 세웠으니 우리가 영적 리더를 사랑하며 따라가는 것은 당연하다. 목사님은 우리와 함께 고통을 당했고 우리와 함께 일어섰으며 우리와 함께 걸어왔다. 그러니 그분을 온 교회가 사랑하는 것은 당연한 일이다.

목사님께는 섬김의 자세가 배어 있다. 어떤 것이든 억지로 한다면 그것은 일이 년 후에 탄로가 난다. 우리는 목사님과 반평생을 함께했다. 목사님은 섬김의 은사를 지닌 분이다. 섬기는 것을 좋아하는 나로서는 그런 면에서 목사님과 서로 잘 맞다. 이런 나를 사용해 준 목사님께 감사할 뿐이다.

목사님의 섬김에 대해 한 가지 예를 들겠다. 당회 모임하면 보통은 교회 돈으로 밥을 먹을 것이나 우리는 교회 돈으로는 식사를 하지 않고 장로들이 내는 게 관례다. 그런데 목사님은 장로님만 내게 하지 않고 목사님이 들어갈 때 미리 결제하곤 한다. 이 점이 다른 목사님과 다른 점이다. 이처럼 목사님은 작은 데서부터 섬기려 한다.

이런 개인적 차원만이 아니라 사회적 차원에서도 목사님은 섬김의 목자 그 자체다. 가령 경로잔치도 그렇다. 경로잔치는 우리 교회가 아주 작을 때부터 시작했는데, 지금 이 지역이 완전히 도시화되었음에도 계속해서 이어지고 있다. 지금은 우리 지역의 행정관서와도 연계하여 잔치 때에 오백 명 이상의 노인들을 모신다. 우리 교회는 누구에게든 어떻게든 더 주려고 한다. 무언가 덜 내려고 하지 않는다. 이런 이유로 우리 교회는 동네와의 관계가 매우 좋다.

우리 교회에 목사님이 계시기까지 힘이 되어 준 분이 지금은 소천하신 김홍철 초대 장로님이다. 그분은 경찰서 간부도 하고 면장, 지서장도 했다. 당시 면장의 권력이 상당했다. 그분은 주변 분을 정말 잘 섬겼는데, 목사님과도 의기가 맞아서 지역 사회와의 관계를 잘 유지할 수 있었다.

지역 사회와 우리 교회는 형제애를 갖고 살아왔다. 우리 교회 역사에서 중요한 사건이 하나 있다. 1990년에 교회를 지을 때 건축 허가가 나지 않았다. 워낙 유명한 사연이라 본향교회 교인이면 누구라도 자랑할 이야기다. 교회 건축 허가가 나지 않았는데 동네 사람들이 우리 동네에는 본향교회가 꼭 필요하니 건축 허가를 내달라는 서명 운동을 펼쳐 주었다. 그리하여 극적으로 허가가 나서 교회가 건축되었다. 본향교회는 그냥 단순한 교회가 아니라 우리 동네에 꼭 필요한 시설물로 자리매김했다. 병원이나 학교가 꼭 있어야 하는 것처럼 교회가 이 지역에 꼭 필요하다고 인정받은 것이 얼마나 가슴 뿌듯한 일인지 모른다. 우리 교회가 하나님의 이름을 세상에 드러내고 있다는 것이 우리 교인의 긍지요 자부심이다.

우리는 처음부터 지금까지 지역과 함께 가야 한다는 목회 철학을 유지해 왔다. 1977년에 우리 교회는 지금의 극락새마을금고의 전신인 극락신용협동조합을 설립했다. 그 조합을 목사님이 부임하면서 살아 있는 조직으로 운영했다. 지금은 그 조합이 행자부로 넘어가서 새마을금고 연합회가 관리하지만 시작은 우리 교회가 했다. 당시에는 새마을금고가 운영이 꽤 잘되었고, 교인들이 직원으로 일했으며 교회 발전에도 영향을 줬다. 또 1984년에는 지역 보건소를 설립하여 담임목사님 사모님이 소장으로 일했다. 병원이 없는 동네에서 지역 주민들의 건강을 돌보는 등 우리 교회는 이 지역에서 꼭 필요한 일들을 감당해 냈다. 이런 과정이 있었기에 지역민들이 이 교회가 지역에 꼭 필요하다는 것을 인정해 준 것이다.

지금은 사회적 연대로 동사무소 같은 데 협력을 많이 한다. 지역에서 행사를 하면 장소 제공은 물론 차량 지원도 하고 식사 제공을 하기도 한다. 동네에서 큰 행사를 하면 장소와 주방 등을 내드린다. 경로대학 잔치도 우리 교회에서 연다. 지금도 지역 유치원이나 어린이집 등에서 행사를 하면 교회 홀을 다 내준다. 본향교회가 동네의 허브가 된 셈이다.

동사무소 등 지역 사회에서도 교회를 귀하게 여겨 준다. 추석과 설 명절 때면 운남동·신가동·신창동·수암동 지역에 사랑의 쌀 나누기를 한다. 우리는 많은 돈은 아니라도 지역 사회에 기여하려고 노력한다. 이런 성전을 허락하셨을 때 하나님께서 더 좋은 교회로 사용하라고 허락하신 것이다.

위의 네 개 동에 행사 때마다 인력도 동원해 주고 기사도 보낸다. 그런 것들은 당연히 우리 교회가 할 일인 것으로 모두가 알고 있다. 교회 일도 하기 싫어서 이리 빼고 저리 빼는 현실인데, 우리 교인들은 교회 일은 물론 사회봉사에 동원해도 부르기만 하면 모두가 적극적으로 협력한다. 그것은 우리 교회에서는 특별한 게 아니라 자연스러운 일이다.

나는 동사무소 주민자치회에 들어갔다가 지금은 주민자치 위원장이 되었다. 내가 그곳에 간 것도 동에서 무엇이 필요한지 알기 위해서 들어간 것이다. 우리 교회는 지역을 돕는 중요한 공급원이다. 목사님은 물론이고 나를 포함한 모든 교인이 어떻게 하면 지역과 같이 갈지를 생각한다. 우리가 지역을 사랑하니까 지역 사회도 우리를 긍정적으로 생각해 준다. 본향교회에 대한 주변의 여론이 정말 좋다.

우리 교회에는 큰 부자가 없다. 부자가 없으니 건축을 할 때도 한 사람이 많은 헌금을 한 게 아니라 모두가 십시일반 힘을 합했다. 그것이 정말 좋았다. 모름지기 한 사람이 돈을 많이 내면 자연스레 기득권 행사를 하기 마련이다. 설령 본인이 기득권을 주장하지 않더라도 주변 사람이 기득권을 주려고 한다. 그러나 그런 사람이 없으니 오히려 다들 힘을 합했다. 그것이 교회 아닌가 한다.

모든 교회가 폭발적으로 성장하는 시기가 있다. 우리 교회도 1990년대에 폭발적으로 성장했다. 지금은 그 시기처럼 성장하진 않지만 이쪽으로 이사 온 분들이 교회를 정하러 왔다가 말씀이 좋아서 등록했다는 분이 많다. 우리 목사님은 설교할 때 살을 많이 안 붙이고 오직 뼈만 말씀하신다. 아주 깔끔하다. 그래서 모두 좋아한다. 예배도 열린 예배다. 지킬 것은 확실히 지키고 열 것은 확실히 개방한다.

우리 교회는 평신도 사역에 주력한다. 그런데 안타깝게도 성도들이 시키는 일은 잘하는데 찾아서 하는 일은 좀 덜한다. 어쩌면 교회가 성도들을 적극 이끌지 못한 탓일 수도 있다. 교회가 동기 부여를 하고 성도들이 찾아서 일하는 방향으로 가야 할 것이다. 교회는 성도들이 더 열심히 하도록 길을 열어 줘야 한다.

목사님의 카리스마도 중요하지만 성도들의 움직임도 중요하다. 그러기 위해서 교회가 성도들과 더욱 소통하고 성도들이 교회와 소통하여 일을 만들어 내고 일을 찾아서 하면 좋겠다. 소통을 통한 발전을 더욱 모색해야 한다. 선임장로로서 내 책임은 목회자들과 성도들 사이에서 소통의 통로가 되는 것이다.

우리 교회는 건축할 당시 분쟁이 없었다. 일단 결정하면 분열되지 않는 건강한 의사 구조 덕분이다. 다른 교회는 건축할 때 장로님들이 와서 말하고 집사님들이 와서 말하고 헌금 많이 한 사람이 잔소리하고 그러지만 우리는 전혀 그렇지 않았다. 실무자를 선임하면 목사님과 그분들이 의논해서 매끄럽게 간다. 성도들은 그 일이 잘 이뤄지도록 기도하고 돕는 데 최선을 다했다. 우리 교회는 규모가 크지만 안에서 일어나는 일들은 마치 행복한 초대교회처럼 평화롭다.

나는 교회 건축을 하면서 내 인생의 방향도 바꾸었다. 나는 원래 다이너마이트 1급 기사다. 건물을 허무는 일을 하다 보니 건축에 대해 조금 알게 되었다. 그래서 목사님이 나에게 건축 감독 일을 맡기셨다. 교회 건축하느라고 직업을 놓아 버렸다. 교회를 지을 동안 돈

을 벌 수도 없었다. 그래서 먹고살 방편으로 보험 설계를 해보려고
했다. 목사님이 차량 딜러를 해보는 게 어떠냐고 권하셨다. 그래서 차
량 판매에 뛰어들었다. 그때가 2003년이다. 고급 기술인 다이너마이
트 기사 일이 시간도 많고 월급도 일반인보다 훨씬 많았기에 주변 사
람들은 내가 일을 그만두는 것에 대해 한심한 눈길을 보냈다.

그러나 목사님은 시간이 자유로운 일을 하면 교회일도 더 열심히
할 수 있어서 좋지 않으냐고 했다. 과연 나는 훨씬 자유로워졌고 하
나님 일하기도 수월해졌다. 소득도 오히려 늘어났다. 근무 시간이 자
유로우니까 교회 행사마다 무조건 올 수 있고 수시로 교회를 둘러볼
수 있었다.

나는 원래 굉장히 말이 없고 내성적이다. 그런데 교회 건축을 하
느라 직업을 바꾸었고, 직업을 바꾸니 말을 안 할 수 없었다. 자동차
딜러가 침묵을 지키고 있어선 안 되니까 입을 열기 시작했는데, 덕분
에 성격에도 변화가 와서 외양적이 되었다. 원체 말을 못했으니 영업
을 할 수 있으리라고는 생각도 못했다. 농담도 할 줄 몰랐다. 그런데
목사님의 권고로 이렇게 성격도 많이 바뀌었다.

나는 자랑할 것이 없으니 내가 할 수 있는 일에 최선을 다할 뿐이
다. 나는 어디에서든 나서는 것보다 뒤에서 돕는 게 좋다. 그래서 교
회에서 내가 가장 즐겨 하는 일은 교회 안내다. 장로가 자랑거리가
아니다. 예수님도 이 땅에 종으로 오셨는데, 하물며 일개 장로가 어
디 자랑할 일인가? 나는 가능하면 교인들을 세워 주고 칭찬하고 도
와주고 싶다. 주일날 로비에서 성도들을 안내하다가 아이들이 오면
더 반가워한다. 그 아이들이 우리 교회의 미래다.

내가 우리 목사님을 존경하는 이유는 말씀과 삶이 정말로 일치하는 분이기 때문이다. 장로들은 목사님이 무언가 안건을 내놓았을 때 "기도해 봅시다"라는 말은 한 번도 하지 않았다. 원래 장로님들은 어떤 사안에 대해 마음에 걸림이 있으면 기도해 보자고 하는데, 그동안 목사님의 제안이 마음에 걸린 적이 없다는 말이다.

목사님이 우리와 함께한 햇수가 35년이다. 그렇게 오래 함께 지냈는데 목사님 흠잡을 데가 없겠는가? 무언가 실수가 드러날 수도 있고 어딘가 말과 행동이 다를 수도 있다. 그러나 목사님은 전혀 그렇지 않았다. 애초부터 하나님이 그렇게 만들어 놓으신 분 같다. 지금도 우리 장로들은 한결같이 목사님을 우러러본다. 그런 존경심 때문에 장로들이 한마디도 반대하지 않는다. 나는 이런 목사님을 지금도 존경하고 있으며 끝까지 존경하고 싶다.

목사님의 제안에 대해 장로들끼리도 의견이 다를 수 있다. 장로들의 의견이 다르면 교회가 분열된다. 그러나 우리는 목사님 중심으로 뭉쳐 있으니 문제 생길 것이 없다. 사십 년 가까운 세월을 목사님과 함께한 그 긴 기간 동안 목사님이 작은 것 하나라도 실수하는 분이었으면 이렇게 뭉치긴 어려울 것이다. 반복하는 말이지만 목사님은 정말로 하나님 중심으로 사는 분이다.

목사님이 대외적인 일을 하면 교회에서는 선임장로가 리더가 되어야 한다는 말이 있다. 그러나 나는 그런 사람이 아니다. 나는 그저 목사님을 뒤에서 돕는 사람일 뿐이다. 목사님을 세워 드리는 것이 우리가 사는 길이다.

우리 목사님에 대한 평가가 본향교회 내에서만 이러한 것은 아니

복이 될지라

다. 밖에 나가도 목사님을 보는 평판이 내가 보는 눈과 똑같다. 광주만이 아니라 여러 지역의 많은 분들이 목사님을 평할 때 신사적이고 예수님의 향기가 나는 분이라고 한다.

부총회장 선거에서는 선거의 특성상 상대 후보와 각을 세우지 않을 수가 없었다. 하지만 그런 선거 분위기에도 불구하고 목사님의 인격과 목회자로서의 자질을 문제 삼는 사람은 내가 아는 한은 없다. 이미지가 정말 좋으시다. 그럴 수 있는 것은 목사님과 한 번 일하면 관계가 장기적으로 가기 때문이 아닌가 싶다. 목사님들도 일이 년 일하다가 수틀리면 다른 사람 쓰고 바꿔치기하는 경우가 많다. 하지만 우리 목사님은 한 번 손을 잡은 사람과는 최대한 오래 간다. 함께 팀워크를 이뤄서 일하는 게 큰 장점이다.

한편 목사님은 성도가 종으로 사는 자세에 대해 강조하고 본인도 그렇게 본을 보인다. 사람이 하는 일이 인간의 자랑이 되면 안 된다. 갈라디아서 6장 14절 말씀에서 사도 바울은 이렇게 말했다.

그러나 내게는 우리 주 예수 그리스도의 십자가 외에 결코 자랑할 것이 없으니.

목사님이 바로 바울 같은 마음으로 살았고 나도 목사님을 보면서 바울의 마음을 배웠다.

그런데 곰곰이 생각해 보면 초대교회 신자들은 자신이 그리스도의 소유물임을 감추고 살았음에 틀림없다. 그들은 그 사실을 발설한 순간 죽을 수도 있었기 때문이다. 따라서 내가 나를 자랑하지 않는 것이 그리스도의 사람으로 안전하게 사는 길임을 묵상하게 된다.

나는 원체 말주변이 없고 말수도 없다. 그저 하나님 한 분과 교회를 보면서 산다. 그런 나에게 큰 아픔이 있었다. 4년 전에 아내가 먼저 하늘로 갔다. 간암으로 3년 고생한 뒤였다. 나는 우리 아내와 참으로 금슬이 좋았다. 소천한 지 딱 4년 되었는데, 딸 셋을 남겨 두고 먼저 떠났다. 딸 하나는 시집갔고 둘은 나와 함께 산다.

우리는 살아생전 함께 신앙생활을 했다. 아내는 모태신앙인이었다. 총각 때 나는 모태신앙인이 부러웠다. 나는 혼자 교회에 다니는데 모태신앙인은 부모님도 함께 다니니까 그 모습이 참 보기 좋았고 그런 가정이 부러웠다.

그런 아내와 직장에서 만나 결혼을 했는데, 아내 먼저 떠나가니 가슴이 많이 아팠다. 우리 시대의 남자들이 아내에게 살갑게 하지 못했듯이 나도 가부장적인 남자여서 아내에게 잘해 주지 못했다. 그럼에도 나는 아내 이야기를 하면 감정 조절이 안 된다. 아내를 생각만 해도 눈물이 앞을 가린다.

교회 건축하면 축복을 받는다고 한다. 나는 축복받기 위해 건축에 발 벗고 나선 것은 아니지만 하나님이 교회 건축을 하는 동안 나를 축복해 주셨다. 그 대표적인 게 직업을 바꿔 준 것이다. 앞서도 말했듯이 직업을 바꾼 덕에 교회 행사에도 참여하고 목사님도 섬길 수 있어서 참 좋다. 교회 일하는데 장로가 한 명도 없으면 어딘가 기둥이 없는 것 같다. 장로들이 와서 관심을 가져야 목사님도 좀 위신이 서지 않을까 싶다. 그래서 나는 가능하면 어떤 행사라도 참석해서 안내를 하거나 인사라도 한다. 내가 소속되지 않은 행사에도 반드시 와서 인사를 한다. 그렇게 섬기라고 하나님이 나의 직업을 바꿔 주신 것 같다. 직업을 바꾸고 나니 차 한 대를 팔 때도 하나님을 전할 수 있어서 좋다.

나는 목사님을 섬기며 노회일과 총회 일에도 따라나섰다. 과거에는 노회 회계를 하다가 지금은 재정부장을 한다. 총회에서 정보위원회 실행위원이다. 장로 모임인 서부지회 장로회에서는 총무다. 자랑으로 하는 게 아니다. 내가 섬기지 않으면 안 되는 자리다.

총회나 노회는 우리 목사님의 영역을 넓히기 위해서 활동했다. 내가 선거 운동을 하러 다니려면 조직의 일도 해야 하고 조직도 알아야 한다. 그래서 모임만 있으면 쫓아다녔다. 이번에 부총회장 되고 나니까 이제 내 할 일이 좀 마무리 되어서 활동을 좀 자제한다. 총회에서 실무를 담당해야 할 분들이 그 자리를 담당해야 할 것이다.

목사님이 총회 일 하는데 총회장 교회 장로가 목소리가 높아지는 건 좋은 모습이 아니다. 내가 목사님 부총회장 되는 것 도왔으니 이제 나도 한자리 하겠다고 나서는 건 세상과 다를 바가 하나도 없지 않은가? 나는 이제 우리 교회를 위해 더 열심히 일해야 한다. 목사님이 나가서 일하실 때 교회를 더 든든히 지켜야 한다. 교회의 자리는 논공행상하는 자리가 아니다.

내가 숨어 있는 것이 목사님을 돕는 것이다. 내가 나가서 말실수라도 하면 자칫하면 목사님 말이 되기 쉽다. 본래 그리 말수가 많은 편은 아닌 나지만, 작은 실수 하나라도 하지 않기 위해서 나는 이제 숨기로 한다. 나는 천막지기로서 사도 바울을 묵묵히 도운 아굴라같은 사람이 되어야 한다.

목사님이 부총회장 되기 전에는 서부 지역에 다른 사람을 총무 시키겠다고 해서 내가 하겠다고 강력히 자원했다. 내가 총무가 되려고 다른 사람들을 설득했다. 내가 자리에 앉아야 밖에 나가서도 내게 발언권이 생기고 권위가 생길 것이기 때문이다. 자리가 사람을 만든다고 하지 않은가? 그 자리를 욕심 낸 것이 아니라 목사님을 세우겠다는 일념으로 총무 자리를 자원했다. 총무 끝나고 수석 부회장이나 회장을 하라고 권하는 분이 있었으나 목사님이 부총회장이 된 마당에 내가 나설 이유가 없어졌다. 내가 조용히 있는 것이 목사님을 돕는 것이므로 그런 자리들은 기꺼이 고사했다.

선거라는 게 죽기를 각오하지 않으면 할 수 없다. 국회의원 선거보다 부총회장 선거가 더 힘들다. 전국을 누비며 선거운동을 해야 하기 때문이다. 어떤 이는 그 자리를 욕망 때문에 오를 수 있지만 우리 목사님은 사명감 때문에 올라갔다.

부총회장 선거를 하면서 눈물 흘린 적이 많다. 한번은 명성교회 장로님들 모시고 식사를 하러 갔다. 김삼환 목사님이 총회장을 해 보셨으니 좀 배우러 간 것이다. 가서 그분들을 뵙고 우리 목사님 좀 지지해 달라고 말씀을 드리려는 자리였다. 몇 마디 하지도 않았는데 갑자기 눈물이 쏟아졌다. 아주 펑펑 울었다. 목사님은 그 사실을 몰랐으나 현재 노회장님이 목사님에게 그 이야기를 해서 목사님도 알게 되었다.

나는 간 곳마다 눈물을 흘린 것 같다. 여러 차례 울었다. 우리의 진정성을 몰라주고 선거를 이용하여 기득권을 얻으려 하고 이익을 챙기려 하고 색안경을 끼는 분들을 보면서 안타까워서 정말 많이 울었다. 또 우리를 반겨 주고 격려해 주는 분들로 인해 고마움에 울기도 했다. 내 눈물이 조금이라도 목사님을 세우는 데 힘이 되었다면 헛되이 흘린 눈물이 아니라고 생각한다. 내가 흘린 눈물이 목사님의 연료가 되고 더 나아가 내 눈물이 하나님 나라를 세우고 하나님 나라를 아름답게 하는 데 연료가 되는 눈물이 되길 바랄 뿐이다.

목사님이 부총회장 나가셨다고 해도 우리 교회가 흔들리는 일은 없을 것이다. 목사님은 열정과 책임감이 대단해서 공적 행사 때문에 우리 교회 예배에 늦거나 빠지지 않으신다. 교인들 심방할 것도 다 하고 해야 할 일 빠지지 않고 다 감당하신다. 총회 일도 열심히 하지만 교회 일도 여전히 열심히 하신다.

부총회장 선거할 때 교회가 경제적인 후원을 해야 했다. 이제 총회장이 되었으니 교회가 경제적인 지원을 해야 할 일이 많을 것이다. 우리는 부자 교회가 아니므로 일면 힘에 부칠 때가 많다. 그러나 하나님의 일이 힘들지 않을 수 없고, 사명을 감당하는 데 힘들지 않을 수가 없는 법이다. 힘이 들지 않는다면 그것은 사명이 아닐 것이다.

목사님이 한국 교회를 위해 일하는 것은 목사님의 사명이다. 목사님의 사명은 우리 교회의 사명이다. 우리는 그 사명을 감당하고자 십시일반 힘을 합했다. 누구 하나가 더 많이 했거나 더 적게 했달 것 없이 모두 힘을 합했다. 누구 하나 목사님의 사명을 반대했다면 갈등의 불씨가 되므로 목사님이 부총회장 선거에도 나갈 수 없었을 것이다. 우리 교인들과 장로들 모두가 자기 일처럼 들고 나섰다. 그러므로 앞으로 우리가 겪을 어려움 정도는 극복할 마음을 굳게 먹고 있다.

장로로서 본향교회의 미래를 향해 꾸는 꿈이 있다. 그중 하나가 평생교육원을 짓는 것이다. 이 세상에 복이 되는 교회가 되기 위해 반드시 이루고자 하는 꿈이다. 그 꿈을 위해 교회 앞에 2천 평을 샀다. 그게 금액이 좀 된다. 앞으로 평생 교육원을 설립하여 우리 교인들이 적극적으로 이용함은 물론 세상과 교회를 잇는 통로로 이용하려고 한다.

요즘 교회가 성장하기 어려운 시대지만 우리에겐 꿈이 있다. 우선적으로 지역과 함께 가자는 목사님의 꿈이 우리의 꿈이다. 교인들 모두가 그렇게 생각할 것이다. 우리만, 나만, 내 것만이 아니라 세상과 함께 가야 한다. 그 과정에서 내가 무엇을 더 해야겠다는 생각은 없다. 섬기는 자로서 살아가길 원한다. 이와 더불어 궁극적인 꿈은 한국 교회를 향한 꿈이다. 목사님이 부총회장, 총회장을 하고 한국 교회에 큰 영향력을 미쳐서 한국 교회가 바로 서길 원한다.

나는 목사님과 은퇴 시기가 1년 차이 난다. 목사님과 1년 차이지만 목사님과 함께 꿈을 향해 달리다가 목사님이 함께 은퇴하자고 하면 나는 기꺼이 함께 은퇴할 것이다. 나는 목사님을 섬기는 평신도로서 장로로서 함께 꿈을 이루는 사람으로서, 또 인생을 함께 살아가는 동반자로서 목사님을 섬기며 살아가는 것이 비전이다.

지금까지 목사님 이야기를 했지만 사모님에 대해 한 말씀 해야겠다. 우리 사모님은 정말 귀한 분이다. 보통 분이 아니다. 다른 교회에서 사모님들로 인해 잡음이 일어나는 경우가 정말 많다. 그것이 장로와 갈등이 되기도 한다. 우리 사모님은 전혀 그런 게 없다. 지금도 찬양대 평대원으로서 찬양한다. 예배가 끝나면 조용히 내려가서 지인들과 인사를 나누는 정도이지 교회 일에 이러쿵저러쿵 말이 없다. 모든 것을 알고 있고 본인의 생각도 있겠지만 전혀 자신을 드러내지 않는다. 교인들은 사모님에게서 정말로 많은 감동을 받는다. 오늘 목사님이 있기까지 사모님이 대단한 역할을 했고 사모님의 성품이 교회 성장에 많은 도움이 되었다.

우리 목사님이 진정 크리스천의 본이 되는 총회장으로 남으시길 바란다. 말하자면 목사님은 최고의 고지에 올랐다. 산은 올라갈 때보다 내려올 때가 더 위험하다고 한다. 목사님이 그 자리에서 내려올 때, 올라갈 때보다 더 많은 갈채를 받길 바란다. 그 갈채가 특히 하나님과 천사들이 목사님과 본향교회에 보내는 갈채가 되길 바란다.

영원한 청년 전도사

구연인 (본향교회 장로)

목사님은 본향교회를 꿋꿋이 지켜 왔다. 그 작고 보잘것없는 교회를 오늘의 교회로 성장시켰다. 그리고 한결같이 복이 되는 목회, 복이 되는 교회, 복이 되는 그리스도인을 강조했다.

나에게는 예수님이나 다름없는 채영남 목사님이 본향교회 온 지 35년 되었고, 나는 31년 되었다. 목사님이 1980년, 내가 1984년에 극락교회로 온 것이다. 나는 나이 서른이 넘도록 예수님이란 존재를 아예 몰랐던 사람이다. 그러다 내 아내인 김영자 권사를 만났고, 이 아가씨와 결혼하려고 극락교회에 출석하기 시작한 것이 지금껏 이어져 장로까지 되었다.

나는 뜨뜻미지근한 성격이 아닌데도 처음 5, 6년은 활동을 거의 안 했다. 그러다 나중에는 본향교회에서 나를 모르는 사람이 없을 정도로 열심히 일했다. 다혈질 성미가 다분한 탓에 일하다 갈등이 일어나면 사람들에게 한 성질 부리다가도, 목사님이 한 말씀만 하면 나는 바로 꼬리 내리고 '네'라고 대답했다(사실 목사님과 나는 나이 차가 그리 크지 않다). 채 목사님에게는 카리스마가 있다. 예나 지금이나 목사님이 말씀하면 옳고 그름을 떠나 무조건 순종했다.

나는 두 차례에 걸쳐 충격적인 부도를 맞았다. 그 때문에 아내 김영자 권사는 식당에 취직을 했고, 나는 이렇다 할 벌이 없이 1년을 보냈다. 얼마 후 다시 제약회사에 관리직으로 들어갔으나 그 회사 역시 2003년에 부도가 나고 말았다. 1995년에는 젊음으로 버텼는데, 이제는 나이도 든 데다 부도 금액도 엄청나게 커서 좀처럼 수습이 되질 않았다.

부도가 났을 때 아내는 절망적인 심경을 감당하지 못했다. 교회도 뜸하게 나갔다. 사람들을 만날 수도 없었다. 내가 무언가를 해보려고 할 때는 부도만 났는데, 모든 것을 포기하고 나니까 하나님이 우리 가족을 일으켜 세워 주셨다. 눈앞이 캄캄하고 손쓸 도리가 없어 낙심해 있을 때 하나님께서 우리 가족에게 은혜의 손길을 내밀어 주셨다.

우여곡절 끝에 2005년에 광주 성요한병원 장례식장을 운영하게 되었다. 장례식장 경영에 대해서는 알지도 못하는 나였지만, 지푸라기라도 잡는 심정으로 시작했다. 찬밥 더운밥 가릴 때가 아니었다. 그 장례식장을 인수하는 과정을 다 설명하기에는 이야기가 너무 길다. 어떻든 나에게 올 수 없는 불가능한 자리가 내게로 떨어졌다. 하나님은 내가 아무것도 할 수 없을 때 나에게 힘을 주고, 불가능을 가능케 하시며, 우리의 작은 신음까지 다 들어주신다는 것을 그 과정을 통해 확실히 깨달았다.

처음에는 2년 계약을 했고 다음에는 3년을 계약했다. 계약자는 언제든 바뀔 수 있는데도 계약을 계속 연장해 왔고, 10년째인 이제는 그만두게 될 줄 알았는데 또 3년을 계약했다. 도저히 사람의 힘으로 될 일이 아니다. 하나님의 은혜 아니고선 설명할 방법이 없다.

처가의 형편은 넉넉지 않았다. 아내가 젖먹이일 때 장인어른이 별세하여 매우 가난한 세월을 보낸 것이다. 당시 처가는 너무 가난해서 누구를 대접할 형편이 아니었는데 장모님은 채 전도사님을 극진히 대접했다. 밥조차 해드리기 어려울 만큼 빈궁한 형편에도 우리 장모님은 사모님이 교회에 안 계실 때면 전도사님 밥을 해드리곤 했다. 찬이라고는 없는 상차림이었지만 전도사님은 그 밥을 맛있게 드시고 신학교 수업을 들으러 가셨다. 그 가난한 환경 속에서 아내는 기도의 여인으로 성장했다. 장모님의 섬김과 오빠의 믿음이 아내에게도 본이 되었던 것이다.

아내가 어렸을 때 극락교회는 동네 사랑방이자 공부방 역할을 했다고 한다. 당시 청년들은 교회 중심으로 여가를 보냈고, 저녁에는 교회에서 한문 공부를 하기도 했다. 북적대던 청년들이 채 목사님 오실 무렵에는 다 도시로 나가고 중·고등학생만 조금 있는 상황이었다. 그러나 하나님이 목사님을 선택하고 축복하려고 작정하시니 사람 드문 시골 교회가 성장하기 시작하여 오늘의 본향교회가 되었다.

아내는 늘 머리맡에 수첩을 두고 잔다. 혹시 자다가도 하나님께서 말씀을 주시면 기록하려는 것이다. 어느 날 새벽이었다. 잠을 자던 중에 신명기 6장을 보라는 음성을 반복적으로 들었다. 그래서 성경을 폈는데 11절 말씀이 확 들어왔다.

네가 채우지 아니한 아름다운 물건이 가득한 집을 얻게 하시며 네

복이 될지라

가 파지 아니한 우물을 차지하게 하시며 네가 심지 아니한 포도원
과 감람나무를 차지하게 하사 네게 배불리 먹게 하실 때에

아내에게 그 말씀을 주신 때에 장례식장 계약이 성사되었다. 아
내는 처음에는 11절 말씀만 눈에 들어하더니 차츰 그다음 말씀에
집중하기 시작했다.

너는 조심하여 너를 애굽 땅 종 되었던 집에서 인도하여 내신 여호
와를 잊지 말고 네 하나님 여호와를 경외하며 그를 섬기며 그의 이
름으로 맹세할 것이니라

하나님께서 우리를 이렇게 일으켜 세워 주셨는데, 우리는 도대체
하나님 앞에 무엇을 드리고 있는지 반성이 되었다. 그래서 우리 부
부는 ‘집사 같은 장로’가 되지 말고 ‘장로 같은 집사’가 되자고 다짐
했다. 깡패들에게 쫓기기도 하고, 천 원으로 스무 날을 살기도 했으
며, 먹을 수도 없는 밥을 토해 가면서 먹기도 했던, 포로 되고 노예
되었던 시절을 잊지 말자고 약속했다. 이제는 오직 하나님 나라를 위
해서 살아야겠다고 다짐한다.

그동안 30년 넘게 목사님을 봐왔지만, 목사님은 참 강직하고 빈
틈이 없다. 철저하게 하나님 중심적이다. 사람의 눈치를 살피거나 인
기를 먼저 생각지 않는다. 오직 복이 되는 교회를 세우기 위해 한결
같은 걸음을 걸어오셨다.

본향교회는 크게 몇 차례의 변화를 거쳤다. 그것은 곧 목사님이

변한 것을 뜻하는 것이기도 하다. 교회가 스크린 영상 예배를 드리기 전까지는 목사님께 접근하기가 참 어려웠다. 교회에서는 박수도 못 쳤고 말도 못 했다. 나는 교회는 원래 그런가 보다 했다. 그런데 이제는 뭐 교회에서 떠들고 춤추고 난리가 아니다. 경건하기만 했던 과거의 예배가 '축제'로 바뀌었다. 근엄하기만 했던 목사님도 아주 허심탄회한 대화를 스스럼없이 털어놓기 시작하셨다. 한때는 볼링선교회도 만들어서 목사님 모시고 볼링장도 다녔다. 청년 볼링대회도 개최하여 목사님과 많이 가까워졌다.

목사님과 우리 부부는 목회자와 성도 이전에 한 시대를 함께 살아온 동역자이자, 한 배를 타고 넓디넓은 바다를 건너온 동지이기도 하다. 과거의 목사님이 강한 카리스마의 지도자였다면 지금은 부드러운 카리스마의 지도자로 바뀌었다. 그 점이 참 좋다. 시대가 바뀌어 감에 따라 사회 분위기도 변하고 있는 마당에 목사님의 이미지까지 부드러워지면서 교회도 더 따뜻해졌다.

아내 김영자 권사는 종종 그런 말을 한다. 목사님은 극락교회에 처음 왔던 신학교 3학년 시절, 초심 그대로라고. 목숨이 경각(頃刻)에 달린 위태로운 상황에도 죽음을 각오하고 복음을 전하던 청년 전도사. 금방이라도 쓰러질 것 같이 파리하게 병든 청년 전도사, 아무것도 없는 허름한 교회에서 오직 하나님만을 바라보며 살았던 가난하고 보잘것없는 청년 전도사. 목사님은 여전히 '청년 전도사'라고 아내는 말한다.

아내의 말대로 목사님은 항상 청년의 마음가짐으로 열정을 불태우니까, 본향교회도 늘 젊은 목사님을 새로 만난 셈이다. 세월을 거

복이 될지라

슬러 가듯 날로 젊어지는 영원한 청년 전도사님과 함께 우리 교회는 더욱 젊은 기운을 발산하고 있다.

나는 목사님에게 모든 걸 1호로 받았다. 세례 1호, 안수집사 1호, 유아세례 1호, 입교세례 1호. 채 목사님께 있어서 우리는 1호를 달리는 집안이다. 우리가 결혼할 때 목사님은 아직 전도사님이었던지라 주례를 못 서셨지만, 나머지는 다 1호였다.

세례 1호, 입교 1호인 내 아이들이 자녀를 낳고 그 자녀들이 또 자녀를 낳아서, 그 아이들이 "우리 교회는 하나님을 섬기는 젊은 교회"라고 자랑할 수 있기를 바란다. 그 아이들이 성장한 뒤에도 채 목사님이 소명으로 삼았던 천하 만민에 복이 되는 본향교회가 되기를 간절히 바란다.

권리 포기 수업

김지현 (본향교회 지휘자, 권사)

목사님 설교에는 오직 예수님밖에 없다. 시작은 참 다양하고 설교 내용도 다양하다. 하지만 마침내 결론은 오직 예수님이다. … 다른 모든 것을 제외하고 오직 예수님만을 외칠 수 있는 우리 목사님의 강직함이 오늘 그분을 존재하게 했고 우리 교회를 성장하게 했던 것이다.

내가 일곱 살 때 채영남 목사님이 본향교회(당시 극락교회)에 왔다. 어린 나에게까지도 목사님에 대한 소문이 들려왔다. 그분이 "아프다"는 것이었다. 내 나이 43세, 올해로 35년째 목사님을 바라보며 살았다. 진심으로 말하거니와 그 긴 세월 동안 나는 목사님께 실망해 본 적이 없다. 목사님은 항상 내 기대 이상이었던 분이다.

목사님은 내가 일곱 살이었던 해의 한겨울에 전도사님으로 오셨다. 그분은 어마어마하게 키가 컸다. 꼬마인 내 눈에는 빼빼 마른 거인으로 보였는데, 얼굴은 너무 희고 잘생겨서 마치 외국인 같았다. 내 기억 속에는 바지의 허리춤이 남아서 꽁꽁 졸라맨 전도사님의 허리띠와 하얀 와이셔츠가 어렴풋이 남아 있다. 어린 내가 생각하기에도 전도사님이 어디가 많이 아픈가 보다 싶었다.

내게는 남동생과 여동생이 하나씩 있는데, 남동생과 목사님 큰아들이 한 살 터울이어서 우리는 한 가족처럼 놀았다. 우리에게 사택은 놀이터였다. 사택이라고 하기에는 참 비좁고 볼품없는 공간이었지만 놀기엔 더없이 좋았다. 거실에는 당시에 보기 드문 소파가 있었는데, 그것이 우리의 놀이기구였다. 거기서 뛰고 뒹굴고 술래잡기하고.

목사님의 서재는 거실보다 한 단 위에 다락방처럼 만들어 둔 공간이었다. 목사님이 서재에 올라가서 서면 천장에 머리가 닿을 정도의 높이였다. 창호지 문에 달린 문고리를 잡아당기면 문 바로 안쪽에 아이들 키 높이의 마루가 있고 그 마루 위에 의자가 있었다. 목사님은 항상 그곳에서 공부를 하고 계셨다. 개구쟁이인 우리는 한창 놀다가 걸핏하면 그 문을 열었다. 문을 열면 목사님의 뒷모습이 보였다. 그러니까 우리는 목사님 얼굴보다 뒷모습을 많이 본 셈이다. 지금 생각하면 참 열악한 환경에서 목사님이 공부를 하신 것이다.

어린 시절에 굉장히 커보였던 교회가 나이 들어서 보니 정말 작았다. 작지만 우리에겐 너무나 컸던 그 공간이 우리의 놀이터였고, 우리는 교회를 놀이터 삼은 행복한 아이들로 성장했다.

목사님을 잘 모르는 사람은 과묵한 성품을 보며 차가운 사람일 거라고 오해를 한다. 하지만 목사님은 굉장히 정이 많고 정말로 따뜻한 분이다. 일일이 다 밝힐 수 없을 만큼 많은 사건들이 있는데, 일단 목사님은 정말 순진하시다. 세상 물정을 모른다고나 할까. 항상 누군가에게 휘둘리신다. 사실은 휘둘린다기보다는 누가 어렵다고 도와달라고 하면 꼭 도와주신다. 어려운 사람을 보면 너무 마음 아파하며 다 퍼준다. 그러고 나면 그 사람이 등을 돌린다. 목사님은 대체 왜 저러실까 싶다. 그런데 가만히 목사님을 경험해 보면 단순히 세상 물

섬김으로

정을 몰라서 당하는 건 아닌 것 같다. 상대가 어떤 태도를 보이든 목사님은 예수님의 마음으로 그를 돌보실 뿐이다.

우리 목사님의 설교는 늘 똑같다. 마치 졸업장 수여식 때 맨 처음한 사람 내용만 읽어 주고 나머지는 이하 동문이라고 하는 것과 비슷한 식이다. 매주 다른 본문, 다른 제목으로 설교를 하시지만 내용은 같다. 정확히 말하자면 목사님 설교에는 오직 '예수님'밖에 없다. 시작은 참 새롭고 내용도 다양하다. 하지만 결론은 오직 예수님이다.

신학교에 가서 다른 교회 목사님들 설교를 들어 볼 기회가 많았다. 특히 요즘처럼 매체가 다양한 시대에는 유명한 목사님들, 다양한 목사님들 설교를 안방에서도 다 들을 수가 있다. 그 목사님들 설교를 듣다 보면 '와, 저 목사님 설교 정말 좋다'는 생각이 들면서 화려한 예화와 언변, 다양한 학위를 가진 사람들의 말솜씨에 감탄했다. 그런데 우리 목사님은 대체 왜 만날 예수님 타령일까?

나는 중 1때부터 교회 반주를 시작했고, 대학생이 되면서부터 목사님 부흥회까지 다 따라다녔다. 그런데 부흥회에서도 목사님은 여전히 똑같은 말씀을 하셨다. 오직 예수, 오직 예수.

아마 목사님 설교를 세상에서 가장 많이 들은 사람이 나일 것이다. 2년 전 어느 날, 목사님 설교를 들으며 그런 생각을 했다. 목사님은 어쩜 저렇게 오직 예수 이야기만 하실까, 저분은 질리지도 않으실까, 이렇게 생각하는데 머리를 탁 치고 지나가는 게 있었다. '아, 목사님이 저걸 삼십 년이 넘도록 말씀하셨는데 그것을 못 알아먹은 나는 얼마나 한심한가?'

정말 그게 다였다. 예수님이 우리의 죄를 사하셨다는 그 사실 하나 외에 남는 것이 무엇이란 말인가? 그 절대적인 진리를 목사님은 끝도 없이 외쳤으나 나는 그 절대적인 진리를 피해서 살려고만 발버둥쳤음을 깨달았다.

지식을 총동원하여 화려하고 달콤한 설교를 할 수도 있고, 누군가의 비위를 맞추거나 꾸짖는 설교를 할 수도 있다. 하지만 우리 목사님은 평생 '오직 예수' 한 분을 증명하느라 그 힘을 다 쏟았던 것이다. 다른 모든 것을 제외하고 오직 예수만을 외칠 수 있는 우리 목사님의 강직함이 오늘 그분을 존재하게 했고 우리 교회를 성장하게 했던 것이다.

목사님은 내 인생의 이정표를 세우는 데에도 도움을 주셨다. 고등학교 2학년 때의 일이다.

"지현아, 네가 반주자로 하나님 앞에 쓰임 받으려면 피아노를 전공하는 게 어떠냐?"

고등학교 2학년 때 부랴부랴 준비해서 음대를 간다는 건 사실상 불가능한 일이다. 그러나 목사님이 하라고 말씀하셨으니 순종하기로 했다. 아니, 그것은 순종이라는 말로도 좀 부족하다. 그냥 '하라면 해야지'였다. 우리 가정은 부모님 말씀은 안 들어도 목사님 말씀은 들어야 하는 집이어서, 목사님 말씀이 곧 하나님 말씀이라고 생각하며 자랐다.

첫해에는 시험을 본 모든 대학에 떨어졌다. 재수하여 전기 대학도 떨어지자 후기 대학에 원서를 넣었다. 시험을 보기 전에 기도했다.

"하나님, 제발… 이번에 떨어지면 저는 음악을 그만두겠습니다. 제 길이 아닙니다. 이번에는 우황청심환도 안 먹겠습니다. 저는 모르겠으니 하나님이 알아서 해보십시오.”

이런 기도를 했다. 나는 무대 공포증이 하도 심해서 늘 우황청심
환을 먹고 시험을 봤다. 그런데 그때는 정말로 안 먹었다. 기도를 마
치고 제비뽑기를 했는데 1번이 걸렸다. 음대생들에겐 잘 알려진 이
야기지만 1번은 심사 위원들의 점수가 짜서 합격하기가 정말 어렵다.
더구나 나는 그동안 시험을 볼 때마다 늘 마지막 번호가 걸렸었다.
그래서 그날도 그러려니 하고 손도 풀지 않고 있던 터였다. 1번이 나
온 순간 ‘헉, 어떡해’ 하고는 연습실로 갔다. ‘하나님…’ 하고 부른 뒤
건반 위에 손가락을 올리는 순간 1번 들어오라는 소리가 들렸다. 그
대로 들어가서 시험을 봤는데, 정말이지 내 손가락이 신들린 것 같
았다. 합격일 거라는 확신이 들었다. 그렇게 호남신학대학교에서 교
회음악을 전공하게 되었다.

4학년이 되자 이번에는 목사님이 신학을 하라고 권했다. 그때 나
는 도저히 신학은 못 하겠다고 했다. 그 까닭이 좀 우습다. 내가 신학
을 하면 목사님이 우리 교회에서 사역하라고 할 것 같았다. 나는 평
신도로 목사님을 섬기는 것은 좋으나 목사님 아래에서 일하긴 싫었
다. 목사님처럼 자기 마음대로 일하는 분하고 내가 어떻게 일을 하느
냐, 난 못한다고 했다.

말이야 바른 말이지 나는 우리 목사님이 부럽다. 목회가 얼마나
재미있을까 싶다. 우리 교인들은 목사님 말에 한 사람도 토를 달지
않는다. 목사님이 무슨 말을 하면 우리 장로님들은 이렇게 답한다.

“아, 목사님이 어련히 알아서 생각하셨겠습니까? 그러셔야죠. 뭐
필요한 거 있으면 말씀만 하십시오.”

장로님들이 그러니까 다른 재직들도 목사님 뜻을 거스르지 않는다. 이렇게 말하면 목사님이 굉장히 독재자 같겠지만 그런 것은 아니다. 우리 교회 재직회에는 분쟁이 없다. 다른 교회 재직회가 굉장히 시끄럽고 곧잘 싸운다는 말을 듣고 우리는 깜짝 놀랐다. 재직회에서 싸워? 교회에서 싸운다고? 나는 교회에서 싸운다는 소리는 난생처음 들었다.

목사님이 안건을 제시한다. 그러면 한 장로님이 지체 없이 "동의합니다" 하신다. 그러면 다른 분이 "재청합니다"라고 한다. 그럼 목사님이 "가결되었습니다, 모두 다 어떠십니까?" 이러면 모두 전체 합창으로 "네" 하고 답한다. 그런 후에 기도로 마치는 것이다. 이게 우리 교회다. 재직회나 공동의회에서 분쟁이 일어난 경우는 단 한 번도 없었고 있을 수도 없는 일이다. 이런 장면이 인위적으로 조성될 수 있는 게 아니다. 그랬다면 교회가 벌써 사분오열 되었을 것이다. 목사님 본인이 그만큼 낮아지고 그만큼 예수님의 사람으로 살아왔기에 가능한 일이다.

결국 나는 우리 교회의 교역자로 부름을 받아서 4년간 섬겼다. 교회가 성장하자 예배가 나누어져야 했다. 예배가 나뉘면서 성가대도 세워져야 했는데, 목사님이 나더러 지휘를 하라고 했다. 그때 나는 24세 대학원생이었다. 당시에는 개념조차 없었던 '음악 전도사'라는 자리에 나를 앉혔다. 내가 마침내 교역자실까지 들어오게 되자 목사님이 나를 불러서 이런 말을 했다.

"네가 어렸을 때부터 나를 봐와서 알겠지만, 교회 내에서 목사와 성도로 본 모습과 교역자로 한 공간 안에서 같이 생활하면서 보는 모습은 다를 거다. 그러니까 혹시나 내가 실망스런 모습을 보이더라도 이해하고, 시험에 들지 말아라."

그 말씀을 듣고 보니 그럴 수도 있겠구나 싶었다. 그런데 그 당시에 어렸을 때부터 친하게 지내 온 청년부의 선배 언니가 교회 간사를 하고 있었다. 그 언니에게 목사님이 한 이야기를 했다. 그리자 언니가 말했다.

"내가 여기서 몇 년째 일하고 있지만, 이 세상에서 제일 존경하는 분이 우리 목사님이다."

그래서 내가 재우쳐 물었다. 정말로 같이 일하면서 실망해 본 적 없느냐고. 그러자 언니는 "난 여기서 일하면서 목사님을 더 존경하게 됐어"라고 말했다. 나도 그 언니처럼 목사님께 실망하는 일이 없기를 바랐다. 결론부터 말하자면 4년이 흐른 뒤, 나 역시 언니와 똑같은 생각을 하게 되었다.

목사님은 도전적인 것을 적극적으로 수용하는 분이기도 하다. CCM이 교회 안에 보편화되기 전부터 우리는 예배당에 드럼을 들여 연주할 정도였다. 우리 찬양팀이 시대를 앞서간 것에 비해 사실 교회 시설은 정말 낙후되었다. 신디는 새것이 20년, 오래된 것은 30년도 넘었다. 앰프도 소리가 갈려서 지지직 소리가 났다. 그나마 앰프는 살살 달래서 사용이 가능했는데 문제는 마이크였다. 마이크에 전류가 흘러 자칫하면 감전 사고로 이어질 정도였다. 아무래도 찬양 하다가 젊은 애들 순교하게 생겼다 싶었다. 그래서 내가 목사님께 예산을 달라고 요청하겠노라고 총대를 멨다.

나는 어려서부터 목사님을 봐왔기에 그 누구보다 목사님께 강력한 요구도 잘하는 편이다. 게다가 나는 음악 전도사니까, 목사님은 예배를 중시하시니 투자를 좀 해달라고 했다. 보통은 어떤 일에도 이렇다 할 말씀을 잘 안 하는 목사님인데 이번에는 술술 받아 주었다. "어, 그래그래, 큰일 나겠다." 맞장구쳐 주시기에 일이 좀 잘 풀리겠구나 기대를 하고 있는데 목사님이 물었다. "그런데 돈이 얼마나 드니?" 그 순간 나는 가슴이 부풀어 올랐다. 목사님이 다시 말했다. "한 천만 원 있으면 되겠냐?" 너무나 반가워서 "네!" 하고 대답했다.

그 당시 우리 교회는 재정적으로 매우 가난했다. 그럼에도 우리 교회는 선교비로 연간 1억씩을 썼다. 전체 예산의 절반을 선교비로 낸 것이다. 목사님이 선교비에 목숨을 걸었다고 해도 과언이 아니었다. 그런데 천만 원이라는 거금을 선뜻 말씀하니 '이게 웬 떡이야' 입이 벌어지지 않을 수 없었다. 그런데 목사님이 다시 입을 열었다.

"그래, 천만 원으로 그걸 다 바꾸면 찬양할 때 좋겠지?"

"네."

"근데, 생각을 해봐. 그 천만 원으로 엠프랑 마이크랑 악기를 다 바꾸면 좋긴 하겠지. 그런데 선교하는 걸 하나님이 더 기뻐하실까, 아니면 악기를 다 바꾸는 걸 기뻐하실까?"

그렇게 말한 순간 결론이 났다. 목사님이 다시 말씀했다.

"악기를 바꿔 줘도 괜찮아. 악기 바꿀까?"

나는 조용히 물러 나왔다. 그리고 찬양대원들에게 가서 이렇게 말했다. "얘들아, 선교를 하는 게 좋을까? 마이크를 바꾸는 게 좋을까?" 그랬더니 대원들이 이구동성으로 "저희가 마이크를 사겠습니다" 하고 나서기 시작했다. 이렇게 되어서 각자 추렴하여 마이크 사고 악기 사고 앰프를 바꿨다. 그게 우리 교회다. 교회 음향 시스템이 오래되어 일부를 교체해야 하는 상황에도 교회의 지원을 받지 않고 찬양 대원들이 구좌 헌금을 했다. 대학생들은 돈이 없으니 5만 원씩, 어른들은 10만 원씩 해서 성가대에 내려오는 마이크를 설비했다.

우리는 성가대 지휘자와 반주사들 다 무보수로 섬긴다. 싱가대 가운도 모두 각자 장만했다. 성가대 세 팀, 찬양단 여섯 팀이 있는데 이들 1년 예산의 총액을 이야기하면 다들 믿기지 않는다는 반응을 보인다. 우리 찬양대 전체 예산이 1년에 120만 원이다.

우리가 그렇게 개인 주머니 털어서 무언가 하나 하면 목사님이 거창하게 한 말씀하신다. "음, 그래. 잘했다." 그걸로 끝이다. 흐흐흐. 점잖은 글이지만 웃음이 안 나올 수 없다. 더 놀라운 사실은 연말에 예산 120만 원을 결산하면 항상 금액이 남는다는 사실이다. 정말이지 기적이다. 이성기 장로님이 재정 담당할 때 장로님께 행사에 돈 필요하다고 하면, 교회에 돈 없다면서 본인 지갑에서 돈을 꺼내 주셨다. 그러니 우리도 더 달라는 말을 할 수가 없다.

그러나, 그러나! 정말 중요한 건, 우리는 결코 이 상황에 대해 불만을 갖지 않는다는 점이다. 우리 교인들은 모두 자비량 사역자다. 이렇게 짠돌이 목사님이니까 모두 싫어할 수도 있다. 하지만 그렇지 않았다. 우리 모두는 정말로 우리 교회를 사랑한다. 목사님이 사용하는 예산이 조금도 허투루 쓰이지 않고 오직 선교에 전적으로 쓰이는 것을 다들 아니까.

어떤 자매의 남자 친구는 이 교회가 이단이고 목사님은 사이비 교주인 줄 알았단다. 만나기만 하면 그 자매가 목사님 이야기밖에

복이 될지라

하지 않아서 오해했다는 것이다. 비단 그 자매만의 이야기가 아니다. 우리 모두 목사님을 진심으로 아끼고 사랑하고 존경한다.

나의 교역자 생활 4년 동안에도 목사님은 나를 한 번도 실망시킨 적이 없다. 목사님은 어려운 일을 들고 와서 교역자들과 의논을 한다. 딱 봐도 힘든 일이니까 부교역자들이 그건 아무래도 힘들지 않겠느냐고 반대 의견을 낸다. 반대할 만한 충분한 근거도 댄다. 그러면 목사님은 가만히 듣고 있다가 한 마디 던진다.

"어렵겠는가?"

부교역자들이 "이번만은 좀 참으십시오" 하면 목사님이 다시 운을 뗀다.

"이걸 하면 주님이 기뻐하실까? 안 좋아하실까?"

이런다. 당연한 결론이다. 목사님이 어떤 제안을 할 때는 인간에겐 힘드나 하나님이 기뻐하실 일이다. 그런 일이 아니면 애초에 꺼내지도 않을 분이다. 부교역자들은 마음이 어렵지만 대답을 한다.

"물론 주님께서 좋아하시겠죠. 하지만… 네, 좋아하시겠죠."

그게 사실이니까 그렇게 대답한다. 목사님이 다시 묻는다.

"이 일이 힘들면 누가 가장 힘이 들까?"

그 답도 빤하다. 목사님이 가장 힘들 일이다.

"그럼 나만 하면 되겠구나. 하나님이 좋아하시고, 자네들이 힘들 것도 아니고 내가 힘들면 되는 건데, 굳이 내가 이걸 안 할 이유가 있는가?"

내가 4년간 보아 온 목사님은 항상 그런 식이었다. 어떤 난관도 하나님을 위한 것이라면 이겨 나가는 분이었다. 그런 목사님께 실망할 교역자는 그 누구도 없을 것이다. 만일 그런 모습이 싫다면 교역자로 살지 말아야 할 것이다. 나 역시 우리 목사님에게 실망할 구석이 전혀 없었다.

처녀 때는 오직 예수님만 찾는 목사님이 멋지다고 생각했다. 그런데 결혼하여 가족이 생기고 보니까 생각이 달라졌다. 우리 목사님은 교역자로는 100점이지만 아버지와 남편으로는 빵점이다. 사모님이 정말 고생 많았다. 사모님도 나에겐 친엄마 같다. 옆에서 사모님을 지켜보면서 나 같은 사람은 사모로 못 살 거라고 생각했다. 저렇게까지 예수님만 아는 남편과 살 수 있을까?

실례로 목사님은 본인 자녀들 졸업식에 가지 않았다. 그 이유는 이렇다. "교인들, 중·고등부 청년들 졸업식에는 다 안 가면서 내 자식들 졸업식에만 가면 내 말에 모순이 있다, 평소에 다 내 자식이라고 하고선 실제로는 내가 낳은 자식만 챙기면 되겠느냐, 그래서 안 갔다." 한 가지 비밀이지만 내 졸업식엔 왔다. 물론 교육전도사님 졸업식이 있어서 겸사겸사 오긴 했지만. 목사님 자녀들은 얼마나 상처를 받았을까?

목사님은 전적으로 말과 행동이 일치하는 분이다. 그러니 목사님께 실망하는 일이 있을 수가 없다.

목사님이 이렇게 사역을 하는 동안 사모님은 기도의 후원자로 계셨다. 사모님들이 부흥회에 목사님들과 동행하는 경우도 있으나 우리 사모님은 전혀 동행하지 않았다. 목사님이 강사로 서는 동안에는 항상 금식 기도로 중보를 했다. 사모님 건강이 걱정되어 이제는 금식을 그만 하라고 권면하지만 사모님은 자기 몸을 돌보지 않는다. 같은 여자 입장에서 볼 때 우리 목사님은 사모님께 정말 감사해야 한다. 목사님이 있기까지 사모님의 애끓는 기도가 있었다.

이런저런 상황으로 볼 때 목사님은 가족들에게 참 불성실한 가장인 것처럼 보인다. 정말 교회밖에 모른다. 그래서 사모님한테 "사모님, 목사님은 집에 언제 오세요?" 물으면 "나도 몰라. 새벽 기도 나가시면 그 이후로는 얼굴 본 적 없어"라고 답하신다. 그러면 내가 농담한다. "사모님 편하긴 하겠다, 밥 차려 줄 일도 별로 없고." 목사님도 사모님도 모두 대단하다.

목사님의 둘째 아들 채정명 목사(나에게는 동생이다)는 말한다. 본인은 아버지를 가장 존경한다고. 자식에게 그런 말 듣기 정말 어려운 일 아닌가?

나는 우리 삼남매를 이렇게 키워 준 부모님이 참 감사하다. 우리 어머니는 교회 일이라고 하면 열일을 제쳐 두고라도 달려간다. 몸이 부서질 것 같은 상황에서도 교회 일은 꼭 한다. 또 우리 어머니는 주일을 목숨 걸고 지켰다. 집안일이 있거나 하면 한 번쯤 빠질 수 있을 텐데 결코 그렇게 하지 않았다. 나는 그 점에서 우리 어머니를 가장 존경한다. 어머니는 "내가 죽으면 이 몸뚱이 어디다 쓰겠냐, 하나님께 목숨 거는 목사님을 봐라" 그러셨다.

나는 35년 동안 목사님을 가장 가까이에서 봐왔다. 믿는 집안에서도 자녀들이 교회를 떠나는 경우가 많은데, 우리 집은 전혀 그렇지 않다. 어머니도 늘 이런 기도를 한다.

"내 자녀들이 한 명도 하나님 품을 떠나지 않고 목사님과 교회를 묵묵히 섬기며 살아가게 해주셔서 감사합니다."

우리는 어려서부터 늘 가정예배를 드렸다. 남동생은 가정예배로 한글을 뗐다. 또 토요일과 주일에 음악 대회가 열리면 부모님은 대회 출전을 포기하게 했다. 주일날 무슨 대회냐, 나가지 마라, 그러신 것이다. 어머니는 교회에 간다고 외할아버지께 맞기도 많이 맞았고, 외할아버지는 성경책을 찢어버리기도 했다. 그처럼 목숨 건 신앙이었기에 어머니가 교회의 어떤 일도 감당할 수 있었던 것이다.

우리 부모님 모두 본향교회 장로다. 나는 본향교회 3부 성가대 지휘자이고 내 아이들은 주일학생들이다. 우리 부모님은 교회와 함께 세월을 보냈고 나도 교회와 함께 성장했으며 우리 아이들도 앞으로 그렇게 될 것이다. 본향교회는 우리 집이고 본향교회 가족은 우리 가족이다.

지금은 옥과교회 담임인 주경수 목사님이 우리 교회의 부교역자로 섬겼었다. 나와는 대학교 동기 사이인 그분이 내게 이런 말을 했다. "나는 목사 관둬도 할 거 많아. 택시 운전, 버스 기사도 가능하고 인쇄 복사도 달인이야. 나는 뭐든 다 고칠 수 있어. 화장실도 고칠 수 있다고." 본향교회 부교역자로 섬기는 동안 만능박사가 된 것이다.

우리 교회 부교역자들은 전부 대형버스 면허가 있다. 여자인 나도 땄다. 월급 주는 운전기사를 쓸 수는 없고 늘 교인들을 시킬 수도 없으니 아예 부교역자들이 버스 면허를 딴 것이다.

아이러니하게도 본향교회는 광주에서 가장 대표적인 교회이면서도 신학생들의 기피 대상 1호인 교회다. 어느 교회든 교육전도사는 토요일, 주일만 교회에 오면 된다. 하지만 본향교회는 수요예배도 나와야 한다. 목회자 될 사람이 수요예배를 안 오면 되겠느냐, 나와야지. 지금 다니는 교회가 본향교회이니 당연히 본향교회에 나와야 한다. 금요철야예배? 당연히 나와야 한다. 교회 행사? 당연히 나와야지, 목회자가 될 사람이 예배와 교회 행사를 피해서야 되겠느냐 한다. 다 옳은 말씀이지 않은가? 본향교회 교육전도사로 부임하는 순간, 교육전도사가 아니라 전임 사역자가 되는 것이다.

부교역자가 아무리 많아도 일을 안 하면 부교역자는 쓸모없는 존재이고, 부교역자가 아무리 적어도 부교역자들이 다 일을 하면 부교역자가 더 필요하다는 묘한 논리를 목사님은 갖고 있다. 목사님은 교육전도사에게 이렇게 말한다. 돈 내고 배워야 하는 판인데 월급 받으며 배울 수 있으니 고마워하며 잘 배워서 나가라고.

나는 목사님이 젊은 목회자들에게 질문을 던진 거라고 생각한다. 편하게 목회하려면 뭐하러 목회자가 되는가? 목숨 걸고 예수 믿어야 하는데 그렇게 안일하게 일하면서 양들을 위해 목숨 버릴 수 있겠는가를 묻는 것이라고 생각한다.

앞에서도 말했듯이 우리 성가대는 지휘자부터 전원이 무보수로 섬기고 있다. 목사님은 다 똑같은 성도인데 반주하고 지휘하는 게 특별하냐, 하늘나라 가서 상금 받아라. 먹고사는 것이 하나님의 은혜이니 그걸 감사하라고 말씀하신다. 우리 교회에는 성악 전공자가 한 명도 없다. 너무 재미있는 것은 그것이 우리 목사님의 자부심이라는 점이다. 아니, 더 재미있는 것은 그것이 우리 교회 성도들과 찬양대원들과 반주자와 지휘자와 교회 중직자들의 자부심이라는 점이다.

교회에서 목사님께 오토바이를 사 드린 적이 있다. 광주 근처라고는 하지만 섬이나 다름없는 곳이기에 교통편이 그리 좋지 않기 때

문이다. 하루 두 번, 아침 7시에 목포로 가는 통근 열차, 7시 30분에
광주로 가는 통근 열차가 극락강역을 오는데, 모두가 그 기차를 이용
했다. 기차역까지 가려면 산 두 개를 넘어서 삼십 분은 족히 걸어야
할 만큼 우리 동네는 외진 지역이었다. 그 시끄러웠던 5·18이 일어나
는 것조차 우리 동네는 몰랐을 정도다.

이 오지 아닌 오지에 교역자들이 오면 1년을 못 버틴다. 3개월 있
기도 하고 6개월 있기도 하고…. 그래서 우리는 목사님이 오시면 저
분은 언제 가실까부터 짐작하곤 했다.

채 목사님이 오셨을 때도 교인들은 '저분은 또 언제 떠나실까'를
생각하며 내심 걱정했다. 그런데 해가 바뀌어도 목사님이 떠나질 않
는 것이다. 그리고 신학교에 복학까지 했다. 그 시골에서 신학교까지
가는 일이 보통 어려운 게 아니다. 기차를 타고, 버스로 갈아타기를
반복해야 하니 거의 온종일 차를 타는 셈이다. 특히 호남신학대학은
길이 아주 가팔라서 폐가 안 좋았던 목사님이 다니기에는 더더욱 힘
들었다. 그래서 가난한 교인들이 밭일을 시작해 돈을 모았다. 우리
어머니는 밭일이 너무 힘들어서 계란을 떼다 팔았다. 그렇게 각자 돈
을 벌 수 있는 방법을 동원해서 목사님께 오토바이를 사드렸다. 어떻
게든 목사님 발을 묶어 두고 싶었던 교인들의 간절함 바람으로 장만
한 오토바이였다.

우리 어른들은 목사님을 정말 사랑으로 섬겼다. 그런데 우리 목
사님은 절대로 은혜를 잊지 않는 분이다. 목사님은 교인들로부터 받
은 사랑을 결코 잊지 않고 이 열악한 교회에 뿌리를 내렸다. 그리고
비전을 품었다. 그 어린 시절 내 놀이터였던 교회… 본당이며 뜰이며

사택이며, 아직도 눈에 선한 그 교회가 온데간데없이 사라진 것이 참 가슴 아프고 눈물이 난다. 지금 돌아보아도 그 지역은 참 험한 곳이었다. 그 험한 땅에서 목사님과 우리는 함께 성장해 왔다.

우리 목사님의 좌우명은 "자신을 위해서라면 어떤 것도 갖기를 원하지 않지만 하나님을 위해서라면 모든 것을 갖기를 원한다"는 것이다. 나는 그 말이 진실임을 안다. 목사님은 주님을 위해서라면 목숨을 바칠 분이다.

1990년에 교회를 지을 때 교회 뒤꽁무니에 사택이 붙어 있었다. 교회가 남향이니 사택은 북향이다. 교회 건축할 때 교인들은 사택을 따로 사용하기를 바랐다. "편하게 사시지 왜 교회에서 살려고 하십니까?" 물으니 "주님 집이 내 집인데 내가 어딜 가, 여기가 내 집이야!" 하셨다. 그래서 목사님의 요청으로 교회에 사택을 붙였다. 교회 꽁무니에 붙은 사택은 아주 굴 같았다. 북향이어서 빛이 하나도 들어오지 않았고 공간이 너무 협소해 도대체 저기에서 어떻게 사람이 사나 싶었다. 폐도 안 좋은 목사님 방은 빛이 들어오지 않는 창문과 책들로 둘러싸여 있었다. 교회가 성장하고 규모가 커 가도 목사님은 참으로 찢어지게 가난하게 살았다.

지금의 교회 건물을 지을 때도 목사님 사택은 당연한 것처럼 교회 안에 지었다. 6층에 목사님 사택이 있다. 목사님은 이사한 뒤에 우리 집 엄청 넓고 좋다고, 하나님이 이렇게 큰 집 주셨다고 자랑했다. 사모님은 집의 크기나 넓이가 문제가 아니라 거실에 햇볕이 들어온다는 사실 때문에 아주 좋아했다. 그러나 알고 보면 사택은 서향이어서 하루 중 아주 잠깐 동안 손바닥만 한 햇볕이 들어올 뿐이다.

그나마라도 햇볕이 들어가는 집이라서 참 다행이라고 생각한다.

목사님 차는 구형 프린스였다. 차가 너무 낡아 늘 고장이 나니까 장로님들이 이 기회에 차를 바꾸자고 제안했다. 그러자 목사님이 반대하고 나섰다. 사실 목사님은 본인 자가용을 잘 사용하지 않는다. 어디 갈 때든 항상 교회 차만 타고 다녔다. 개인 용도로 차를 사용하는 걸 본 적이 거의 없다. 내가 신학교 다닐 때 학생들 중 목회자 자녀인 아이들이 가끔 아버지 차를 타고 오는 모습을 종종 보았었다. 그런데 우리 목사님은 가족에게 차를 내준 적도 없을 뿐더러, "늘 내 것이 아니라 하나님 것"이라고 주장했다.

지금의 교회를 건축한 뒤에 다시 한 번 목사님 차를 바꿔 드리겠다고 제안했다. 목사님은 또 거절했다. 목사님 물건 하나 바꿔 드리려면 장로님들이 통사정을 해야 할 정도였다. 목사님은 덜덜거리는 차를 끌고 다니는 판국에 외제 차 타기가 송구스럽기도 했던 장로들은 제발 차를 바꾸시라며 졸라 댔다. 그러면 목사님은 "장로님 차 타고 갑시다" 이렇게 하면서까지 거절했다. 그런 사소한 것들 하나까지 목사님을 존경하지 않을 수가 없다.

예전엔 목사님이 굉장히 보수적이었다. 여자는 강대상에 올라갈 수 없었고, 예배 시간에 아멘 소리도 크게 할 수 없었으며, 기도도 침묵으로 했다. 그랬는데 지금 본향교회는 온갖 매체를 동원하여 예배를 드린다. 목사님은 하나님과 교회 앞에 유익이 되는 것이면 온 마음을 열고 변화를 받아들였다. 예수님을 위해서, 예배를 위해서 좋다고 판단되는 것은 다 받아들였다. 다른 교회에서 새로운 문화를 접하면 그 문화를 적극 받아들인다. 목사님이 강단에 올라가지 않고 아래에 계시는 것도 하나님 앞에 다 똑같은 사람이라는 신학적 입장을 보여 주는 것이다. 대표 기도도 하나님께 드리는 것이니까 사람을 보고 하는 게 아니라 십자가를 보고 한다.

목사님은 교인들이 특별한 훈련 프로그램에 참가하는 걸 썩 좋아하진 않는다. 하지만 혁신적인 것을 못하게 하거나 자기 것만 지키려 하지도 않는다. 목사님은 안 된다고 말하는 분이 아니라 한 번 해보라는 쪽으로 조언을 주신다. 우리 교회는 1986년에 드럼과 기타를 들였다. 비교적 상당히 이른 시기에 받아들인 것이다. 목사님의 그런 열린 마음 덕분에 교회가 지속적으로 성장했다는 것은 의심의 여지가 없다.

나는 아주 젊은 나이인 42세에 권사가 되었다. 권사 직분을 받으라는 말을 듣고 내가 망설이자 우리 어머니가 말씀하셨다. "하나님이 너를 선택해 사용하실 때는 거부하지 않아야 한다. 그 직분 받아라." 물론 내가 권사가 되었다 해서 전과 달라진 것은 없다. 하지만 내가 일찍 권사가 된 데는 담임목사님의 목회 철학이 담겨 있다. 교회 일은 젊어서 해야 한다는 생각 말이다.

인생을 살면서 죽고 싶었던 적이 두 번 있다. 대학교 3학년 때 위가 너무 아파 견딜 수 없어 죽고 싶었다. 병원도 다니고 심지어 요양원에서 3개월을 살아도 치료가 되지 않았다. 더는 참을 수 없을 정도로 아파 금요철야 기도 때 목사님께 안수기도를 해달라고 했다. 그러자 백방으로 노력해도 사라지지 않던 통증이 목사님의 기도를 받은 다음 말끔히 치료되어 버렸다.

두 번째는 지금의 본향교회를 지은 직후인 2005년에 죽고 싶었다. 참으로 성령 충만하여 이보다 더 좋을 수가 없었다. 세상이 이렇게 좋다면 천국은 얼마나 더 좋을까 싶어서 하나님께 어서 죽게 해 달라고 기도한 적이 있다.

사모님 이야기를 좀 해야겠다. 교회가 많이 가난했던 시절에 사모님이 연탄집게로 박쥐를 잡은 적이 있다. 벽에 붙어 있는 박쥐를 발견한 사모님이 교회 아이들이 보고 놀랄까 봐 벌겋게 달아오른 연탄집게로 박쥐를 눌러 죽인 것이다. 나 같은 사람이 아니면 그 누구도 알 수 없고 할 수도 없는 이 이야기 속에 목사님 댁과 우리 집의 역사가 함께 존재한다. 사모님은 혼자 계시는 날이 많아 가끔 나하고 식사도 함께했다. 그것이 입길에 오르내릴까 걱정이 안 되는 것도 아니다. 하지만 내가 딸이나 다름없으니 교인들도 그 점을 이해하리라 믿는다.

세월은 물처럼 흘러 지금의 이 아름다운 성전으로 무대를 옮겼다. 내 말을 들으면 목사님이 마치 독재자같이 느껴질지도 모른다. 그러나 만일 목사님이 본인의 욕망을 채우려고 그렇게 했다면 나는 결코 목사님을 따르지 않았을 것이다. 그분이 조금이라도 하나님 중심에서 빗겨 났다면 우리는 가족이 될 수 없었을 것이다.

길면 길고 짧으면 짧은 세월 동안 목사님 곁에 있으면서 가장 확실히 배운 게 하나 있다. 그것은 '권리 포기'다. 예수님이 자신의 권리를 포기하여 우리를 구원하셨듯이 목사님은 자신의 권리를 포기하여 우리 교회와 한국 교회를 지켰다. 그래서 나도 나의 권리를 포기하면서 끝까지 목사님의 뒤를 따라가고 싶다.

돗자리로 엮인 의리의 리더　김병식 (본향교회 선임 부목사)

목사님만의 아름다운 목회란 "복이 되게 하라"는 말씀과 일맥상통한다. 오늘날 많은 교회들이 교회와 교인에게 집중되어 있는데 반해 본향교회는 이 세상에 복이 되게 하는 말씀들을 전하고, 전하는 대로 실천한다.

돗자리 이야기부터 시작해야겠다. 돗자리는 채영남 목사님과 나의 인연을 맺어 준 중매쟁이다.

내가 본향교회 부목사로 부임하기 전, 나는 신학교 3학년생으로 담양 추월산교회에서 전도사로 섬겼다. 아무리 시골 교회라지만 너무 창고 같아 보여, 지나가는 사람들에게 교회처럼 보이게 하고 싶었다. 그러나 시골 어르신들에게는 교회를 건축할 돈이 없었다. 건축비를 알아보니 1억 2천만 원 정도가 필요한데 교회 재정은 단돈 천만 원이 전부였다. 어떻게 할까 생각하는데 한 가지 묘안이 떠올랐다. 이 지역이 담양 죽세품(竹細品) 고장이니 대나무 돗자리를 만들어 팔면 건축비를 마련할 수 있을 것 같았다. 그래서 돗자리 견본 하나를 만들어서 무작정 본향교회 여전도회 총회 때에 찾아갔다. 여전도회원들에게 교회를 건축해야 하니 도와 달라고 부탁드렸다.

본당 밖에 견본을 놓아 두고 나오는 길에 채영남 목사님을 뵈었다. 그전에는 뵌 적이 없었으니 그날이 첫 대면이었다. 목사님이 나를 보더니 돗자리를 몇 개나 가져왔느냐고 묻기에 한 개 가져왔다고 했더니 "많이 가져와서 놔두고 가지 그랬어요" 하셨다. 그때 나는 '아, 남다른 분이시구나' 생각했다. 그날 나는 한 개의 돗자리를 팔고 한 개 더 주문 받아서 돌아왔다. 많이 팔지는 못했어도 목사님에 대한 인상이 강렬하게 각인되었다.

목사님의 그 말이 나에게 큰 힘이 되었다. 세상에는 거절하는 사람만 있는 게 아니구나, 내가 열심히 하면 일어설 수 있겠구나 싶었다. 그렇게 힘을 얻어서 나는 추월산교회를 건축했다. 자랑삼아 말하자면 요즘처럼 직접 건축하는 목회자가 많지 않은 세상에서 나는 교회를 건축한 젊은 목사가 되었다.

추월산교회에서 약 6년을 시무하고 금정교회로 가서 3년을 시무한 뒤에 본향교회로 왔다. 내가 본향교회에 온 지는 벌써 8년이 되었고 부목사들 중에서는 내가 선임이다. 어떤 교회는 부교역자 임기를 3년이나 5년으로 정해 두기도 하는데, 그렇게 되면 교역자들이 일하기가 참 어렵다. 그런데 본향교회에는 20년 넘게 섬기고 있는 부교역자도 있다. 채 목사님은 한 번 품은 사람을 끝까지 버리지 않으신다.

나는 본향교회에 와서 많은 것을 배웠다. 목사님을 통해서 목회자의 영성이 어떠해야 하는지를 배웠고, 목회의 기본과 자세에 대해서도 많이 배웠다. 젊었을 때는 앞뒤 모르고 덤벼들었는데 본향교회에 와서 보니 목사님만의 아름다운 목회 철학이 있었다. 그래서 나는 본향교회를 "내가 거저 주웠다"고 말한다.

복이 될지라

목사님만의 아름다운 목회란 "복이 되게 하라"는 말씀과 일맥상통한다. 오늘날 많은 교회들이 교회와 교인에게 집중되어 있는데 반해 본향교회는 이 세상에 복이 되게 하는 말씀들을 전하고, 전하는 대로 실천한다.

본향교회는 매월 첫 주 거행되는 성찬식에 교인들 한 사람 한 사람이 앞으로 나와서 떡을 받아먹고 잔을 받아 마신다. 큰 대접에 포도주를 담아 떡에 찍어 먹는 방식으로 진행된다. 각자가 떡을 들고 "이것은 주님의 몸입니다. 이것은 주님의 피입니다" 하고 기도한다. 이렇게 한 명 한 명 떡과 잔을 나눈 후 제자리로 돌아가서 성찬식이 다 끝날 때까지 기도한다. 시간이 좀 오래 걸리지만 아주 은혜로운 시간이다. 또 약 3개월 주기로 성찬의 형식을 바꾸기도 한다.

본향교회에서 부목사로 섬기면 제대로 훈련을 받는다는 소문이 있다. 달리 말하면 본향교회 부목사로 일하기 힘들다는 뜻이다. 하지만 그건 옳지 않은 시각이다. 우리 교회는 부목사 다섯 명, 교육목사 한 명 해서 총 여섯 명의 부목사가 있다. 여섯 개의 교구를 부목사들이 각자 한 개씩 맡아 양육한다. 목사님은 그 교구를 우리에게 위임했으니 각자 최선을 다해서 목양하라 하신다.

목사님은 일단 일을 맡기면 조용히 지켜보시는 쪽이지 감 놓아라 배 놓아라 하지 않는다. 그러나 일에 대한 결과만큼은 정확히 보고받으신다. 그건 담임목사로서 당연한 일이다. 그 정도 선에서 부교역자들이 역량을 발휘하도록 자유를 주신다. 또한 목사님은 인간으로서 '의리'를 매우 중시한다. 의리는 곧 신임이나 신뢰인데 목사님 본인이 의리와 신뢰를 중시하고 몸소 보여 주신다.

목사님에게는 많은 직함이 있다. 사회적으로 여러 가지 일을 하다 보면 자연스레 따라붙는 직함들이다. 그 모든 직함이 다 알고 보면 영예로운 자리가 아니라 종으로 섬기는 자리다. 보통 사람 같으면 그 섬김을 다 감당하지 못할 것이다. 건강이 약한 목사님으로서는 특히 더욱 힘든 것이 당연하다. 그러나 그리스도인은 힘든 일을 즐겁게 하는 자가 아닐까. 목사님은 그리스도인답게 그 힘든 일들을 즐겁게 이겨 내신다.

목사님의 직함 중에 특히 의미 있는 직함은 '광주 성시화 운동 본부' 대표이다. 처음에 나는 성시화 운동에 대해서 아는 게 부족했다. 성시화 운동은 한마디로 우리가 사는 세상을 거룩한 하나님의 나라로 만들고자 하는 비전 운동이다.

본래는 목회자 중심이 아니라 평신도 중심의 운동이었다. 그러나 평신도만으로는 한계가 있다고 느낀 성시화 운동 본부 측에서 채 목사님을 회장으로 추대했다. 처음에 목사님은 고사하다가 기도 끝에 성시화 운동 본부를 맡아서 조직의 틀을 만들었다. 그 결과 지금은 각 분과별 모임과 수요 실업인 선교회가 열리고 있다. 이 모임에는 광주에서 내로라하는 사람들이 온다. 또 홀리데이인 호텔에서 여성분과 기도 모임이 계속되고 있다. 사실상 명목뿐이던 조직을 명실공히 살아 있는 조직으로 바꾸어 말로만 그치는 성시화가 아닌 가시적 운동으로 일으켰다.

성시화 운동만이 아니라 목사님이 노회장을 할 때에도 노회의 기구 개혁을 했다. 개혁이라기보다는 어지러운 조직을 잘 정리했다는 게 맞는 말이다. 조직을 안정화시킨 것이다. 목사님은 어느 자리에 있

복이 될지라

든 리더십과 역량을 발휘한다.

누군가가 나에게 정말로 채 목사님에게 그런 역량이 있느냐고 물으면 나는 "그럼요"라고 한 마디로 대답할 것이다. 단지 인간의 능력만이 아니라 영적 역량도 그러하냐고 물으면 나는 "그렇고 말고요"라고 대답할 것이다.

목사님은 우리의 진정한 영적 리더다. 무엇보다 언행일치로 모범을 보이시기 때문이다. 말만 앞세우면 리더십이 서지 않을 텐데 목사님 자신이 실천적으로 사시고 또 사모님도 그렇게 사시니까 누구 하나 목사님의 길을 반대할 수 없다.

목사님은 개인적으로 아무리 어려움이 있어도 교회나 직분자들에게 무언가를 요구하는 일이 없다. 두 분 모두 좋은 옷 한 벌 제대로 못 입고 사신다. 목사님과 사모님은 그해 여름이면 여름 내내 같은 옷, 겨울이면 겨울 내내 같은 옷을 입는다. 정말 검소하다. 검소하게 살기만 하면 영적 역량이 있는 거냐고 묻는 사람이 있다면, 나는 영적인 게 무엇이냐고 되물을 것이다. 나는 실천적으로 사는 것이 곧 영성이라고 생각한다. 채 목사님은 내가 만난 분들 중에서 말씀을 가장 잘 실천하며 사는 분이다.

목사님이 대외적인 일을 하면 자주 자리를 비우고 내부적으로 문제가 생길 것 같지만, 그렇게 된다면 하나님께서 가만히 있지 않으실 것이다. 하나님이 세우시고 자리를 주실 때는 각자의 달란트를 보고 사용하신다. 그러니 목사님이 자리를 자주 비운다는 것은 사역이 점점 커진다는 의미가 된다. 그럴 때 일을 나누어 담당하라고 세운 자리가 부교역자 자리다. 모세의 장인 이드로가 모세의 일을 나누어 담당하도록 70인의 장로를 세우게 한 것과 같은 의미다.

만일 목사님이 바빠서 교회가 흔들릴 것 같으면 목사님이 대외적인 일을 하지 않으셔야 하고, 우리 부교역자들도 그에 따른 연대 책임을 져야 한다. 목사님을 도와 본향교회를 잘 지키는 게 부교역자들이 할 일이라는 말이다. 부교역자들이 자기 자리를 잘 지키는 게 목사님을 돕는 것이고 한국 교회를 돕는 것이며 하나님 나라를 이루는 일을 하는 것이다. 목사님과 교회의 중간자 역할을 부교역자들 각자가 잘해 나가야 한다. 그것이 각자가 감당할 사명이다.

채 목사님은 주보에 담임목사가 아닌 '위임목사'라는 직함을 표기하게 한다. 교회에 대한 목사님의 철학을 정말 잘 보여 주는 단어다. 목사가 이 교회의 주인이 아니라 하나님이 이 교회의 주인이며, 목사는 잠시 하나님으로부터 위임받아 교회를 지킨다는 의미를 강조하기 위해서 스스로를 위임목사라고 칭하는 것이다. 비단 글자 하나의 차이지만 그 작은 차이에는 심오한 신앙고백이 숨어 있다.

목사님이 아무리 많은 일정을 소화해도 자신의 일을 미루거나 게을리하지 않는다. 일이 많아도 교인들을 멀리하지 않고 심방을 하는 데 최선을 다한다. 몸이 편찮은 경우를 제외하곤 목사님께 주어진 일을 모두 다 감당한다. 성도들은 하나님이 목사에게 위임하신 양이니, 하나님의 양들을 위임받은 자가 양들이 먹을 영적 양식을 손수 준비한다는 마음일 것이다. 목사님은 본인의 역할을 하다가 쓰러질지언정 그 역할을 다른 사람에게 떠넘길 분이 아니다.

담임목사로서의 일 처리 방식이나 인간적인 측면에서의 목사님 이야기를 좀 하고 싶다.

내가 본향교회에 처음 와서 일 년쯤 지났을 때 '항존직'(예수 그리스도의 교회가 이 땅에 있는 동안 항상 존재해야 할 직분)을 세웠다. 그때 내가 실수로 항존직에 해당 사항이 없는 분을 올려 버렸다. 실수도 엄청난 실수를 해버린 것이다. 목사님이 전화로 왜 이분을 넣었냐고 딱 한 마디 꾸중을 했다. 나는 그 상황을 어떻게 모면할지 노심초사했다. 쥐구멍에라도 들어가고 싶은 심정이었다. 그런데 주일에 목사님이 한 말씀도 안 하셨다. 그 전화 한 통의 꾸지람이 전부였다. 목사님은 한 번 한 말을 두 번 세 번 하지를 않는다. 그 일이 설령 더 큰 일이라 해도 목사님은 두 번 말하지 않을 것이다.

목사님은 목사로서 갖추어야 할 자질들을 외적으로 내적으로 영적으로 고루 갖춘 분이다. 목사님은 빼어난 미남이며 목청도 좋다. 인품도 외모만큼이나 좋다. 오래 참고 온유하고 과묵하며 다방면에 재능을 갖추었다. 그 연세에 맞지 않게 컴퓨터 달인이고 영상 분야도 잘 안다. 이런 인간적인 면만이 아니라 영성도 깊으시니 참으로 목사로서 부족함이 없다.

'폼생폼사'라는 말이 있다. 품위를 중시한다는 말의 속된 표현이다. 채 목사님이 바로 그런 분이다. 형식적인 면에서 흐트러짐 없는 것을 강조하신다. 교인들과 식사하는 사적인 자리에서도 정연한 품위를 지키는 것은 물론이다.

폼생폼사의 정점은 예배다. 본향교회의 예배는 질서정연하게 물 흐르듯 드려진다. 열린 예배와 전통 예배가 조화를 이루면서 예배의 처음부터 끝까지 거침없이 흘러간다. 군인들이 한 번의 사열을 위해 수많은 연습을 한 후에 대장 앞에서 한 치의 오차도 없이 사열하듯이 본향교회의 예배도 그렇다. 토요일이면 예배 위원들이 리허설까지 한다. 왕이신 하나님께 드릴 예배가 아무런 준비 없이 드려져도 안 되고 어딘가 어설퍼도 안 된다는 의지가 담겨 있다.

예배의 형식만을 강조하는 게 아니다. 우리 교회의 가장 중요한 가치는 예배다. 사실 교회의 핵심적 본질이 예배다. 채 목사님은 부목사들에게 일에 지쳐서 헤매지 말고 확실하게 예배자가 되라, 일꾼이 되지 말고 예배자가 되라고 가르치신다. 그런 가르침이 정말 좋다. 부목사들은 자칫 일꾼으로 전락하기 쉽고 예배도 소홀히 하기 쉽다. 그러나 우리 교회는 방송실 담당 부목사님도 반드시 정식으로 예배에 한 번은 참석해야 한다. 나머지 부목사들도 주일의 어느 예배에든 한 번은 반드시 조용히 예배드린다.

이것은 교인들에게도 철저하게 적용이 된다. 봉사는 봉사고 예배는 철저히 드려야 한다. 봉사한다 해서 예배는 뒷전으로 하고 식사만 준비하거나 주차만 하는 경우는 없다. 이러다 보니 본향교회 출신 목사들은 어딜 가도 '예배'를 가장 중시한다. 개업 때, 출산 때, 돌 때, 어떤 행사를 하든지 그 모든 일에 예배를 앞세운다. 우리 교회의 가장 철저한 덕목이다.

신학자 칼 바르트는 "예배는 우리 인생에서 가장 긴급한 일이고 가장 중요한 일이고 가장 영광스러운 일이다"라고 했다. 이 말처럼 우리 본향교회에서 예배보다 중요한 것은 없다.

가장 놀라운 것은 목사님이 그 많은 설교를 다 감당한다는 점이다. 어떤 상황에서도 빈틈없이 설교 준비를 한다. 설교 준비의 모토는 "성경이 성경으로 말하게 하라"이다. 목사님은 오직 하나님 말씀이 중심인 설교를 한다. 그 많은 일들을 하면서도 결코 설교를 놓지 않고 말씀 선포에 지치지 않는 목사님의 능력이 부러울 뿐이다.

목사는 일평생 설교 하나만 잘해도 되는데, 우리 목사님은 설교도 잘하고 그 외의 자질도 다 갖추었다. 게다가 주변 사람들을 잘 섬기니 사람들과의 관계도 정말 좋다. 나는 이런 목사님을 섬기는 부교역자인 게 참 행복하다.

교회는 나의 일터요 놀이터다. 그래서 쉬는 날도 교회에서 살다시피 한다. 나는 목회자들이 다 퇴근한 다음에 퇴근하고, 쉬는 날에도 교회에 와서 이것저것 둘러보고, 목사님 심부름할 것 있으면 심부름하고, 이렇게 늘 교회와 함께 지낸다.

내가 부임할 때 목사님이 준 편지가 있다. 나는 지금도 성경책 안쪽에 그 편지를 붙여 두고 있다.

김 목사, 우리 교회에서 함께 일할 수 있어서 기쁘네.
우리 교회에서 일할 때 반드시 이것만은…:

하나. 먼저 은혜받는 데 힘쓰게

둘. 기쁨으로 일하게

셋. 섬김의 사역자가 되게

넷. 의리를 생명처럼 여기게

다섯. 교회와 나에게 마이너스가 되는 말은 삼키고 좋은 일만 전하게

여섯. 물질 걱정은 버리게. 하나님은 절대 살아 계시네

2008. 6. 4.

담임목사 채영남

목사님의 편지에 들어 있는 이 내용을 성경책만이 아니라 내 가슴에도 늘 붙이고 산다.

채 목사님은 한 입으로 두 말 하지 않는다. 목사님은 한 번 말씀하면 그대로 실천하는 분이다. 언행일치라는 말에 가장 어울리는 목회자다. 알고 보면 나에게 준 저 편지 내용은 목사님 스스로에 대한 다짐이기도 하다.

목회자로서 나의 비전은 무엇인가? 본향교회의 비전은 목사님이 하나님께 받은 비전인 "너는 복이 될지라"이다. 그동안 "너는 복이 될지라"를 정말로 많이 들었다. 그 비전이 내 귀에 아주 익숙해져 버렸다. 그러니 굳이 내가 다른 비전을 발견할 게 없었다. 나도 또한 복이 되면 된다. "너는 복이 될지라"가 내 목회의 주제가 되어 버렸다.

우리 교회의 목표는 "화평한 교회", "성결한 교회", "성장하는 교회", "섬기는 교회"다. 이 목표가 참으로 좋다. 교회는 항상 화평해야 한다. 당회도 화평해야 하고 교인들도 화평해야 한다. 교회는 하나님의 몸이니 거룩함을 잃지 않아야 한다. 또 늘 성장해야 한다. 그것은 양적 성장만을 의미하는 게 아니라 영적 성장과 질적 성장을 모두 의미한다. 성장하지 않는다는 건 죽는다는 뜻인데 교회가 죽어서는 안 되니까 늘 성장해야 한다. '복이 되는' 삶은 섬김을 통해서 가능하다. 우리가 누군가를 섬길 때 섬김받는 자에게 복이 된다. 따라서 섬김의 사명은 참으로 귀하고 아름답다.

목사님의 비전이 본향교회의 비전이 되고, 그 비전으로 인해 목사님이 지금까지 사역해 왔다. 교회와 사람과 세상에 복이 되는 목사님, 목사님의 그 복이 주의 종인 내 복이 되도록 하고 싶다. 그래서 나는 교인들한테도 그렇게 말한다.

"우리가 다른 기도할 게 있겠습니까? 목사님의 복이 우리 가정의 복이 되게 해주고 목사님 복이 우리 아들딸들의 복이 되게 기도하면 하나님께서 복을 주지 않겠습니까?"

사실이 그렇다. 그래서 나도 모를 어느 순간에 "목사님 복이 정말 제 복이 되게 해주십시오. 목사님의 복이 반 만큼만 와도 좋겠습니다. 목사님 영성이 제 영성이 되게 해주십시오" 이렇게 기도한다.

사실 담임목사님과 가까이 살다 보면 결점만 보일 수도 있다. 그러나 나는 목사님의 모든 면이 참 존경스럽다. 그래서 엘리사를 생각한다. 엘리야 선지자보다 능력이 부족했던 엘리사는 하나님께 엘리야보다 두 배의 능력을 달라고 기도했고, 결국 그렇게 되었다. 나도 하나님께 그렇게 기도한다. 목사님처럼 되게 해달라고.

목사님께 참 감사한 것은 나뿐만 아니라 어려운 목회자들을 잘 품어 주신다는 점이다. 자리가 없거나 갈 데가 없는 사람들이 오면 목사님이 다 품어 주신다. 부목사들이 적을 둘 자리가 없는 것은 개인의 영성이나 실력 문제이기보다는 구조적인 문제일 때가 많다. 지금 한국 교회에는 목회자들이 설 자리가 부족하다. 어려움에 처한 교역자들에게 자리를 마련해 주고 기다려 주고 사역을 시키면 그분들은 정말 열과 성을 다해 잘 섬긴다. 담임목사님이 품어 주시니 충성을 다하는 것은 물론이다.

이 교회에 처음 왔을 때 목사님이 주신 조언 중에 "기쁨으로 일하라"는 말씀이 특히 가슴에 깊이 남았다. 자칫하면 부목사는 기쁨으로 일하기보다 노동을 한다고 생각할 때가 있다. 그러면 교회 일이 고역이 된다.

목사님은 여러 면에서 보아도 훌륭한 목회자다. 이 본향교회와 광주 지역 사회에서 큰 화평을 이뤘듯이 한국 교회와 한국 사회에서도 크게 화평을 이루실 분이다. 그것은 그분이 살아온 삶을 보면 알 수 있으며, 그분을 8년 동안 부목사로 섬긴 내가 증언할 수 있는 사실이다.

완도의 작은 마을에서 출발한 내 삶을 여기까지 인도하신 하나님께서 '돗자리'를 통해 채영남 목사님을 만나게 하시고 그분을 도울 수 있도록 인도하셨다. 그 놀라운 은혜에 감사드린다. 하나님께서 이 교회를 통해, 채영남 목사님을 통해, 그리고 나를 통해 세상에 복을 주시기를 간절히 기도한다.

사람을 살리는 지도자

박복남 (본향교회 전도사)

"목사님, 저는 아무것도 못 해요." 내가 이렇게 말하자 목사님은 부드럽게 "아무것도 안 해도 됩니다. 중보기도만 하세요" 이렇게 말씀하셨다. 그런데 그 말씀에 순종해야겠다는 마음이 들었다.

나는 1급 장애인으로, 1997년에 본향교회에 전임전도사로 부임했다. 내 이름은 박복남. 글자 그대로 뜻을 풀자면 '복을 남에게 주는 사람'이다. 해석을 하고 보니 내 이름과 본향교회의 목회 철학이 딱 들어맞는다. 우리 교회는 '남에게 복이 되는 것'을 가장 강조하는 교회니까.

나는 어린 시절부터 주일학교에도 나가고 중등부에도 나갔지만 정말로 예수님을 믿었다고 생각하진 않는다. 나는 중학교 때도 관절염으로 몸이 많이 아파서 중학교 진학한 지 몇 달 만에 휴학을 해 버렸다. 기도하면 병도 고쳐 준다고 해서 열심히 교회에 나갔다. 중학교 시절, 절반은 학교에서 배우고 절반은 언니에게 배워서 졸업장을 땄고, 우수한 성적으로 고등학교에 진학했다. 그 후 간호대학에 입학하면서부터 몸이 좀 좋아졌다. 몸이 좋아지기 시작하면서 자연스레 예수님을 떠났다.

20대를 재밌고 신나게, 딱히 하는 일도 없이 살았다. 그러다 간호사로 재직하던 29세쯤 병이 재발해 버렸다. 일 년에 한두 번 정도 교회에 나가던 시절이었다. 다시 병이 도지자 마음이 가난해진 나는 아무도 몰래 혼자 교회에 가서 울고불고 기도하며 회개했다.

그때 가장 중대한 사실이 깨달아졌다. 내 죄를 사함 받았다는 그 깨달음이 가장 감사했다. 그 깨달음을 얻은 뒤로 하나님이 쓰러진 나를 세우시고 메마른 내 인생의 빈 잔을 채우기 시작하시는 걸 느꼈다. 예배 중 하나님의 임재를 느낄 때면 고개를 들 수가 없었다. 낮아지는 것이 곧 채워지는 것임도 깨달았다.

예수님 만나고 나서 정말 많이 변했다. 주변에서 나를 이상하게 볼 정도로 바뀌었다. 내게 있는 것들을 다 퍼다 목회자들께 드렸다. 나 같은 죄인이 구원 받았다는 그 은혜를 말로 형용할 수 없었다. 아무리 화나는 일이 생겨도 내 속에서는 강 같은 평안이 넘쳐흘렀다.

그러나 몸이 아파서 경제력을 상실한 상태였던지라 누군가에게 기대야만 했다. 손목과 발목이 아파서 아무것도 할 수 없었다. 그래서 기도를 했다. 하나님 제가 혼자 살 수 있는 방법을 알려 주십시오. 기도하는 동안 며칠에 거쳐 꿈을 보여 주셨다. 넓은 공간에 놓인 교탁에 서서 조그만 아이들을 가르치고 있는 내 모습이 보였다. 나중에는 애들뿐만 아니라 중·고등학생, 그리고 어른들까지 그 공간을 메웠고 나는 그들을 열심히 가르쳤다. 말하자면 그때 그 꿈이 지금의 나의 모습이 되었다.

그러다 구역장을 하면서 아이들 과외를 했고, 과외로 번 돈을 전

복이 될지라

부 헌금했다. 내 삶은 돌보지 않은 것이다. 그런데 기도만 하면 주의 종이 되라는 하나님 뜻이 느껴졌다. 그럴 때마다 나는 '싫어요, 나는 돈도 잘 벌어서 헌금하고 교역자들 잘 돕겠습니다'라고 반항했다.

그렇게 10년이 흘렀다. 그때까지도 계속 하나님의 종이 되라는 음성이 들렸고, 나는 그냥 헌금을 많이 하겠다며 버텼다. 그러던 중 또 꿈을 꿨다. 내가 천국으로 인도되었는데, 그곳에서 베드로처럼 종이 되라는 말씀을 들었다. 그 말씀을 듣고 집으로 돌아오기 위해서 엘리베이터 같은 것을 탔다. 다 내려와서 보니 거기 김일성 시신이 있었다. 멀쩡히 살아 있는 김일성이 사망했다니, 참 이상하다고 생각하며 잠을 깼다. 그런데 그다음 날 김일성이 사망했다는 뉴스가 방송됐다. 나는 이게 정말 표적인가 싶어 바로 신학을 시작했다.

신학생이 되자 교수님 한 분이 본향교회에 한번 가보라고 했다. 그러나 나는 여러 가지 이유로 곧장 본향교회를 찾아가지 않았다. 꽤 긴 시간이 지나 마침내 본향교회에 갔다. 그때가 1997년 2학기였다. 교회에 오자 목사님이 나를 사택으로 불렀다. 이곳에 나를 추천해 준 교수님 체면도 있고 해서 그저 인사만 드리고 돌아갈 요량이었다. 나는 목사님께 이렇게 말했다.

"목사님, 저는 아무것도 못 해요."

내가 이렇게 말하자 목사님은 부드럽게 "아무것도 안 해도 됩니다. 중보기도만 하세요" 이렇게 말씀하셨다. 그런데 그 말씀에 순종해야겠다는 마음이 들었다. 하필 나 같은 사람을, 몸도 자유롭지도 못하고 좀 있으면 죽을지도 모르는 위태로운 나를 불러 주셨으니 거절하면 안 되겠다는 생각이 들었다.

나는 모든 일을 정리하고 본향교회로 자리를 옮겼다. 그때만 해도 어마어마하게 아파서 몸무게가 고작 35킬로그램 정도로 줄어 있었다. 통증이 너무 심해서 잠을 잘 수도 없는 나날이었다. 그래서 그런지 기도는 오히려 더 잘됐다. 그 고통스런 때가 하나님과는 가장 친밀한 때였다.

당시 나는 교회에서 아무것도 할 수 없었다. 지금은 의자에 앉고 일어서는 걸 바로바로 할 수 있지만 그때는 그렇지 못했다. 앉으려면 1분 정도 워밍업을 해야 했고, 앉았다 일어설 때도 몸을 막 뒤틀면서 일어날 수밖에 없었다.

목사님 말씀 따라 그저 기도만 열심히 하고 있던 어느 날, 목사님이 아동부를 하나 맡으라는 제안을 하셨다. 내가 본향교회로 온 지 불과 1개월이 채 지나지 않았을 때였다. 목사님의 그런 제안에는 나를 생각하는 깊고 깊은 뜻이 있었다. 만일 내가 계속 기도만 하고 있었다면 오늘의 나는 없었을 것이다. 목사님은 그만큼 마음이 깊고 미래를 보는 분이었다.

당시 우리 교회에는 아동부서만 세 개가 있었다. 9시 30분에 시작하는 우리 부서의 인원은 약 20명이었다. 가서 보니 아이들이 누워 있거나 장난을 치며 난리를 피웠다. 마이크를 들고 설교를 할 수 없을 정도로 난장판이었다. 나는 아이들에게 '하나님은 경외의 대상'이란 것을 가르쳐야겠다고 생각했다.

아이들의 관심을 끌려고 그림 설교를 준비했다. 설교를 준비하기 위해 두 시간 이상 그림을 그렸다. 그림을 그리고 나면 손이 너무 아파서 설교 시간에는 그림 들어 주는 역할과 마이크 들어 주는 역할

복이 될지라

을 아이들에게 맡겼다. 아이들에게 그런 역할을 맡기자 희한하게 아이들 태도가 바뀌기 시작했다. 역할을 맡은 아이들은 물론이고 듣는 아이들도 얌전히 앉아 예배를 드리기 시작했다.

그림에 재주가 없는 나는 다른 사람의 그림을 보고 그대로 따라 그린 뒤 크레용으로 색칠을 한다. 아무리 좋은 그림이라도 컴퓨터로 출력해서 보여 주는 것보다 내가 직접 그린 그림이 더 반응이 좋았다. 서툴게 그린 그림을 보며 아이들은 "저거 고래야?" 하면서 더 집중을 잘했다. 지금은 파워포인트 등 엄청난 기기들과 자료들이 쏟아지지만, 직접 그린 그림으로 설명하면 아이들이 훨씬 더 집중을 한다. 요즘은 칠판에 그려서 칠판 그림 설교를 하기도 한다.

그림 설교를 하면 아이들만이 아니라 선생님들도 은혜를 받았다. 처음에는 나더러 설교만 하고 나머지는 안 해도 된다고 했던 선생님들이 나와 함께 움직이기 시작했다. 그래서 나도 사례비를 바치고 선생님들도 십시일반 추렴하여 에어컨을 설치했다. 내가 이렇게 적극 활동을 하자 선생님들이나 교인들이 하나같이 나더러 아픈 사람 같지 않다고 말했다.

하지만 나는 그때도 죽을 것처럼 아팠다. 1997년부터 1년간 사역을 하고 1998년이 되었는데, 이제는 더 이상 버티지 못할 만큼 아팠다. 나에게 특별한 관심과 사랑을 쏟던 담임목사님 사모님이 나더러 수술을 받으라고 권했다. 그런데 매년 3월마다 열리는 특별 새벽 기도회를 빠질 수는 없었다. 몸이 너무나 아파 견딜 수가 없었으나 특새가 끝나고 수술하겠다고 했다. 약속대로 특새를 다 마친 3월 말일에 수술을 해서 5월 중순에 퇴원했다. 병원에 있는 동안 아이들이 늘어 갔고 계속해서 부흥했다. 내가 쉬고 있어도 하나님은 일하시고 계셨던 것이다. 나는 퇴원하자마자 목발 짚고 나와서 설교를 했다. 목발은 짚었으나 몸이 아주 좋아져서 그림을 직접 들 수가 있었다.

병원에 있는 동안 이런 생각이 들었다. 목사님은 성경 속의 앉은 뱅이였던 므비보셋 같은 나를 왕의 식탁에 앉게 한 다윗 같은 분이다. 나처럼 부족한 사람을 데려다 일을 시키고 수술까지 시켜주었다. 내가 만일 목포에 있었으면 그 교회가 내게 수술을 시켜 주진 못했을 텐데…. 이렇게 수술 비용까지 부담해 준 교회, 그리고 나를 주님의 도구로 사용해 준 목사님을 존경하지 않을 수가 없다.

우리 목사님이 특별히 나만 거두신 것이 아니다. 목사님은 힘들고 어려운 사람을 그냥 스쳐 가는 법이 없다. 그래서 나는 20년 전부터 우리 목사님이 나중에 다윗 같은 사람이 될 거라고 생각했다.

퇴원하고 6월이 되니까 몸이 아주 좋아졌다. 내가 목발을 짚고 다니니까 목사님이 믿음으로 목발을 던지라고 해서 목발을 짚지 않았다. 목발을 던지고 나니 다니기가 점점 수월해졌다. 그런 나를 보며 목사님은 "우리 전도사님 날아다니네" 하며 격려했다. 내 몸이 좋아지니까 선생님들도 함께 흥이 나서 일했다. 우리가 연합하여 함께 열심히 전도하고 즐거이 일을 하니까 학생들이 점점 불어났다.

아이들이 돌아갈 때면 선생님들이 두 줄로 서서 아이들에게 박수쳐 주고 악수하고, 아이들이 한 반씩 나가는 동안 아직 남은 아이들은 아주 뜨겁고 신나게 찬양을 했다. 날이 갈수록 아이들이 많아졌고 교회는 점점 좁아졌다. 선생님들은 아이들을 무릎에 앉혔고 나는 벽 끝에 가서 설교를 했다. 아이들이 자꾸 쏟아져 감에 따라 공간은 점점 부족해졌다.

결국 우리 부서는 교회 지하의 큰 방으로 옮겨 갔다. 그런데 거기도 금세 꽉 차버렸다. 나중에는 우리 부서가 본당까지 진출해야 하는 즐거운 상황이 되었다. 사실 다른 교역자들에게는 미안한 마음이 있었으나 하나님께서 열매 맺는 것을 얼마나 즐거워할까 싶으니 그런 눈치를 볼 겨를이 없었다. 우리는 더욱 열심히 전도하고 더욱 열심히 예배하고 더욱 빠르게 성장했다. 시간이 흘러 그때 함께했던 주일학교 제자들이 하나둘 좋은 학교에 진학하고 자기 삶을 꿋꿋이 살아가는 것을 보면서 참 뿌듯한 마음을 느낀다.

나는 온전히 기도만 하라는 부름을 받아 본향교회에 머물렀는데, 오자마자 아동부를 맡고 나중에는 청년부도 맡았다. 그동안은 준전임이었으나 2000년에 몸이 좋아져서 전임이 되었다. 수술 후 몸이 좋아지니까 사모님이 나더러 운전을 하라고 했다. 나는 손가락이 아파서 컴퓨터도 만지지 않고 살았는데 사모님이 내게 도전을 주었다. 자동차 학원에 나를 등록시켜 운전을 배우게 한 것이다. 내 몸 가누기도 힘든 나로서는 핸들 돌리기가 정말 힘들었다. 핸들이 얼마나 빡빡한지 땀을 삐질삐질 흘리면서 배웠다. 그 덕에 지금은 차를 잘 몰고 다닌다.

내가 면허증을 따니까 목사님이 "운전도 하는데 하나님 일을 더 해야지" 그러면서 교구를 맡으라고 했다. 게다가 장애인 사역과 청소년 가장 돌보기 사역도 시켰다. 이제는 국가가 장애인들을 잘 돌보기 때문에 청소년 가장 돌보기와 교구만 맡고 있지만, 이렇게 비장애인 이상으로 나의 활동 영역이 자꾸 확장되어 갔다.

목사님은 나 같은 1급 장애인을 장애인으로 보지 않고 비장애인과 똑같이 경쟁하게 하였으며 동일한 일도 맡겨 주었다. 만일 목사님이 나를 장애인 대우하면서 기도만 하라고 했으면, 앞에서도 말했듯 나는 이미 이 교회를 떠났을 것이고 사역자로도 일어서지 못했을지 모른다. 목사님은 사람을 적재적소에 쓰는 탁월한 재능을 가졌다.

처음 본향교회에 왔을 때 나는 전에 다니던 교회에서 느끼지 못한 점을 담임목사님에게서 느꼈다. 설교의 내용이 다르다고 할까, 지향점이 다르다고 할까. 목사님의 설교를 듣다 보면 하나님의 임재를 강력하게 느낀 나머지 몸이 굳어지곤 했다. 그럴 때에 목사님 뒤에 예수님이 서 계시는 모습을 두어 차례 봤다.

5년 전 어느 날, 목사님 설교 후 통성기도가 시작됐다. 그런데 기도 중에 갑자기 강대상이 싹 없어져 버렸다. 그 자리가 하늘을 향해 뻥 뚫리더니 조그만 빛이 강대상 있던 자리에 나타나며 점점 광채가 퍼져 나갔다. 그 광채가 목사님 뒤에서 앞으로 비추는데, 그 앞에 사람들이 어마어마하게 모여 있었다. 진기하고 신기한 풍경이었다. 그 환상을 본 뒤 나는 하나님이 목사님을 크게 쓰실 거라고 생각했다.

이 글을 시작하면서 나는 1급 장애인이라는 말을 했다. 이 지면에서 보일 수 없지만 내 뼈마디는 굽어 있다. 사람들은 나의 외모를 보고 판단하지만 하나님은 나를 외모로 판단하지 않으실 줄 믿는다. 그 하나님의 눈으로 나를 거둬 준 분이 목사님이다. 하나님을 대신하여 나에게 은혜를 베푼 분이다. 목사님의 고마움을 생각하면 눈물이 난다. 목사님은 나의 은인이고 스승이며 아버지와 같다.

목회자들이 훈련을 받을 때는 찬양과 기도와 말씀을 중심으로 한다. 그런데 본향교회 와서 보니 목회자 훈련에 '행정 능력'이 포함되어 있다. 알고 보면 교역자가 정말 잘해야 하는 것이 행정이다. 그런데 그것을 가르치는 곳은 없다. 나는 '본향대학교'에 등록하여 좋은 교수님 아래서 행정 강의를 배웠다. 그전에는 은혜받는 것에 집중하여 천방지축 뛰어다녔다면, 이곳에서는 엄격한 목사님 아래서 야생마 같던 내가 다듬어지고 처신 방법도 배웠다.

이젠 나도 나이가 들어간다. 앞으로 머잖은 날에 목사님도 은퇴를 하실 텐데, 혹여 내가 교회와 목사님께 폐가 될까 봐 미리 말씀드렸다. 이제 저는 은퇴할 때가 되었다고. 그러자 목사님이 나를 꾸중했다. 몸이 아파 죽겠으면 은퇴하라고. 그 나머지는 다 내가 책임질 테니 가만히 있으라고. 이런 말하려면 다시는 찾아오지 말라고 했다.

목사님이 나에게 베푼 은혜를 갚고 싶으나 달리 갚을 길도 없어서 나는 열심히 중보기도를 한다. 하나님이 솔로몬 왕에게 주신 지혜는 '듣는 마음'이다. 나도 지금 간절히 기도한다. 우리 목사님이 한국과 한국 교회의 아픈 소리를 들을 수 있는 마음을 달라고. 경청의 지혜와 총명의 지혜를 주셔서 이 사회가 예수 그리스도로 회복되는 역사를 이루게 해달라고 기도한다. 목사님은 그런 자리에 서기에 부족함이 없는 믿음과 지혜와 리더십을 갖고 있다. 그 능력을 충분히 발휘하게 해달라고 기도한다. 하나님께서 목사님을 합당하게 사용하실 줄 믿는다.

순백색의 목자

오봉실 (본향교회 전도사)

우리 목사님이 가장 중시하는 것은 예배다. 예배를 정말로 중요시한다. 예배가 살아야 교회
가 살고 예배가 살아야 교인이 산다. … 예배는 하나님과 얼굴을 마주하고 앉는 것이다. 민
수기에서 말씀하신 대로 예배에서 얼굴을 대하고 복을 주신다. 따라서 예배가 중요하다.

나는 1990년에 본향교회에 온 전임전도사다. 내가 부임한 3월에
는 붉은 벽돌 교회가 건축 중이었고, 그전에 사용하던 가건물 예배
당에서 예배를 드리고 있었다. 덕분에 목사님의 그 하얀 얼굴이 건
축을 하느라 까맣게 그을려 있었다. 예배는 9시에 아동부와 함께 드
리는 예배와 11시 예배가 있었다.

당시 교역자로는 내가 부임하기 3개월 전에 온 교육전도사님 한
분이 있었다. 나는 담임목사님 연세가 젊으리라고는 상상도 하지 않
았다. 남들은 부목사도 벗어나기 힘들거나 이제 겨우 목사 안수 받
을 나이에 담임목사님은 이미 큰 교회를 건축하고 있었다.

아동부 예배와 11시 예배까지 드리고 나면 굉장히 힘이 들 텐데
도 사모님은 교인들에게 밥을 해주셨다. 덕분에 우리가 사택에 모여
밥을 먹을 수 있었는데, 아마 사택에서 밥 먹어 본 사람은 많지 않을

것이다. 예배당이 지어지기 전에는 사모님이 정말 애를 많이 쓰셨다.

목사님은 고운 외모와 달리 열정이 가득하여 예배당도 혼신의 힘으로 지었다. 예배당 지을 때만 해도 주변이 허허벌판이어서 교회 올 사람도 없었다. 우리는 교회의 이 빈 자리를 어떻게 다 채울까 염려가 됐다. 그런데 예배당이 입당할 무렵 교회 주변으로 아파트 단지가 생기면서 교회가 부흥하는 기적이 일어났다. 하나님께서 목사님께 영안을 주셨거나 아니면 목사님을 사용하시려고 이 지역에 축복을 내리셨을 것이다.

이렇게 말하는 것은 큰 오류가 될 수도 있다. 아파트 단지가 생겼다 해서 모든 교회가 부흥하는 건 아니다. 우리 본향교회가 교회로서 역할을 잘 감당하고 목사님의 열정이 이 지역에 흘러들어 갔기 때문에 본향교회가 성장한 것이다. 목사님의 전도에 대한 열정은 교회 건축에 대한 열정보다 더 대단하다. 복음 전하는 걸 사명으로 생각하기에 오늘의 교회가 된 것이다.

채영남 목사 하면 '섬김' 이렇게 말하는 것을 부정할 사람은 없을 것이다. 예수를 믿는 사람이건 믿지 않는 사람이건 채영남 목사님과 본향교회를 조금만 안다면 그 사실을 인정할 것이다. 예배당을 지어 교육 공간의 여유가 생기면서 가장 먼저 시작한 일이 목사님들을 섬기는 프로그램을 개설하는 것이었다.

당시 개설한 목회자 섬김 프로그램은 '현대 목회 정보 센터'라는 것이었다. 그 당시만 해도 멀티미디어 예배를 드리는 교회가 거의 없었는데 멀티미디어 예배 지원을 시작했다. 우리 교회는 늘 다른 교회보다 몇 년을 앞서고 새로운 것을 선도하는 교회로 자리매김했다. 멀티미디어 예배에 대한 반응은 폭발적이었다. 목사님의 앞서가는 생각이 교회를 성장시키는 중요한 원동력이 되었다. 그것은 목사님이 새로운 것에 대해 늘 열린 마음으로 임하기 때문에 가능한 일이었다. 예배자로서의 정신은 가장 보수적이면서 그 방법론적인 것에서는 가장 개척자적이었다.

당시의 교회들은 목사 외에는 아무도 강대상에 못 올라가게 하는 분위기였다. 그러나 본향교회는 강단에서 연극도 하고 노래도 하고 무용도 하는 등 파격적으로 앞서갔다. 그러자 젊은 주민들이 많이 찾아왔고, 교회는 새로운 교인들을 위한 정책을 많이 지원했다.

1990년 무렵만 해도 컴퓨터가 매우 귀했다. 그런데 목사님은 사이버 공간의 운영자를 하면서 주변 목사님들을 많이 초대하고 이용 기술을 전수하기까지 했다. 우리 목사님은 정보통신 분야에서도 남들보다 10년 가까이 앞서갔던 것이다.

설교 사역자들은 설교를 잘해야 하는데 그 원동력을 공급받을 곳이 부족한 게 현실이었다. 그래서 외국에서 목회하던 분들이나 설교를 잘하는 목사님들을 초빙해서 세미나도 굉장히 많이 했다. 다른 목사님들은 혹시나 자신과 비교될까 봐 좋은 설교자 초대하기를 꺼리지만 목사님은 그런 걱정을 하지 않았다. 무료로 목회자들을 위한 세미나를 열고 목회자들에게 필요하다 싶은 것은 무조건 배우게 했다. 목사님의 마인드가 닫혀 있지 않고 한곳에 고이지 않는 점이 참 존경스럽다.

목사님이 예배 시간을 늘리고 통성기도를 시작하자 처음엔 반대하는 분도 있었다. 그러나 예배에 대해서나 믿음에 대해서는 목사님이 확실히 카리스마를 발휘한다. 반드시 해야 한다고 판단하면, 그것이 비성경적이지 않은 이상 꼭 이행한다. 성경에 예배를 한 시간만 드려라, 이런 거 없으니까 밀어붙인 것이다.

우리 교회는 일 년 내내 매주 금요 심야 기도회를 한다. 천재지변이 없는 한 계속된다. 오늘이 설날이라도 금요 기도회는 예외 없이 진행된다. 목사님은 다른 도시에 계시다가도 금요 기도회를 인도하러 꼭 오신다. 금요 기도회를 담임목사님이 인도하는 곳은 거의 없는데, 우리 목사님은 그 바쁜 중에도 본인이 직접 인도를 한다. 처음엔 '명절 때는 좀 쉬지' 하는 게으른 생각이 있었으나, 예배를 지켜야 한다는 목사님의 절대적인 신념을 배우면서는 목사님의 그러한 점이 가장 자랑스럽고 존경스러운 모습이 되었다.

처음에는 새벽 두 시까지 기도회를 했다. 그때는 반주자가 없어 내가 반주를 했고 부목사님이 북을 쳤다. 초반에는 교인이 많지 않았지만, 그때의 전통이 정착되어 우리 교회 심야 기도회는 아주 뜨겁게 진행되고 있다. 새벽까지 기도회를 하고 곧이어 정식 새벽 기도를 드려야 했으니 사실상 밤을 새면서 예배를 드리는 것이나 마찬가지였다. 그러나 몸은 힘이 들었어도 밤새 하나님을 찬양하고 경배하는 그 시간이 정말 즐거웠다. 그때 내 영성도 깊어졌다.

한편 목사님은 언제나 의리를 강조하고, 본인도 몸소 의리를 지키는 분이다. 그런데 1997년에 함께 사역하던 부교역자가 담임목사님과 교회를 배신한 일이 발생했다.

우리 교회의 철칙 중 하나가 남자 부목사는 여자 성도 심방 시절대로 혼자 방문하면 안 된다는 것이다. 반드시 누구 한 사람을 동행해서 가는 것이 원칙이었다. 그런데 그분은 꼭 혼자 심방을 갔다. 나중에 알고 보니 혼자 심방을 가서는 자신이 개척교회를 할 테니 도와 달라고 설득을 한 것이었다. 그동안 부지 마련 등을 다 하고선 나갈 준비를 했는데, 그 사실을 교회만 모르고 있었다.

그런데 그 부목회자로부터 제안을 받은 교인들도 그 사실에 대해 전혀 발설을 하지 않았다. 교인들로서는 말씀을 드리기도 안 드리기도 어려운 상황이었다. 그러던 중 한 권사님이 이래서는 안 되겠다 싶어서 목사님께 이야기를 했다. 처음에는 그 권사님이 가장 먼저 당한 일인 줄 알았으나, 그 말을 들었을 때는 이미 모든 것이 마무리가 된 상태였다. 교회 부지 선정도 끝났고 교인들도 제법 떠났다. 심지어 그 부목회자는 우리 교회 전도왕까지 데려가려 했다.

정말 가슴 아픈 것은 본향교회와 불과 한 블록 떨어진 장소에 교회를 세웠다는 점이다. 그 일로 인해 교회가 크게 요동치진 않았으나, 평소 의리를 중히 여기고 본인도 부목회자들을 품는 의리로 살아왔던 목사님으로서는 심히 상심했을 것이다. 워낙 과묵하시고 누구에게 속상한 이야기나 비난을 하지 않는 성품이라 한마디도 하지 않으셨지만, 가까이 섬기는 나로서는 목사님의 괴로움을 족히 짐작하고도 남음이 있다.

1990년 후반, 교회가 한창 부흥할 때의 일이다. 우리 교회에 다니지도 않고 교회 자체를 안 가던 분이 귀신 들린 딸에게 기도해 달라며 전화를 걸어 왔다. 친척 중 한 분이 본향교회에 가면 나을 수 있다고 했다는 것이다. 전화를 받고 목사님이 심방을 가서 예배를 드리고 예수님을 영접시켰다. 그 딸이 예수님을 영접하던 그날로 다 나아버렸다. 기적이 일어난 것이다. 아니 사실 그것은 기적이 아니다. 믿는 자에게 언제나 일어날 수 있는 일이다. 하나님께서는 그 일을 우리 목사님을 통해서 하신 것이다. 그 소문이 나면서 병든 자들이 교회에 많이 왔다. 본향교회 가면 낫는다며 상처 입은 분들이 굉장히 많이 왔고 오는 분들마다 굉장한 치유를 받았다.

일반적으로 치유란 '돌봄'에서 일어난다. 돌봄은 다른 말로 '섬김'이다. 광주 지역에서 '섬기는 교회'라고 하면 누구라도 본향교회라고 말할 것이다. 목사님의 평생 목회 철학이 복이 되는 교회인데 복이 된다는 것은 곧 누군가를 섬겨서 축복을 나눠 준다는 뜻이다. 그러니 우리 교회가 섬기는 교회가 아닐 수 없고, 그 섬김을 통해 많은 사람들이 치유되었을 것이다.

우리 교회는 일단 모든 목사님들 부탁은 거절 안 한다. 이런 소문이 나니까 가끔은 가짜로 보이는 목사님들도 온다. 어떤 분들은 예배당 짓는다며 오징어를 차에 싣고 와서 사달라기도 한다. 그런 분들이 와도 사실 관계조차 검토하지 않고 무조건 받아 준다. 우리 교회 선임 부목사인 김병식 목사님도 그런 인연으로 우리 교회로 자리를 옮기게 되었다.

내가 본향교회 있는 동안 목사님의 자제들이 소년에서 어른이 되었다. 어느 교회든 대체로 목사님 자제들이 스트레스를 많이 받는다. 교인들이 목회자 가족에게 기대를 걸기 때문이다. 내 친구들 중 목회자 자녀였던 친구들은 목사 딸로 사는 것이 힘들어서 죽고 싶다는 말도 많이 했다. 그런 점에서 목사님 아들들도 받은 스트레스가 만만치 않았을 것이다. 그런 와중에도 목사님 큰아들은 조용한 성품답

게 조용히 지냈다. 고생도 많이 했고 상처도 많을 텐데 그런저런 것 내색하지 않고 잘 지낸다. 둘째 아들은 목회자가 되었다. 역시 조용한 성격이나 강직하게 자기 길을 가는 성품이다.

내가 처음 본향교회 왔을 때가 서른셋이었다. 그때까지만 해도 내가 이곳에 이렇게 오래 있을 거라곤 상상도 못했다. 처음 올 때는 4년 정도 생각하고 왔는데, 이제 보니 평생에 가까운 시간을 본향교회에서 지낸 것 같다. 인생을 돌아 보면 광주에서의 학창 시절과 전주에서 신학 공부를 할 때, 그리고 인천에서의 4년을 제외하면 내 삶의 전부가 본향교회와 함께한 시간이다.

평신도들은 목회자에게도 괴로움이 있다고 생각하겠지만 매우 추상적으로 생각하는 것 같다. 뭐랄까, 아픔이 있긴 있겠지만 목회자니까 감당해야 한다는 당위적인 것으로 생각할 수도 있다. 하지만 사연 없이 목회자의 길을 걸은 사람이 거의 없을 것이다. 사연이라는 것은 나쁘게 말하면 상처요 좋게 말하면 하나님의 인도하심이다. 그런 만큼 목회자들은 예민하고 오히려 상처를 잘 받는다.

주로 말에서 오는 상처가 대부분이다. 심한 말을 들을 때는 목회자들도 우울증에 걸리기도 한다. 나도 일을 하다 보면 상처되는 말을 듣곤 하는데, 심한 경우에는 말로 인해 극단적인 선택도 할 수 있겠구나 싶을 만큼 상처받는 말을 듣기도 한다. 하지만 다행스럽게도 하나님께서 금방 잊어버리는 은사(?)를 나에게 주셨다. 그게 나에게 큰 은혜다.

최근에 교회에서 교인들과 작은 오해가 좀 생겨서 내가 많이 힘들었다. 그런 일이 있으면 너무 힘들어하다가도 말씀을 보고 찬양을 하며 하나님 앞에서 다시 나를 돌아본다. 옛 사도들이나 예수님은 환난과 핍박 속에서도 그 고통을 감당해 냈는데 일개 사역자인 나는 대접받으며 생활한다. 나는 그런 고난에 동참한 것도 아닌데 이런 정도로 슬퍼하는 내가 부끄럽다. 알고 보면 인간의 많은 문제와 갈등은 명예욕에서 나오는 것이다. 내가 무시당했다고 생각하는 것이나 상처받았다고 하는 것들이 사실은 나의 명예가 손상되었다는 데서 출발한다. 내가 저 사람보다는 존중받아야 한다는 명예감, 이것도 사실 교만의 한 종류다. 그런 면에서 나를 회개하고 하나님 앞에 바로 서려고 더욱 노력한다.

감사하게도 이런 나를 위로하고 함께 울어 주는 성도도 있다. 게다가 우리 목사님은 부교역자들이 어려움에 처하는 일이 있을 때는 언제나 방파제가 되어 준다. 그런데 깊이 생각해 보면 이런 갈등이 생겼을 때 가장 힘든 장본인은 우리 목사님일 것이다. 목사님은 중재를 해야 하는데, 바로 그 중재자로서의 일이 가장 힘들 테니까.

산이 높으면 그늘이 크다는 말은 긍정적인 의미로만 쓰이는 게 아니다. 산이 우뚝하면 그 뒤에 감당할 어두운 부분도 많아진다. 목사님의 어려움은 어마어마할 것이다. 목사님이 사람으로 인해 고생을 한 순간이 얼마나 많은지를 나도 목도하면서 살아왔다. 세상은 목회자를 향해 손가락질하곤 하지만 사실 목회자들의 대다수는 성도들을 순수하게 사랑한다. 성도들을 사랑으로 양육하고 자기 몸처럼 아끼며 그들이 잘되기를 바란다. 그러나 성도들은 드물지 않게 목회자에게서 등을 돌려 버리곤 한다. 그럴 때 목회자들이 받는 거절감이나 상처는 이루 말로 할 수가 없다. 특히 우리 목사님은 교인들만 돌보는 것이 아니라 이 지역의 목회자들과 사회단체까지 섬기니까 그런 상처를 받을 기회는 다른 목회자들보다 훨씬 많을 것이다.

교인이 많아짐에 따라 목사님은 부득이 특별한 요청이 있을 때만 심방을 가게 됐다. 하지만 심방 요청을 거절한 적은 없다. 교인들이 시험에 들어서 교회에 안 나오는 경우가 있다. 알고 보면 시험에 드는 대다수의 원인은 본인의 욕망에서 온다. 그런 교인 심방을 가면 목사님은 이렇게 말한다. 그것이 우리 아버지하고 뭔 상관이 있어서 교회에 안 나오느냐고, 우리 아버지가 무슨 죄가 있다고 그러냐고 한다.

앞서 언급했듯 목사님은 정말 의리가 있는 분이다. 예전에 총각 전도사님이 한 분 있었는데, 연애하던 자매의 집에서 반대를 하여 실연을 당했다. 그러자 전도사님이 밤에 술을 한 잔 하고는 자매가 사는 동네에 가서 소리소리 지르며 자매를 불렀다. 그 자매 아버지가 경찰에 신고를 했고 목사님께도 연락이 왔다. 목사님이 경찰서에 가서 그 전도사님을 빼왔다. 목사님은 그 일에 대해 전도사님께 아무런 말도 하지 않았다. 그 전도사님도 스스로 다른 사역지로 옮길 때까지 교회에 조용히 있다가 갔다. 그 일은 사모님 외에는 아무도 몰랐다. 그 전도사님이 떠난 후 세월이 흐른 뒤에야 그 사실을 사모님을 통해 들었다.

목사님도 사모님도 성도들 이야기를 서로에게 안 한다. 그 사건은 사택으로 연락이 왔기 때문에 사모님이 알게 된 것이었다. 그 이야기조차 같은 교역자인 나도 몰랐고 많은 세월이 흐른 뒤에야 후일담으로 알게 되었다. 이러니 교회가 평안하지 않을 수 없다. 문제 없는 교회가 어디 있겠는가. 그 문제를 파내고 드러내면 아파지고 사랑으로 감싸면 좋은 교회가 된다. 우리 교회는 이처럼 사랑과 의리로 감싸는 목사님이 계셔서 평안하다. 매사 실수하지 않도록 꼼꼼히 살펴 주지만, 일단 실수가 일어난 후에는 한마디도 더하지 않는다. 결과에 집착하지 않고 과정에 집중하는 분이기 때문이다.

또한 목사님은 인격적으로 훌륭하고 공정한 판단력을 가졌다. 언젠가 우리 교회에 도둑이 와서 교회 카메라를 가져가 버린 일이 있다. 목사님은 그 일에 대해 책임 추궁을 하는 대신 건강한 대책을 제시했다. 이것은 교회 기물인데 우리가 문단속을 못해서 잃어버린 거니까 우리가 물어내야 된다는 것이었다. 그리하여 목사님이 금액의 절반을 내고 나머지 교역자들이 십만 원씩 내서 새 카메라를 샀다. 그 일 이후 문단속을 잘한다. 우리가 책임질 일이 다시 발생하면 또 우리 주머니 털어야 하지 않은가? 사실은 지금도 누군가의 실수로 잃어버린 것이 있으면 개인에게 책임을 묻지 않고 공동의 책임을 진다. 돈이 문제라기보다 목사님이 그런 방법으로 책임 소재를 분명히 했다는 말이다.

또 한 번은 '사랑의 주일'에 있었던 일이다. 우리 교회는 명절 전 주에 사랑의 주일을 지킨다. 다음 주일은 명절을 앞두고 사랑의 주일로 지킨다는 광고가 나가야 한다. 그런데 교역자들의 실수로 그 광고가 나가지 않았다. 전주에 미리 광고를 못 해 당일에 즉석으로 광고를 했다. 그 결과 작년에 비해 헌금이 적게 나왔다. 목사님께서 이것은 우리 실수로 헌금이 부족해진 건데 주님의 이름으로 일하면서 그렇게 넘어가면 안 된다고 하여 부교역자들이 십만 원씩 내고 목사님이 남은 금액을 다 채웠다. 우리 목사님은 사례비도 적은데 없는 주머니를 그렇게 털어내는 것이다. 나는 목사님을 뵐 때 정말로 예수님의 모습을 본다.

그러다 보니 부교역자들이 오래 머문다. 목사님은 어떠한 경우에도 나가란 말씀을 안 한다. 목사님은 갈 데 없는 부교역자들을 받아주시고, 갈 데도 없는데 부교역자 나가라고 하는 담임목사님들을 안 좋아한다. 갈 곳이 없어서 본향교회를 찾아와도 자리가 없을 수도 있다. 그러면 목사님은 자리를 만들어서 받아 주는 분이다.

우리 목사님이 가장 중시하는 것은 '예배'다. 예배를 정말로 중요시한다. 예배가 살아야 교회가 살고 예배가 살아야 교인이 산다. 하나님이 예배를 받아 주지 않으니 가인이 죽은 것이다. 예배는 하나님과 얼굴을 마주하고 앉는 것이다. 민수기에서 말씀하신 대로 예배에서 얼굴을 대하고 복을 주신다. 따라서 예배가 중요하다.

우리 교회 1부 예배는 섬김 예배다. 교회에서 섬김을 담당하는 사람들이 하나님 앞에 나아와 예배하고, 그들을 하나님의 사람으로 세우는 예배다. 사역자들이 가장 빠지기 쉬운 오류가 예배에 불충실하는 것이다. 목사님은 사역자들에게 꼭 말씀한다. 사역자가 예배를 제대로 드리지 않으면 무슨 소용이 있느냐고. 하나님 앞에서는 목회자도 특별할 것이 없는, 똑같은 '예배자'일 뿐이다. 예배를 드리지 않는 자는 영혼이 죽는다. 예배의 회복은 한국 교회가 가장 우선적으로 삼아야 할 가치다. 그런 면에서도 나는 목사님을 존경한다.

나에게 있어서 목사님은 멘토이자 목자다. 내가 본향교회에서 한 십 년쯤 일했을 무렵 다른 교회에서 나를 초빙했다. 그런데 아무리 둘러봐도 담임목사님처럼 신실한 분을 찾기는 어려울 것 같았다. 무

복이 될지라

엇보다 내가 담임목사님을 존경할 수 있어야 사역자로 살아갈 텐데, 그런 면에서 내가 따라갈 분은 우리 목사님이다. 하나님과 교회가 허락한다면 나는 끝까지 목사님 아래서 사역을 감당하고 싶다.

한국 기독교에 우리 목사님 같은 분이 계신 것은 큰 자산이다. 오랜 세월 곁에서 지켜봐도 정말 청렴하고 세상 때가 묻지 않은 목사님. 우리 목사님은 많은 고난을 겪어서 그런지 백지처럼 깨끗하게 산다. 피부색만이 아니라 목사님의 삶도 순백색이다. 그런 면에서 목사님은 이 시대에 찾기가 쉽지 않은 훌륭한 목회자다.

본향교회는 목사님이 무슨 일을 하든지 그 일을 잘 감당할 수 있도록 적극적으로 지지하겠다는 교인들의 의지가 당회를 중심으로 확고하다. 목사님이 하시는 일이라면 그 일이 목사님의 일이 아니라 우리 교회의 일이며 한국 교회와 교인이 꼭 감당할 일이라고 생각하기 때문이다. 복이 되는 교회, 복된 소식을 전하는 교인, 그들과 함께 하는 목회자, 이거면 다 되는 거 아닌가 싶다.

성도 한 사람 한 사람을 사랑하다 유채언 (본향교회 권사)

본향교회에 오기 전에 억눌리고 어두운 신앙생활을 했다면 본향교회에 와서는 활달한 신앙생활을 했다. 본향교회에 온 후 나는 내 달란트를 십분 발휘했다. 나는 본향교회를 떠나지 않고 이 교회에서 속된 말로 뼈를 묻고 싶다.

나는 2004년 12월 마지막 수요일에 본향교회에 등록한 교인이다. 본향교회에 오기까지 사연이 좀 있다.

나의 친정아버지는 몸이 아파 고생하시다 큰아버지의 전도로 신앙생활을 시작했다. 나는 기억에 없지만 두 살부터 교회를 다녔다고 한다. 사실상 모태신앙이나 다름이 없다. 그렇게 어린 시절부터 교회를 다닌 사람들의 특징이 차지도 않고 뜨겁지도 않듯 나도 맨송맨송 교회를 다니고 있었다.

그러나 신앙생활에 관해서는 어렸을 때 부모님들의 태도가 나에게 큰 교훈이 되었다. 아버지나 어머니가 목사님을 대하는 모습을 보고 나는 목사님께 무조건 순종해야 한다는 것을 배웠다. 나에게 특별한 섬김의 은사가 있는 것도 아닌데 부모님의 신앙이 나의 신앙으로 이어져서 오늘의 내 모습이 만들어졌다.

전에 다니던 교회에서 일어난 작은 사건을 계기로 우리 부부는 교회를 옮기기로 마음을 먹었다. 남편은 새벽 기도를 일절 모르는 사람이었다. 그런 남편이 교회 옮기는 문제를 두고 한 달 정도 새벽 기도를 가기 시작했는데 그 교회가 본향교회였다. 한 달간 기도를 하더니 나더러 본향교회로 가자고 했다. 그러나 나는 여전도 회장을 하고 있어서 당장 옮길 수 없으니 임기를 다 마치고 가겠다고 했다. 남편도 더 보채기보다는 자신만 먼저 가는 길을 택했다.

임기가 다 끝나는 12월 마지막 주 수요일에 본향교회에 등록을 했다. 등록하기 전에 수요일이나 주일 저녁은 본향교회에 와서 예배를 드렸다. 그런데 참 묘한 일이었다. 나는 그전 교회에서 예배 시간에 눈물을 흘려 본 적이 없다. 한데 본향교회에 와서 예배를 드리기만 하면 눈물이 쏟아지는 것이다. 교인들이 나더러 울보라고 했다. 알 수 없는 일이다. 성령님께서 나의 마음을 어루만지고 내 삶을 더 굳건히 세우려고 그러신 것 같다.

본향교회에 처음 왔을 때 나는 충격을 받았다. 충격이라기보다 당황했다는 말이 맞을지 모르겠다. 예배학 박사인 목사님은 고이지 않는 예배, 살아 있는 예배를 중시했다. 그래서 그런지 예배가 파격적이었다. 예배의 형식이 지금까지 내가 다닌 교회들과는 전혀 달랐다. 처음에는 낯설고 어색하게 여겨졌으나 차츰 우리 교회 예배가 정말 좋아졌다. 다른 교회에서도 우리 예배를 배우러 많이 온다. 믿는 자에게 가장 중요한 것은 예배인데 더 좋은 예배를 세상에 전파하는 역할을 본향교회가 하고 있다.

내 남편 선명선 집사는 본향교회 와서 5년간 열심히 일하다가 췌

장암으로 먼저 하늘로 갔다. 그러나 그가 하나님 품으로 가기 전까지 본향교회와 함께 보낸 그의 인생은 아름다운 한 송이 꽃이었다. 이전의 삶과는 달리 기쁨과 열정으로 남은 인생을 살았다.

채영남 목사님은 우리 부부가 가진 달란트를 잘 사용하도록 인도해 주셨다. 본향교회로 오기 진에 남편은 우리 안경점 앞에서 노인들을 상대로 2천 명 정도에게 안경을 나눠 주는 행사를 하곤 했다. 사회봉사 단체와 연합해서 하는 일이었는데, 그렇게 많은 안경을 나눠 준 것은 우리나라에서도 처음 있는 일일 것이다.

그런데 본향교회에 오자 목사님께서 남편이 하는 행사를 보더니 한 가지 제안을 하셨다. "이 귀한 일을 세상이 아닌 하나님을 통해서, 교회를 통해서 했으면 좋겠다"고 말씀한 것이다. 지역 사회에 대한 섬김에 힘을 쏟으시는 목사님 덕분에 본향교회는 해마다 지역 노인들을 모시고 성대한 경로잔치를 열었다. 그러나 봉사단체 회원인 일반인들은 그 제안을 선뜻 받아들이기 힘들어했다. 그런데 남편이 그들을 설득하여 교회 행사, 경로잔치 때 돋보기를 나눠드리기로 했다. 그래서 500~600개 정도의 수량을 나눠드렸다. 그전 목사님도 남편이 이런 행사를 하는 것은 알고 있었으나, 채영남 목사님처럼 하나님의 일이 되게 하진 못했다. 하지만 채 목사님은 남편의 사회 봉사가 하나님 일의 도구가 되도록 바꾸어 놓았다.

목사님이 남편을 세운 것이다. 그 후로 남편은 목사님의 말이라면 무엇이든 순종하는 사람이 되었다. 나도 본향교회에 와서 찬양하고 새신자 반에서 안내도 한다. 목사님은 성도들이 어디에서든 쓰임 받게 하는 능력이 있다.

목사님은 우리 남편의 추도 예배를 해마다 집전하셨다. 3월 14일 화이트데이가 남편 기일이니 잊을 수가 없다. 그런데 목사님 스케줄이 정말 바쁘면 이틀을 당겨서라도 추도 예배를 했다. 목사님이 예배를 드리면서 이런 말씀을 하셨다. 고인이 가기 전에 하나님 일을 정말 많이 하고 갔다, 하나님의 영광을 보이고 갔다, 혼자 할 수 없는 일들을 하고 갔다는 말씀이었다.

지금 목사님은 한국 교회를 위해 동분서주하신다. 그럼에도 그 바쁜 와중에 시간을 내주시는 목사님이 얼마나 감사한지 모른다. 그 많은 일정을 소화하면서도 이렇게 성도 한 사람 한 사람의 일들을 직접 챙기는 것이 놀라울 뿐이다. 게다가 건강도 좋지 않은 목사님이 이렇게 양떼들을 세심히 신경 쓰는 일은 정말 사랑 없이는 될 수가 없다. 성도들 한 사람 한 사람에게 보이는 그 사랑을 보면 목사님은 정말로 예수님을 닮으신 분이다.

남편이 떠난 후 1년 정도는 참 많이 울면서 보냈다. 남편이 먼저 떠난 일로 하나님을 원망해 본 적은 단 한 번도 없다. 남편은 떠났으나 하나님은 나에게 계속 은혜의 시간을 보내게 하셨다. 한때 굉장히 방황했던 아이도 잘 성장하도록 돌보아 주었다. 큰아들은 방황의 시간이 좀 길었지만 이제 하나님 앞으로 돌아왔다.

나는 결혼 전에 했던 미용을 다시 시작했다. 사실은 내가 할 수 있는 일이 그것밖에 없었다. 처녀 때 했던 일이었으나 다시 시작하는 것은 쉽지가 않았다. 하지만 나는 창업반으로 들어가서 교육을 받은 뒤 미용실을 열었다.

하나님은 참 오묘하게 우리의 인생을 인도하신다. 내가 창업반 졸업을 하고 신가동 주택 지역에 개업을 했는데 이 지역에는 경제적으로 어려운 분들이 적잖이 있다. 어느 날 한 어른이 와서 자기는 돈이 정말 이것밖에 없다면서 아주 적은 돈을 냈다. 내가 이번만 그 비용으로 머리를 해드리겠다고 했는데 이분이 나가서 동네방네 소문을 냈다. 거기 싸게 잘해 주니까 가보라는 말을 듣고 할머니들이 모여들었다. 그렇게 가격이 결정되어 버렸다. 이 사건을 계기로 하나님께서 나에게 이렇게 봉사하라고 하나 보다 싶어서 65세 이상 노인들에게 정말로 적은 돈을 받고 머리를 해드린다. 내가 일부러 봉사하러 가지 않아도 일하면서 봉사할 수 있으니 얼마나 좋은가! 하나님은 그렇게 나를 인도하셨다.

우리 목사님은 혹여라도 목사님에 대해 서운한 마음을 가진 사람이 있으면 먼저 찾아가신다. 설령 본인에게 잘못이 없을지라도, 본인이 잘못했다고 오히려 몸을 낮추신다. 그렇게 목사님은 화해와 평화가 어떻게 이뤄지는지 몸소 실천으로 보여 주었다.

목사님은 나에게 비전의 인도자다. 항상 복이 되는 사람이 되라고 하시는데, 말씀만 하는 게 아니라 본인이 먼저 본이 되는 삶을 산다. 나도 목사님의 말씀처럼 복이 되는 사람이 되려고 노력한다. 다 따라갈 순 없어도 노력하며 산다. 목사님의 비전이 나의 비전이 되길 바라며 살고 있다.

평생 처음 겪는 이 어려움을 이기게 해준 하나님께 감사한다. 그 하나님을 대신하여 나를 돌보아 주고 슬픔에서 일어나게 한 담임목사님께 진심으로 감사드린다. 본향교회에 오기 전엔 억눌리고 어두운 신앙생활을 했다면, 본향교회에 와서 생기 있게 신앙생활을 했다.

그리고 본향교회에 온 후 내 달란트를 십분 발휘했다. 나는 본양교회를 떠나지 않고 속된 말로 이 교회에서 뼈를 묻고 싶다. 하나님 나라를 이루기 위해 담임목사님이 가는 길이 곧 내가 따라가야 할 길임을 믿으며 하루하루 살아갈 것이다.

나의 천국으로 가는 계단 임보람 (본향교회 청년회장)

우리 목사님을 한 단어로 표현한다면 '효자손'이라고 말하고 싶다. 영적 효자손이라고나 할까. 무언가 나에게 부족한 게 있으면 말씀과 기도를 통해서 곧장 긁어 주신다. 가려움증에 대한 효과도 아주 만점이다.

나는 모태신앙인이다. 그 뜻은 어머니 뱃속에서부터 믿었다는 의미이기도 하며 본향교회를 어머니 뱃속에서부터 다녔다는 뜻이기도 하다. 채영남 목사님이 극락교회에 처음 오셨을 때 우리 할머니를 비롯, 일가친척들이 거의 다 이미 교회에 다니고 계셨다. 채 목사님은 우리 부모님의 결혼식 주례자였다. 나는 태어나서부터 지금까지 다니고 있으니 내 어린 시절의 놀이터가 교회였던 셈이다. 그런 내가 지금 본향교회 청년회장이 되었다.

나는 기억이 흐릿한데, 내가 일곱 살 때 교회에서 불장난을 하다가 부탄가스가 터지는 사고가 일어났다고 한다. 나는 그 폭발로 얼굴과 오른손에 3도 화상을 입었고, 치료가 다 끝났는데도 계속 염증을 앓았다. 그때 우리 할머니가 철야 예배 때 담임목사님께 기도를 받으면 나을 거라고 하셔서 우리 어머니가 그때 처음으로 철야 예배에 나가 기도를 받았다. 그런데 놀랍게도 목사님의 기도를 받은 후 염증이 거짓말처럼 사라져 버렸다고 한다. 목사님의 기도에 치유의 능력이 있었던 것이다.

이런 크고 작은 사건들을 비롯해서 내 유년은 온통 본향교회와 함께했다. 지금 우리 교회는 크고 화려하지만 나는 지금의 교회보다 빨간 벽돌의 본향교회가 더 애착이 간다. 지금도 그 교회 자리에 가면 교회 이름은 다른 이름으로 바뀌었어도 그 모습만으로도 애틋한 마음이 들고 내 교회라는 생각이 든다. 그 어린 시절에 하루 종일 교회에 있으면서도 심심하지 않았고, 교회가 집보다 편하고 즐거웠다. 그런 따뜻한 기억들이 붉은 벽돌들처럼 많이 남아 있다. 지금은 동네가 다 개발되어 버려서 과거의 들판은 어디고 뒷동산은 어디인지 알 수가 없게 되었다. 우리 동네 사람들은 고향을 잃어버린 셈이다. 다행히도 내게는 아직까지 남아 있는 그 붉은 벽돌 교회가 내 고향의 이정표가 되어 주고 있다.

어린 시절 나에게 비친 목사님은 참 멋졌다. 우선 카리스마가 넘쳤다. 그것은 단지 외모에서 오는 것이 아니라 목사님의 삶이 주는 향기였다. 설교 시간에 설교를 듣지 않고 그분의 얼굴만 봐도 은혜를 받을 정도였다. 목사님은 강할 때는 강한 말씀으로, 부드러울 때는 한없이 부드러운 말씀으로 나를 감동시키셨다.

살아 움직이는 교회를 만들고자 하시는 목사님은 청년층의 활동을 강조한다. 그렇게 하려면 아동부부터 잘 성장해야 하기에 아동부나 중·고등부에 적극적으로 지원을 하신다. 우리 교회는 청년들을 제직으로 세우고 삼십 대 초반부터 권사를 세우는 것으로 유명하다.

2014년 1월에 우리가 태국의 호이킬렉 교회를 개척했다. 산악지대에 있는 '아카족'이라는 부족 지역이다. 그곳에 목사님을 모시고 고등학생, 청년부, 장년부가 함께 선교를 갔다. 태국이라고는 하지만 산악지대여서 생각보다 기온이 낮았고 밤이 되면 추운 편이었다. 우리가 개인 침낭을 챙겨 가려 했으나 현지에서 준비를 하겠다고 해서 침낭 없이 그냥 갔다. 그런데 그곳에서 준비한 침낭이 너무 얇은 데다 교회도 새로 지어서 그런지 바닥이 차가워서 잘 때 많이 추웠다. 물까지 차가워서 씻고 먹고 자는 데 어려움이 많았다.

청년들도 힘이 들었으니 담임목사님은 두말할 나위가 없었다. 연세도 있고 원래 건강이 안 좋으시니 여간 힘들지 않았던 것이다. 어른들은 목사님 건강이 걱정되니 좋은 곳에서 주무시고 아침에 올라오시라고 권면했다. 그러나 목사님께서 교인들과 함께 있겠다고 하셔서 그렇게 하기로 했다. 그러나 교회 안에는 사람이 너무 많아 잠을 잘 수가 없어서 고육책으로 그 마을에 있는 주택에서 주무시기로 했다.

한데 그 주택은 교회보다 훨씬 열악한 잠자리였다. 열대 지방 가옥은 바닥에 나무 기둥을 세워서 그 위에 판자를 깔아 놓은 정도의 방이 있는 구조였는데, 방 아래에서 바람이 많이 들어와 몹시 춥고 잠자리 아래로 가축들이 막 지나다녀서 거의 잠을 이루지 못하셨다. 목사님은 폐가 안 좋으니까 무척 힘들었을 것이다. 다음 날 아침에 정말 목사님의 얼굴이 창백해져 있었다. 그럼에도 전혀 힘들어하거나 얼굴에 불편함이나 근심을 전혀 드러내 보이지 않으셨다.

나중에 얘기를 듣기로는 많이 힘드셨다는데 정작 그곳에서는 교인들 앞에서 전혀 티를 내지 않으셨다. 우리 모두는 목사님께 얼마나 배울 점이 많은지를 느꼈다. 그런 모습은 하루 이틀 사이에 꾸며진 모습이 아니다. 평생을 함께해 온 우리 가족들도 그렇게 생각하고, 나 역시 코흘리개 시절부터 늘 보아 온 목사님의 모습이다.

그동안 나는 청년부 임원으로서 교회 일에 어려움을 겪을 때가 종종 있었다. 교회 행사를 할 때는 반드시 돈이 필요하다. 예산서를 세우고 청구를 해도 교회에서 지원해 주지 않을 때가 있다. 그러면 청년부 안에서 그 예산을 다 해결해야 하는데, 청년들은 아직 경제적 능력도 부족하니까 스스로 재원을 마련하는 게 쉽지가 않다. 그럴 때면 교회나 어른들이 원망스러울 때도 있었다.

그러나 주변에 보면 우리 나이에 모든 것을 버리고 선교사로 나가는 청년들이 있다. 또 우리와 비슷한 나이에 시골 교회 같은 곳에서 거의 무보수로 헌신하는 목회자들도 있다는 것을 알고 있다. 우리 교회 부목사님들도 적은 사례비를 받아서 생활하고 있으며, 심지어 담임목사님은 평생 이 교회에서 선교사처럼 가난하게 살았다. 이런 생각을 하면 내가 부끄러워지고 오히려 나의 모습을 회개하게 된다.

최근에 좀 마음이 언짢은 경험을 했다. 얼마 전 청년부가 일일 찻집을 했다. 하루 동안 음식도 팔고 차도 팔아서 이익금은 청소년 가장들에게 장학금으로 나누어 주는 행사다. 행사는 하루지만 준비는 한 달을 넘게 한다. 청년부원으로 그 행사를 준비하는 것과 청년회장으로 준비하는 것은 차원이 달랐다. 준비 과정이 여간 힘들지가 않았다. 내 개인 생활을 거의 하지 못한 채 몸과 마음을 다 쏟고 기도하면서 열심히 준비했고, 드디어 그날이 되었다.

한 어르신이 찻값이 너무 비싸다는 점과 거스름돈을 돌려주지 않는 점에 대해 좀 강하게 지적을 했다. 물론 찻값은 매년 같은 가격이고 거스름돈은 청소년 가장을 위해 쓰인다는 설명은 드렸지만 마음도 찜찜하고 속도 많이 상했다.

그날까지 일을 준비한 청년들은 많이 지쳐 있었다. 긴장이 되기도 했고, 또 우리가 힘들게 준비했으니 이 행사가 잘되길 바라는 마음도 있었고, 좋은 뜻에서 하는 행사이니 축제 분위기가 되길 바랐다. 그러나 다른 한편으로 생각해 보면 교회 일이건 직장 일이건 내가 바라는 대로 모든 사람들이 맞추어 줄 수는 없다.

하지만 어떤 대화든 대화의 내용보다 태도 때문에 상처를 받는 것 아닌가 싶다. 따라서 그런 저런 지적을 하시기 전에 "수고했네. 청년들이 참 애썼네" 이런 말씀을 해주셨으면 좀 덜 섭섭했을 텐데 하는 생각이 들었다.

이 경험을 통해 내가 담임목사님을 크게 이해한 부분이 있다. 리더는 다른 누구보다 힘들다는 사실이다. 목사님이 교회를 확장하고 하나님의 일을 하시는 과정에서 얼마나 힘들었을지를 이해하게 됐다. 평신도들은 자신이 상처받는 것만 생각했지 목사님들이 느낄 상처와 거절감에 대해서는 잘 이해하지 못하고 있는 것이 현실이다.

목사님은 그저 성직자여야 한다고 생각할 뿐, 목사님들이 받는 상처를 교인들이 생각해 본 적은 별로 없을 것이다. 나도 그랬다. 평신도의 한 사람으로서 또 청년으로서 목사님께 위로를 드리고 사과라도 해야 할 것 같다.

나는 우리 담임목사님의 설교가 정말로 좋다. 중·고등부, 청년부를 거치면서도 담당 부서 목사님 설교를 들은 후에 꼭 대예배에 참석해서 담임목사님 설교를 들었다. 목사님 말씀을 들을 때마다 느끼는 것이지만 참 신기하게도 내가 부족하게 생각하는 부분, 내 삶에서 가려운 부분을 절묘하게 건드려 주시는 게 있다. 어떻게 그렇게도 매번, 내게 부족한 부분을 채워 주시는지, 목사님 설교를 들으면 늘 행복했다. 내가 교회 생활에 힘들거나 개인적인 문제로 고민할 때면, 이 많은 사람들 가운데 어떻게 나에게 꼭 필요한 말씀을 족집게처럼 찍어서 해주실까 싶었다. 물론 그런 느낌은 나 혼자만 받는 것이 아니었다. 내 주변 사람들과 이런 나눔을 하면 그분들도 한결같이 말씀에서 얻은 충만한 은혜가 있었다.

그래서 나는 우리 목사님을 한 단어로 '효자손'이라고 말하고 싶다. 영적 효자손이라고나 할까. 무언가 나에게 부족한 게 있으면 말씀과 기도를 통해서 곧장 긁어 주신다. 가려움증에 대한 효과도 아주 만점이다.

목사님을 다른 말로 표현한다면 나의 '천국의 계단'이라고 말하고 싶다. 목사님은 내가 지치고 힘들 때 나를 밀어주고 끌어 주실 분이다. 아니, 목사님은 내가 잘 올라가지 못하면 목사님 자신이 직접 계단이 되어 주실 분이다. 만일 내가 드라마 연출가여서 천국으로 가는 계단을 만든다면, 그 계단이 바로 목사님이 되게 할 것이다.

내가 목사님을 존경하는 또 다른 부분이 있다. 목사님은 교회 전체를 보고 계시므로 구체적인 것을 보는 일은 더디지 않을까 싶지만 전혀 그렇지 않다. 금요 철야예배를 할 때 청년부가 특송을 한 적이 있다. 그런데 하필 중등부 수련회랑 겹치는 바람에 청년들이 중등부 수련회를 섬기느라고 많이 참석하질 못했다. 청년들이 적으니 마음이 무거웠다. 그때 이제 막 고등학교를 졸업한 새내기 청년들이 꽤 많았다. 그 친구들이 특송에 참여한 덕에 두 줄 정도 서서 찬양을 할 수 있게 되었다. 우여곡절 끝에 인원이 어느 정도 찼으니 다행이라고 생각을 했다. 특송이 끝나고 목사님이 단에 올라가시더니 말씀을 선포하기 전에 물으셨다. 청년들이 다 어디 가고 왜 이제 막 올라온 새내기들만 있느냐는 것이었다.

우리는 아주 깜짝 놀랐다. '목사님이 그걸 어떻게 아시지?' 목사님은 청년부 예배에 오지 않으시고도 이 많은 청년부원 중에 누가 새내기인 줄 어떻게 아셨을까? 목사님은 일일히 보고 있지 않은 것 같은데도 늘 우리를 관찰하고 속속들이 다 알고 계시는구나. 목사님 말씀대로 목사님은 하나님께 우리 교회를 위임 받은 목자로서 우리를 하나하나 다 관찰하고 있음을 깨달았다.

그건 놀라움이기도 하거니와 믿음이기도 하다. 그때부터 나는 솔직해지기로 했다. 목사님께서 우리를 다 세밀히 알고 관심을 갖고 계시니 청년들의 문제에 대해서도 좋으면 좋은 대로 불편하면 불편한 대로 말씀드리는 것이 더 좋다고 생각했다. 목사님은 하나님을 대신해서 우리를 늘 관찰하고 계시니까.

나는 최근에 본향교회와 본향교회 청년의 미래를 생각하면서 새로운 마음이 들었다. 청년부 회장을 하고 있는 중에 고등부 교사를 하라는 제안이 들어와서 기도도 해보고 생각을 좀 많이 했다. 그런데 돌아보니 나는 내 위주로만 생각을 하고 있었다.

그동안 여러 번 제안을 받을 때마다 내 대답은 똑같았다.

"저는 못해요. 저는 지금도 충분히 힘듭니다. 제가 맡고 있는 사명이 힘들어서 오히려 쉬고 싶습니다."

이렇게 말을 하고 생각도 그렇게 해왔는데 최근에야 '왜 내가 못할까' 스스로에게 질문을 던지기 시작했다.

돌이켜 보면 회장도 내가 하고 싶어서 한 건 아니다. 나 말고 다른 사람이 회장이 됐으면 청년부를 더 잘 이끌 수 있었을 텐데 왜 나를 임명하셨을까 원망도 하고 불평도 했다. 다시 나를 들여다보니 그건 내가 회장으로서 청년부에게 무언가를 주고 싶고, 내가 회장하는 청년부는 이렇게 잘한다는 걸 보여 주고, 내 힘으로 무언가를 해보려는 게 있음을 깨달았다. 하나님은 이걸 원하신 게 아닌데 나는 괜히 혼자 오지랖 넓게 욕심이 앞서고 있음을 안 것이다.

이 세상은 하나님 것이다. 내가 아무리 열심히 해도 결국 내가 드리는 것은 원래 주인인 하나님께 갖다 드리는 것이다. 그러니 하나님은 사실 이익이 없는 장사를 하시는 셈이다. 따라서 하나님이 내가 얼마나 벌어 왔느냐를 따지지 않으시고 내가 얼마나 열심히 했는지를 보실 것에 틀림없다.

세상의 기업들은 게으른 일꾼에게 일을 맡기지 않는다. 하나님의 일도 맡길 때 하지 않으면 그 자리가 없어지고 만다는 것을 나는 이제야 깨달았다. 그래서 맡은 자가 할 일은 충성이다. 연세가 많으신 분들은 뒤에서 돕고 앞에서 일할 사람은 청년들이다. 나를 포함한 본향교회 청년들이 열심히 일을 하는가 아닌가에 따라 본향교회의 미래가 달려 있다. 하나님이 더 이상 일을 맡기지 않을 수도 있으니까.

이제는 우리 교회가 성장하여 영적 랜드마크가 되는 시기에 서 있다. 이러한 때일수록 우리 교회가 성장할 때의 모습을 버리지 않기를 바란다. 우리 교회는 체계적으로 매우 안정된 교회다. 그러나 지속적인 성장을 위해서는 새로운 것을 봐야 하고 새로운 것을 개발하고 도전과 응전도 해야 한다. 그러기 위해 '온고지신'이라는 말대로 새것을 칭출하기도 해야 하지만 버리지 말아야 할 옛것들은 계속 가져가기를 바란다.

예를 들면 지금은 중단된 '전교인 택시 타고 교회 오기' 운동 같은 것을 계속했으면 좋겠다. 우리 교회에는 전 교인이 택시 타고 교회에 오는 날이 있었다. 교인들이 택시를 타고 교회에 도착하여 가령 택시비가 2,500원이 나오면 3,000원을 주고 거스름돈을 받지 않는 것이다. 또 교회 앞에서 성도들이 대기하고 있다가 휴지나 음식 등을 기사분께 나눠 드리는 행사다. 내가 어렸을 때는 그 행사가 그렇게 가치 있는 줄 몰랐다. 그런데 성장한 뒤 택시를 타고 교회에 올 때 종종 이런 일을 경험했다.

"본향교회 가주세요."

"본향교회요? 나 그 교회 아는데, 옛날에 택시 타고 교회 가기 그런 거 했었죠? 근데 지금은 왜 그런 거 안 합니까?"

이런 말을 하는 것이다. 이 행사를 목사님께서 제안했다고 알고 있다. 꼭 교회를 알리는 것만이 아니라도, 그분들에게 우리 교인이 일 년에 한두 번은 축복의 통로가 되는 것 아닐까 싶다. 그래서 나는 이 행사는 물론 아이디어가 살아 있고 하나님의 뜻에 합당한 좋은 행사가 계속되길 바란다.

우리 교회에서는 찬송가 중에 '예수'라고 나오는 단어는 모두 '예수님'이라고 바꿔 부른다. 우리가 교사에게는 선생님이라고 하고 부모에게도 부모님이라고 하지 않은가. 이처럼 우리가 존경하고 높일 대상을 높이기 위해 '님'을 붙인 것이다. 그런데 유독 예수님한테는 '예수'라고 하는 것을 목사님이 지적하여 '예수님'이라고 부르게 했다. 참 마음에 와 닿는 말씀이다. 누구나 쉽게 지나칠 수도 있는 문제지만 목사님은 그만큼 하나님만을 높이고자 하기에 사소한 것까지 눈에 들어오는 것이다. '님'이라는 말이 별것 아닐 수도 있지만 예수님이 목사님의 이 마음을 얼마나 기뻐하실까 싶다.

나는 그 작은 교회를 오늘의 교회로 만드신 목사님을 항상 존경해 왔다. 나에게는 목사님이 그 누구와도 비교될 수 없는 분이다.

목사님의 지론은 '복이 되는' 삶이다. 목사님이 평생 성도들에게 강조했던 복이 되는 사람, 그 사람이 목사님이다. 복이 되는 교회, 복이 되는 신앙인이 되는 것이 목사님의 소망이고 나의 소망이고 우리 교회의 소망이며 하나님이 본향교회를 이 땅에 세우신 까닭이라고 믿는다.

섬김으로

하나님만 바라보는 종

임용순 (본향교회 장로)

우리 교회가 세워진 지도 어느덧 53년이 되었다. 강산이 다섯 번이나 변한 것이다. 우리 교회가 환갑이 되면 어떻게 변화될지 기대가 된다.

목사님이 처음 우리 교회에 온 1980년 1월에는 사모님이 만삭이었다. 그때는 전도사님이었는데 부임하기 전까지는 그렇게까지 건강이 안 좋은 줄을 몰랐다. 주일에 예배를 드린 후 사택으로 들어가면 전도사님을 만날 수가 없었다.

그러던 어느 날 전도사님이 기도원에 가버렸다. 사모님에게 말하길 연락이 없으면 하나님께 간 줄 알라고 하고는 갔다고 한다. 그래서 전도사님 없이 예배를 드리면서 우리 교인들이 많이 울었다. 성도들 모두 눈물바다가 되게 울면서 기도했다. 그러다가 조금씩 건강이 좋아지면서 신학을 다시 시작했다. 건강이 안 좋으니 신학을 할 수나 있을까 걱정이 되었지만 전도사님은 신학교에 가기 시작했다.

어쩌다 한 번씩 심방을 하면 교인들이 엄청나게 좋아했다. 심방은 거의 나랑 다녔는데 전도사님을 만난 교인들이 마치 예수님 만난 것처럼 반가워했다.

나는 어린 나이에는 교회가 무엇인지도 모르고 다녔다. 그러다 우리 교회에서 결혼을 했다. 교회에 전임 목회자가 없어서 당시 집사님이던 김홍철 장로님이 주례를 섰다. 그분은 사회적 위치로는 주례를 설 만한 분이었으나 집사가 주례를 설 수 없다고 거절했다. 결국은 김홍철 장로님이 내 결혼의 주례를 서기 위해서 부랴부랴 장립식을 치렀다. 당시에 소 한 마리를 팔아서 1972년 12월에 급하게 장로가 되어 이듬해 10월에 내 결혼식 주례를 섰다.

내가 26세에 결혼을 하고 햇수로 7년이 지난 뒤에 채 목사님이 부임하셨다. 채 목사님이 오기 전까지는 우리 교회 상황이 열악하니까 1년을 넘기는 목회자가 없었다. 우리 교회가 말할 수 없이 어려운 시기였다. 당시 화장실은 문 대신 거적을 쳐놓고 지붕도 따로 없는 열악한 구조였는데, 키가 큰 목사님 머리가 다 보일 정도였다. 일평생 교인들 앞에서 흐트러진 모습 안 보이는 신사적인 분이 그 화장실 이용하기가 얼마나 힘들었을지 짐작하고도 남음이 있다.

목사님은 호남신학대학교에서 공부를 마친 후 장로회신학대학교 신대원을 갔다. 교인들은 목사님이 장신대를 마치면 어차피 우리 교회를 떠날 것이라고 생각했다. 그것이 당연한 일이라고 누구나 생각했다. 지금까지 그래 왔고 우리 교회가 그런 분을 잡을 수 있는 능력도 되지 않았기 때문이다. 전도사님은 언제 떠날 거냐고 직접 물어보는 교인도 있었다.

한번은 김홍철 장로님이 전도사님을 놓아드리는 게 어떨까 하는 의견을 냈다. 어차피 신학을 한 다음에는 떠날 분인데 도저히 일을 할 수가 없을 정도로 건강이 안 좋으니 놓아드리자고 했다. 그때 나는 반대했다. 심방을 가면 성도들이 이렇게 좋아하는 분인데, 좀 더 기다려 보자고 했다. 졸업 후에 본인이 가겠다고 하신다면 어쩔 수 없지만 안 가실 수도 있으니 기다리는 게 좋겠다고 했다. 장로님은 내 의견을 따라 주셨다.

목사님은 신학을 마친 뒤 성도들이 성가실 정도로 심방을 했다. 그뿐만 아니라 교회에서 공부도 시키고 제자훈련도 시키고 하며 점점 활동을 늘려 가셨다. 교인들은 하나같이 목사님을 좋아했다. 교인들의 눈물 기도로 목사님의 건강은 조금씩 좋아졌고, 그 덕분에 교회 일을 열심히 하니까 그보다 좋을 수가 없었다. 신학을 마치고도 목사님은 교회를 떠나지 않았고, 우리 교인들도 목사님 건강 때문에 울부짖는 기도를 할 필요가 없어졌다.

세월이 흐르고 이 지역이 개발되기 시작하면서 교회가 부흥되기 시작했다. 하루가 다르게 교회가 성장했다. 사람이 갑자기 성공하면 어딘가 왜곡되기도 한다. 목회자들도 교회가 급성장하면 태도가 변하거나 인본주의로 흐르기 쉽다. 그러나 우리 목사님은 오직 하나님 한 분만을 생각했고 모든 일을 하나님 중심으로 했다. 어느 교회나 새벽 기도를 쉬는 날도 있고 철야 기도를 쉬는 날도 있다. 그러나 우리 목사님은 명절이라 해도 쉬지 않고 심지어 미국에 가서도 우리가 기도하는 그 시간이면 기도회를 했다. 가끔은 성도들이 해도 해도 너무하다고 불평하기도 했다. 그러나 목사님은 사람들의 비위를 맞추려고 하지 않았다. 사람의 눈에는 불편했겠지만 하나님 눈에는 목사님이 얼마나 귀한 종이었을까. 그것이 오늘의 목사님을 만들었다.

복이 될지라

우리 교회 교인들은 원칙을 지키는 것에 대해 불평하지 않는다. 본향 교회 교인들에게는 당연히 그래야 할 일이 되었다.

또 목사님은 멀리 출타할 일이 있어도 금요 심야 기도나 수요 예배에 빠지지 않는다. 어떨 때는 서울이나 외국 출장 다녀와서 안색이 너무 창백하고 쓰러질 것 같은데도 예배 인도를 하신다. 우리는 그런 목사님이 안쓰럽고 걱정이 된다. 하지만 목사님은 예배를 드리고 찬양하며 기도하는 가운데 강력하게 회복되는 분이다. 성령님이 목사님에게 힘을 준다는 것을 보는 우리가 알아차릴 만큼 회복이 된다.

목사님은 개인적으로는 말씀이 참 없다. 2012년에 목사님이 응급차에 실려 가서 심장 수술을 한 적이 있다. 그때 그런 일이 있었다는 것을 반평생 가까이 목사님을 섬겨 온 나조차도 몰랐다. 목사님이 아픈 줄을 몰랐으니 병문안 한 번 할 수가 없었다. 나중에 설교 시간에 내가 성도들을 못 볼 뻔했다고 했는데 교인들은 그 말을 곧이 듣지도 않을 정도다.

목사님은 참으로 입이 무겁고 행동이 빠르다. 노회에서 함께 일한 분들 이야기를 들으면 목사님은 노회에서 회의할 때 좀처럼 발언을 하지 않는다고 한다. 본인 주장을 강하게 내세운 적도 없는 것이다. 회의에서는 침묵하고 일할 때는 가장 먼저 일을 한다고 한다.

목사님이 언젠가 이런 말씀을 했다. 내가 여기 처음 왔을 때 몇 년간은 항상 보따리를 싸두었다고. 교회 건축을 하면서도 늘 보따리를 싸두었단다. 교인들이 가라고 하면 언제든지 떠날 준비를 해둔 것이라고 했다. 목사님 입장에서 보면 초기에는 아파서 꼼짝 못했으니 쫓겨날 준비를 했을 것이고, 건축을 하면서는 교인들과 갈등이 생길 수 있었으니 떠날 준비를 했을 것이다. 그러니 얼마나 마음고생이 심했을까. 그런 마음고생들을 하면서도 교인의 눈치를 보는 게 아니라 오직 하나님만을 바라봤으니 하나님이 오늘 목사님을 크게 쓰신 것 아닐까 싶다.

성격이 급하여 욱하는 모습을 자주 보이던 김홍철 장로님도 목사님께는 정말로 잘했다. 반대로 생각해 보면 우리 목사님의 성격이 깔끔해서 김홍철 장로님을 잘 품었던 것이다. 김홍철 장로님은 목사님 말씀이라고 하면 무엇이든 인정하고 순종했다. 김홍철 장로님에 뒤이어 다섯 분의 안수집사님이 장로가 되었다. 그분들이 장로가 된 다음에 교회는 더 아름다운 공동체가 되었다. 김 장로님 혼자 지던 짐을 다른 분들과 나누면서 교회가 더 교회다워졌던 것이다.

장로님들은 한결같이 목사님 말씀에 순종했다. 목사님이 교회 임직자들에게 하는 말씀이 있다. 성경에 벗어나지 않고 하나님 말씀에 벗어나지 않게 살겠다. 만일 내가 하나님 뜻에 벗어나고 성경에서 벗어난 일을 하게 되면 지적을 해주되, 그게 아니라면 내 실수를 스스로 돌아보고 뒤돌아서서 다시 반성하고 올 테니까 그냥 하는 대로 놔둬라. 이렇게 말씀을 해서 우리 장로님들은 목사님이 혹여 실수하시더라도 다시 또 고쳐서 헤쳐 나가시겠지 하고 기다린다. 우리 장로님들은 목사님이 하는 일에 대해서 이렇게 해선 안 된다, 이런 말을 해본 적이 전혀 없다.

우리 장로님들도 사회적인 지위가 있고 믿음도 좋고 부족함이 없는 사람들이다. 그러나 목사님의 말씀 앞에서는 모두 순종을 하니까 교회가 잘 돌아간다. 우리는 그동안 하나님의 살아 있는 역사를 봤

복이 될지라

다. 목사님이 움직일 때 하나님께서 함께하시는 경험을 우리 교회의 역사를 통해 깨달았기에 목사님이 앞서갈 때 반대하지 않고 따라가는 것이다.

장로님들이 목사님 말씀에 순종하는 것이 어떻게 보면 바보같아 보일 수도 있지만 하나님은 그렇게 하는 것을 기뻐하실 것이다. 알고 보면 이렇게 밀고 나가는 것이 목사님 좋자고 하는 것이 아니고 모두 교회를 위해 하는 일이다. 일이 커지는 것을 볼 때면 때로 겁도 나지만 성경을 보면 이런 일은 얼마든지 있다. 여호수아와 갈렙의 용기가 없었으면 가나안 땅에 들어가는 건 불가능했을 것이다. 어려워서 안 하는 게 아니라 '어려우니까 행하는 것이 믿음'이다.

장로님들 중에서도 선임인 이성기 장로님은 정말 고생을 많이 했다. 어떻게 저렇게 할 수 있을까 싶을 정도로 목사님을 잘 섬기고 교회를 잘 섬긴다. 이 장로님은 그림자처럼 목사님을 섬기면서 늘 목사님을 존경한다고 말한다. 목사님이 하나님의 종으로서 한 치의 흐트러짐이 없다는 것이다. 우리도 모두 그렇게 생각한다.

우리 교회는 주일 예배의 대표 기도를 교회에서 먼저 검토한다. 시간은 3분 이내로 정해져 있다. 이것에 대해 다른 교회 장로님들은 낯설어하지만 우리는 이게 참 잘하는 것이라고 생각한다. 어떤 교회에 가면 기도가 너무 길어서 오히려 힘들다. 또 기도가 설교처럼 들릴 때도 있다. 그런데 미리 검토를 하면 잘못된 점은 교회에서 지적해주니 오히려 실수하지 않아서 좋고 교인들도 좋아한다.

우리가 교회를 건축할 때도 목사님 의견을 따라 진행했다. 우리는 새 성전을 너무나 사모하는 마음으로 지었기에 땅만 사도 진심으로 기뻐했다. 조립식 교회였다가 붉은 벽돌 교회 조감도가 나왔을 때 얼마나 좋아 보였는지 모른다. 건축을 하고 보니 주차장이 필요했다. 그래서 교회 주변의 집들을 사들였다. 교회에서 산다고 하니 집주인들이 터무니없는 가격을 요구했다. 때로는 주민들이 시끄럽다고 항의하기도 했다. 그런 어려움 속에서 어떻게 하면 좋을지 기도하던 어느 날, 목사님과 차를 타고 가던 내가 이 땅은 어떠냐고 말씀을 드렸다. 그때는 여기가 물바다여서 땅이 아주 쌀 때였다. 결국 그쪽 땅을 포기하고 지금의 이 교회 부지를 샀다. 지금 이 넓은 땅에도 주일이면 차가 꽉 찬다. 이렇게 자동차를 많이 이용할 줄은 그때는 몰랐는데 시대가 바뀐 것이다. 그때 그 땅을 고집하지 않고 이렇게 조금 바깥으로 나와서 교회를 건축한 것이 얼마나 잘한 일인지 모른다.

우리 교회 규모가 작았을 때, 시내에 나가면 큰 교회들이 있었다. 크고 아름다운 교회들이 참 부러웠다. 이제 우리 교회도 아름다운 성전을 지었다. 부족하고 아쉬운 부분들이 아직도 많지만 깔끔하고 세련된 우리 목사님의 성품이 그나마 이만큼의 성전을 건축하게 한 것이다. 이런 성전을 가졌으니 건물만 아름다운 게 아니라 성도들도 더 본이 되는 교회가 되려고 한다.

나는 감사하게도 우리 자녀들을 믿음 안에서 키웠다. 1남 2녀인데 셋 모두 음악을 전공했다. 우리 아이들은 교회에서 성장했고 목사님 음향기기, 성경 봉독, 성가대 등등 교회 일에서 뒤로 밀려나지 않았다. 내가 볼 때도 우리 아이들은 충성스런 종이다. 거의 태어날 때부터 목사님을 본 우리 아이들은 모두 목사님을 정말로 존경한다. 우리 아이들은 목사님을 떠날 수 없어서 멀리 가서 살지 못할 정도

복이 될지라

로 부모인 나보다 목사님 말씀을 더 사랑하고 존경한다.

나는 넉넉한 형편이 아니어서 자녀들을 다 교육시키지 못할 줄 알았다. 그러나 하나님의 은혜로 아이들이 다 대학원까지 마쳤다. 큰 아이는 지금 3부 예배 성가대 지휘자다. 나는 자녀들을 키우면서 주일을 생명처럼 지켰다. 주일에 콩쿠르가 있으면 대회 출전을 포기시켰다. 그 어떤 것도 주일 예배보다 우선이 되지 않게 키웠다. 요즘 세상을 보면 돈을 물려주기도 쉽고 교육을 시키기도 쉽다. 하지만 신앙을 물려주기는 참 어렵다. 그러나 나는 그 무엇보다 먼저 믿음을 물려주었다. 우리 아이들이 그런 나를 잘 따라 줬고 헌신적으로 살아 줬다. 우리 부부만 잘해서 된 게 아니라 그렇게 되기까지 목사님이 정말 큰 역할을 해주었다.

내가 가장 안타깝고 아쉬운 것은 교회에서 물질이 필요할 때 내가 하고 싶은 만큼 헌신하지 못한 점이다. 우리는 정말 가난했고 밥 먹고 사는 일도 힘들었다. 그래서 풍족하게 하나님께 바치지 못한 것, 그것을 생각하면 가슴이 아프다. 그래서 나는 아이들에게 말한다. 너희들은 풍요롭게 살아서 하나님께 드리고 싶을 때 얼마든지 헌신하는 삶이 되라고.

나는 2013년 3월에 장립되었다. 장로 피택 이야기가 나오자 곧 은퇴할 나이에 장로는 무슨 장로냐고 했다. 그러자 목사님이 조덕삼 장로의 집에서 머슴살이를 했던 이자익 장로 이야기를 해주셨다. "그래도 나 같은 사람이 장로 되면 교인들이 얼마나 웃겠어요" 하며 거절했다. 난 권사가 좋고 은퇴하고도 권사라는 말 듣는 게 더 좋다고 했다. 말은 그렇게 했지만 그 일화를 들려준 목사님의 마음이 느

꺼졌다. 목사님이 나를 그렇게 귀히 여겨 주는 마음에 감사해서 목
사님의 뜻에 순종했다.

장로가 되면서 뒤를 돌아보니 참으로 많은 일이 있었다. 2014년
에 창립 53주년을 맞아 내가 글을 쓴 것이 있다. 그 글 일부를 그대
로 옮겨 본다.

우리 교회가 세워진 지도 어느덧 53년이 되었다. 강산이 다섯 번
이나 변한 것이다. 우리 교회가 환갑이 되면 어떻게 변화될지 기대가
된다. 가난하고 갈 곳 없는 사람들이 모여 이룬 허허벌판 낙후된 동
네, 10가호도 채 되지 않은 곳에 허리 굽은 노(老)권사님 한 분이 복
음의 씨앗을 뿌리실 때 세상에서 제일 못난 열네 살의 나에게도 예
수님의 씨앗이 뿌려졌다.

달이 뜨는 밤이면 냇가에 가서 모래를 퍼서 남자는 지게로 여자
는 소쿠리에 담아 이고 성전을 지었다. 넘어지고 엎어져도 성전을 짓
는 것이 얼마나 기쁘고 좋은지 웃고 또 웃으며 한 시간 거리나 되는
먼 길을 멀다는 생각도 하지 않으며 걸었다. 모래를 쌓고 손수 벽돌
을 찍어 모두가 합심해서 14평의 성전을 지어 놓고 극락강역의 이름
을 따서 '극락교회'라고 써서 붙였다.

돈이 없어서 창문을 달지 못하고 거름종이로 창문을 삼고 바닥
은 권사님 댁 곡식 널어 놓는 멍석을 깔아 예배를 드렸으나 그때의
그 감격을 돌이키면 기쁨의 눈물과 감사가 넘쳐난다.

처음에는 방에서 예배를 드리다가 수가 더 많아져서 마당에서
예배를 드렸다. 날이 좋으면 햇볕이 뜨거워 수건으로 햇볕을 가리면

서 예배를 드리고 예배 중에 갑자기 소나기가 내리면 마루로 처마 밑
으로 비를 피해 예배를 드리니 설교하시는 전도사님 얼굴을 볼 수가
없었다. 밤에는 바람이 불면 남폿불이 꺼져 버려서 코앞에 서 계신
전도사님 얼굴을 볼 수가 없었는데, 이렇게 교회를 지어 놓으니 비가
와도 옮겨 다니는 일이 없고 바람이 불어도 남폿불이 꺼지지 않아
얼마나 좋았던지.

— 중략 —

헤아릴 수 없는 고난과 역경이 있었지만 목사님이 잘 참고 견디
어 오셨기에 오늘의 거대한 본향교회가 있고, 목사님이 성도들을 생
명처럼 아끼고 예수님 사랑으로 품었기에 교회가 성장하여 부흥했
다. 교회 성장과 함께 하나님이 목사님 건강도 회복시켜 주셨다.

대내외적으로 많은 사역들을 주셔서 높여 주시고 그렇게 바빠도
몸 된 교회는 조금도 소홀히 여기지 않더니 이제는 아버지께서 더
높여 주셔서 총회장의 자리까지 주려고 준비하고 계신다.

우리 교회는 꽃보다 더 예쁜 아가들이 많이 자라고 있고 교회학
교 꿈나무들이 커가고 있으며 기둥 같은 청년들이 앞을 향하여 전진
하고 있다. 복의 근원지가 되는 본향의 배를 항해하실 목사님을 선장
으로 앞장세워 나아가고 있으니 환갑이 될 60주년에는 본향교회가
더욱 놀랍게 변화될 것을 믿는다.

글에 실린 대로 우리 교회는 늙은 권사님 한 분의 가족이 이사
를 와서 복음의 씨앗을 뿌렸다. 그분은 사람들에게 일요일 날 자기
집으로 놀러오라고 했다. 그냥 와보라고 해서 찾아가 보니 예배를 드

섬김으로

리기 시작했다. 그땐 그것이 예배인지도 몰랐다. 찬송가를 부르고 헌금하는 걸 보면서 어린 나는 '저분은 저렇게 해서 돈을 벌려고 하나 보다' 생각했다. 하지만 그때 헌금하는 사람은 거의 없었다. 오히려 그분이 우리에게 사랑을 베푸니까 그게 좋아서 계속 다녔다. 주일학교가 따로 있는 것도 아니니까 몇 년을 그냥 다녔는데, 열일곱 살이 되어 갑자기 내가 죄인임을 깨달았다. 말씀이 내 안에 들어온 거다.

참 이상한 것은 가난한 시절에 믿었던 예수님이 더 친밀하게 느껴진다는 점이다. 추억 때문이 아니라 가난할수록 우리가 바라볼 분은 예수님뿐이기 때문일 것이다. 아파트 단지가 들어서면서 교회 있던 자리가 어딘지도 알아볼 수 없게 됐다. 땅을 다 성형수술해 버린 것이다.

우리 아버지는 동네에서 소문난 호랑이였다. 내가 교회를 나간다고 성경책도 찢어 버리고 심지어 전도사님 뺨을 때리기까지 했다. 나는 결혼할 나이가 되었으나 예수 믿는 사람 아니면 결혼하지 않겠다고 버텼다. 그러다가 남편을 만났는데 신앙생활을 쉬고 있는 중이었다. 내가 예수 안 믿으면 결혼하지 않는다고 하자 남편이 다시 신앙생활을 시작하여 결혼을 했다. 남편은 지금 우리 교회 김재홍 장로다.

결혼 후 알게 된 일화가 있다. 남편 고향이 비금면인데 목사님의 고향과 같다. 목사님 형님이 약사였는데 같은 고향 사람이라서 그 약국에 종종 갔다고 한다. 그때 약국에 있는 채영남 목사님을 만났는데, 목사님은 모자를 아주 삐딱하게 쓰고 있는 불량 학생이었다고 했다. 그랬던 불량 학생이 이처럼 훌륭한 목회자가 되었다. 남편의 이야기를 들으면서 사람의 눈으로 사람을 판단하는 게 얼마나 위험한

복이 될지라 ·

가를 생각했다. 사람은 모두 하나님의 귀한 창조물이고 하나님이 쓰고자 하면 어떤 사람도 사용될 수 있음을 깨달았다.

우리 교회는 아직도 할 일이 많다. 지역 사회의 소금 역할을 하기 위해 복지재단도 세워야 하고 평생교육원도 지어야 한다. 목사님의 의지가 굳건하고 인내심이 강하시니 이런 일들도 차례차례 이뤄 갈 줄로 믿는다. 내 할 일은 목사님이 그런 일을 할 때 섬기는 것이다.

우리 교회의 비전은 '113'이다. 1만 명 집회, 1백만 명 영혼 구원, 3백 개 교회 개척이다. 우리는 늘 가정 예배를 드리는데 가정 예배를 드릴 때마다 113 비전을 위해 기도한다. 이제는 기도만이 아니라 그 일의 작은 부분이라도 감당해 갈 작정이다.

제3세계 국가 중에는 교회 짓는 데 천만 원도 안 드는 곳도 있다는데, 그런 일을 우리 교인들 각자가 감당해 가면 113 비전은 쉽게 이뤄지지 않을까 싶다. 내가 할 수 없으면 우리 다음 세대들이 이 꿈을 이뤄 갈 것이고 우리 목사님 대에서 안 되면 다음 세대 목사님이 하실 것이다. 비전은 꼭 당대에만 실현되는 것은 아니다. 오래전 언더우드 같은 선교사들이 이 땅에 복음을 뿌려서 오늘 한국의 교회가 되었듯 우리 본향교회 후손들이 우리의 비전을 이어 갈 것이다.

나는 내가 몸으로 할 수 있는 것들은 다 하려고 애를 썼다. 내가 감히 다했다고 말할 수는 없지만 내가 하나님과 교회를 위해서 할 수 있음에도 불구하고 안 한 것은 없다. 그러나 내가 나를 세우기 위해서 교회 일을 한 적은 없다. 나는 권사가 되고 싶은 적도 없었고 장로가 되고 싶은 적도 없었다. 나는 권사될 때도 거절했다. 나는 물질도 없고 하나님께 잘 드리지도 못하니까 집사가 너무 편하고 좋다고 했다. 여전도회장도 그렇게 했다. 권사 되려고 무엇을 해본 적도 없고 장로 되려고 무엇을 해본 적도 없다. 나는 그냥 '교회 일'을 했다. 이 교회가 내 교회이기 때문이다. 교회는 내 아버지의 집이다. 내 아버지의 집이 곧 내 집이다. 나 혼자 주인인 게 아니라 성도 모두가 주인이다. 주인이 주인의식을 갖고 살아야지 손님처럼 살아서는 안 된다.

사람들은 그동안 돌아간 규칙과 관습에 따라 무엇이든 동일한 잣대를 들이대려고 한다. 우리 목사님이 노회와 총회에서 열심히 일하는 것에 대해 색안경을 끼고 보는 사람이 있을지 모른다. 그러나 편견은 죄다. 바라보이는 대상이 문제가 아니라 색안경을 쓰는 사람이 문제다.

내가 반평생이 넘도록 지켜봐 온 우리 목사님은 명예를 위해 무언가를 할 사람이 아니다. 만일 목사님에게 조금이라도 그런 면이 있었으면 우리 교인들이 이렇게 일사분란하게 목사님을 지지하진 못했을 것이다. 우리도 사람인데 힘들지 않았다고 할 수는 없다. 하지만 힘들어도 앞으로 나아가는 것이 사명이다. 그리스도인은 힘들지 않은 사람이 아니라 힘든 일을 기쁨으로 하는 사람들이다. 우리가 이 길을 기쁨으로 걸어올 수 있었던 것은 우리 목사님 안에 오직 예수님만이 굳건하게 서 있음을 보았기 때문이다.

나는 목사님이 교회의 어떤 역할을 감당하라고 하면 또 발 벗고 나설 것이다. 내 수명이 얼마나 될지는 오직 하나님만이 아신다. 그러나 앞으로 남은 인생도 나는 목사님을 섬기며 살아갈 것이다. 그렇게 살다가 아버지께서 부르는 그날에 평안히 아버지의 집으로 돌아가는 게 나의 꿈이다.

나의 영적 본부장

장성훈 (본향교회 반주자)

> 본향이라는 말이 원래 고향이라는 뜻인데 나에게 본향교회는 고향이다. 한마디로 말하자면 본향교회는 '내 마음의 교회'이다. … 나에게 본향교회는 영적 본부이고 채영남 목사님은 영적 본부장이다. 내가 목사님을 평가할 순 없지만 내 인생의 멘토인 것은 분명한 사실이다.

나는 본향교회 청년부 반주자다. 교회 반주는 중학교 1학년 때부터 시작했다. 아들을 반주자로 키우고 싶다는 어머니의 바람으로 나는 피아노를 배우게 되었다. 처음엔 어머니의 강요로 시작했지만 차츰 재미가 붙어서 재즈피아노를 전공했고, 그 재능을 살려서 교회에서 반주를 하고 있다.

나는 음악을 처음 할 때부터 본향교회에서 반주하던 분에게서 피아노를 배웠다. 그 뒤로도 본향교회에서만 반주를 했는데 나는 반주자로서 우리 교회가 다른 교회와는 무언가 다른 차원이 있다는 생각을 했다. 반주자로서 느끼는 목사님은 무섭기도 하고 엄하기도 하다는 사실이다.

우리 담임목사님은 예배를 제1의 가치로 여긴다. 그래서 반주를 할 때 음량에도 관여하고 음색도 섬세하게 지적한다. 준비되지 않은

곡을 목사님이 갑자기 부르더라도 바로 맞추어서 연주를 해야 하는데 그런 때에도 예배의 흐름에 방해되지 않아야 한다. 목사님이 직접 요구하진 않더라도 목사님의 요구가 무엇인지 나 스스로도 느낄 수가 있다.

주일 아침 이른 시간에 반주를 시작하다 보니 잠이 덜 깬 채로 연주하는 경우도 있고 실수할 때도 종종 있다. 하지만 나의 손가락 하나를 잘못 누르면 성도들의 예배에는 크게 방해가 될 수 있으므로 실수하지 않으려고 최대한 노력한다. 예배자로서 실수하지 않는 것이 현재 나의 목표다.

다른 교회 예배를 참석해 보면 다른 교회 사람들은 반주가 틀리더라도 쉬쉬하는 경우를 볼 수 있었다. 하지만 우리 교회에서는 예배를 방해하는 실수가 용납되지 않는다. 교회가 물리적으로 반주자를 압박하진 않지만 예배를 정말로 중시하는 우리 교회의 분위기가 반주자인 나에게 훈련 아닌 훈련을 시킨 것이다.

중·고등학생 때만 해도 나는 교회가 크면 다 좋은 줄 알았다. 지금은 본향교회를 모르는 사람이 없을 만큼 교회가 커졌지만 예전의 교회는 사람들이 잘 알지 못했다. 신가동이라는 외진 동네에 있고 그 흔한 엘리베이터 하나 없는 것도 부끄러웠다. 그래서 남에게 우리 교회를 자랑하지도 않았다. 하지만 이젠 철이 들어가는 걸까. 교회는 규모가 전부가 아니라는 사실을 알게 되었다. 그동안 헌신적으로 일하시는 목사님 모습을 보면서 안 되는 건 없다는 것도 알았다. 그동안 우리 교회는 세상에 알려졌고 목사님은 그 작은 교회를 이처럼 큰 교회로 만들었다. 참으로 자랑스런 교회가 된 것이다. 그러나 한편으론 가족적인 옛날 교회가 그리울 때도 있다. 그럴 때는 내가 어린 시절에는 왜 그런 생각을 했나 싶다.

'본향'이라는 말이 원래 고향이라는 뜻인데 나에게 본향교회는 고향이다. 한마디로 말하자면 본향교회는 '내 마음의 교회'이다.

나는 초등학교 때 교회 가면 과자 준다고 해서 형을 따라 본향교회에 나왔다. 한 번 나온 교회니까 습관처럼 다녔다. 그러다가 중등부 때 수련회를 가서 처음으로 통성기도를 해보았는데, 기도 중에 나도 모르게 몇십 분이라는 시간 동안 계속 말을 하게 되었다. 내 의지로 한 게 아니라 저절로 기도가 쏟아져 나오는 것이다. 그렇게 뜨겁게 기도하면서 교회를 열심히 다녀야겠다는 생각을 했다.

우리 교회는 교회가 청년들을 지원한다기보다 청년들이 알아서 교회 일을 해야 하는 교회다. 교회에 행사가 있으면 우리 청년들은 무조건 준비해서 달려가야 한다. 언제 행사가 있으니 준비하라고 미리 공지하면 좋은데 불과 며칠 전에 준비하라거나 일주일 전에 전달을 받기도 한다. 그러면 준비할 시간이 너무 부족해서 허겁지겁 준비한다. 우리 교회는 우리 교회 일만 하는 게 아니라 노회나 사회단체의 일까지 감당하다 보니 급작스런 일정이 많이 잡히는 편이다. 바쁜 남편 내조하는 아내의 역할이랄까. 그런 점이 청년들을 힘들게 할 때도 있고, 나 역시 힘이 들 때가 있었다.

그러다가 어느 날 깨달음이 왔다. 우리는 하나님의 종이지 않은가. 종이 하는 일은 주인이 시키는 일들을 하는 것이다. 종은 주인이 부르면 언제라도 달려가야 한다. 새벽이건 아침이건 한낮이건 종이 이것저것 가리고 선택할 수는 없다. 신앙의 성장은 말씀이나 기도나 찬양보다 '순종'에서 온다고 한다. 나를 불러 줄 때 열심히 순종해야 나중에 더 큰 기회가 올 수 있다는 사실을 깨달았다. 그래서 언제 어디서 어떻게 부르건 준비된 자세가 되자고 다짐했다. 무대에 설 사람은 10초를 서건 10시간을 서건 관객을 감동시켜야 하는데, 사회자가 갑자기 앞으로 불렀을 때 사회자 탓을 하고 있으면 관객을 감동시킬 수 없다. 사회자를 탓하지 않고 곧장 관객을 감동시킬 준비를 하는 사람만이 무대에서 성공할 수 있을 것이다.

한 가지 고백하자면 그간 교회를 다니는 동안 마음이 어려운 일이 있었다. 어머니가 더 이상 교회에 나오지 않기로 한 것이다. 어머니가 교회에 발길을 끊은 계기는 나의 반주와 연관된 사건 때문이다. 우리 교회에서는 반주자에게 사례비를 주지 않음에도 반주자로 섬기고자 치열한 경쟁(?)을 한다. 사실 반주자의 자리가 하나님 앞에 영광스런 자리이기도 하지만, 사람의 욕심으로 볼 때는 명예로운 자리이기도 하다. 교회 입장에서는 반주자가 풍성하니 참 좋은 일이었다. 하지만 우리끼리는 보이지 않는 경쟁이 벌어지다 보니 여러 명의 반주자가 공평하게 반주를 나눠서 해야 하는 상황이었는데, 일이란 게 그리 칼로 무 자르듯 되지 않았다.

어떤 때는 내가 다른 사람들보다 반주를 더 하곤 했는데 그런 사실에 대해 불만을 제기하는 분들이 있었다. 나를 가르친 반주자 선생님과 우리 어머니가 나를 옹호했는데 당시의 어떤 부목사님이 반주자 선생님과 우리 어머니를 조금 나무랐다. 당시 어머니는 조용히 교회를 다니셨는데 그 일로 인해 원치 않은 구설에 올랐다.

그 일을 알게 된 담임목사님은 중재자로서 관계되는 사람들을 불러 두고 화해를 시키셨다. 그런데 어머니는 그 점을 못내 서운해하셨다. 그 일 이후로 교인들의 눈빛이 달라졌다고 느낀 어머니는 결국 교회를 떠났다. 나도 한동안 그분들과의 관계가 어려웠다.

어린 나이에는 많이 힘들었지만 그 순간을 잘 극복하여 오늘에까지 왔는데 그때의 경험이 반주자로 사는 데 아주 좋은 밑거름이 되었다. 지금 그와 비슷한 말이 들려도 마음이 요동치 않는다. 내가 반주를 하는 순간에는 사람 앞에 서는 게 아니라 예배자로서 하나님 앞에 설 뿐이다.

당시에는 어머니가 힘들어하니까 교회 사람들이 모두 싫었다. 나도 사람이니까 담임목사님조차 보고 싶지 않았다. 그런데 목사님이 나를 얼마나 사랑하는지 군대를 갈 때에 깨달았다. 군대 가는 청년들을 위해서 입대 전에 목사님이 기도를 해주시는데, 기도를 하신 다음 목사님이 나랑 사진을 찍었다. 내가 알기론 목사님은 군대 가는 사람들에게 기도는 해줘도 사진을 찍지는 않는다. 그런데 나와는 유일하게 사진을 찍은 것이다. 그러면서 목사님이 말했다.

"네가 힘든 거 잘 안다. 군대 잘 갔다 오고, 갔다 와서도 지금까지 한 것처럼 열심히 하면 좋겠다."

이렇게 말씀하는 것이다. 그 말씀을 듣는 순간 내 마음에 남아 있던 섭섭함의 찌꺼기들이 봄눈 녹듯 사라져 버렸다. 그때 목사님의 마음이 느껴졌다. 목사님이 어머니와 내 입장을 모르는 것이 아니었다는 사실, 중간자 입장에 있으니 성도들 모두를 생각하는 게 얼마나 어려울까 하는 생각이 들었다.

지금까지도 어머니 생각을 해주는 교인들도 많다. 우리 교회가 커서 그런지 어딘가 모르게 무관심해 보이기도 하지만, 그 안에서도 한 사람 한 사람 챙겨 주는 분들이 있다는 생각에 큰 힘이 되었다. 어머니도 어서 회복되어 함께 믿음의 길을 가길 바랄 뿐이다.

나는 오랜 시간 본향교회를 다니면서 목사님을 통해 하나님의 사랑과 하나님의 마음을 알게 되었다. 목사님은 아무런 말도 하지 않았지만, 긴긴 시간 나의 어려움을 지켜보고 있다가 결정적일 때 내 마음을 풀어 주셨다. 하나님께서도 그처럼 나를 지켜보고 계시다가 결정적인 순간마다 내 인생을 이끌어 주실 거라는 확신이 들었다.

구체적으로 기억나는 사건은 없지만 목사님은 의리가 있으시다. 구체적인 기억이 없다는 것은 어쩌면 늘 그러했기 때문일 것이다. 목사님은 무언가를 약속하면 꼭 지키신다. 한 번 꺼낸 말에 대한 의리를 꼭 지키시는 것이다.

우리 본향교회는 미래가 밝은 교회다. 목사님은 아동부 학생들을 키워야 한다는 사실을 매우 강조하면서 그에 알맞은 비전을 세운다. 친구들이 다니는 교회를 보면 전도를 많이 하자는 말은 해도 아동부를 성장시키려는 비전을 이야기하지는 않는 것 같다.

목사님은 중·고등부 졸업생들을 훈련시켜서 전원을 청년부로 올려 보내라고 한다. 요즘은 대학에서도 입학생이 없으면 구조조정을 한다, 학교를 통폐합한다고 하는데 교회에 신입생이 없으면 교회라고 해도 버텨 낼 수가 없다. 목사님은 이런 문제에 대해 다른 교회보다는 훨씬 많은 생각을 갖고 계신 것 같다.

남들은 말씀에 민감하게 반응하는데 나는 아직 믿음이 부족하다. 나는 더 믿음을 키우고 싶은데 때로 집중이 안 될 때도 있다. 그

복이 될지라

래서 나는 목사님 말씀을 다 적는다. 딴생각 안 하고 목사님 말씀만 들으려는 내 나름의 방법이다. 그렇게 하면 정말로 딴생각 안 하고 다 듣게 된다. 그러다 보면 나의 폐부를 찌르는 말씀들이 들려온다. 목사님 말씀을 받아 적으면서 정말 많이 은혜를 받는다.

맡은 자가 할 것은 충성이라는 말씀처럼 내가 충성하다 보면 어떤 자리에 가게 되는 것 같다. 나도 음악인의 길을 갈 수 없으리라 좌절했을 때가 있었다. 실용음악이 인기학과라 남들은 재수 삼수 해도 길이 잘 열리지 않는데 나에게는 이렇게 쉽게 열린 것도 하나님의 은혜다. 몸이 힘들고 지칠 때도 하나님의 일을 열심히 하고 내 일도 열심히 하다 보면 나도 모르게 어려웠던 숙제들이 풀려 있는 것을 본다. 그때마다 언제나 하나님께서 나의 길을 아시고 인도하심을 확인한다. 이게 믿는 자와 믿지 않는 자의 차이라고 생각한다. 나는 아직 어리지만 이런 하나님의 인도하심에 감사하지 않을 수가 없다.

나에게 본향교회는 영적 본부이고 채영남 목사님은 영적 본부장이다. 내가 목사님을 평가할 순 없지만 내 인생의 멘토인 것은 분명한 사실이다. 나는 칭찬받을 때 힘이 나는 사람이다. 내가 한 것을 이만큼 했다고 자랑도 하고 싶다. 사람들로부터 인정도 받고 싶다. 그런데 목사님은 평생 자신이 한 일도 침묵하고 본인의 어려움은 전혀 말씀하지 않는다. 목사님은 건강이 안 좋은 가운데에도 힘들다는 말은 한 마디도 하지 않았다. 우리 교회 교인들 누구도 목사님 입에서 힘들다는 말을 들은 적이 없을 것이다. 그런 목사님을 보면서 나는 정말 많은 것을 배운다. 목사님은 내 인생과 내 영적 여정에서 없어서는 안 될 인도자다.

목사님은 한국 교회를 위해 정말 필요한 분이라고 감히 말하고 싶다. 목사님은 누구를 정죄하고 비난하는 분이 아니다. 작은 것 하나에도 갈라지길 좋아하고 분열하길 좋아하며 서로를 포용하지 않고 내치기를 즐기는 곳이 교회인지도 모른다. 갈등이 팽배한 이 시대에 목사님을 한국 교회에 쓰임 받도록 하신 하나님의 뜻이 있을 것이다. 세상은 한국 교회가 율법적이며 편 가르기를 좋아하며 집단 이기주의의 표상이라고 생각하는 것이 현실이다. 이런 때에 섬김과 오래 참음이 미덕인 담임목사님이 화해와 통합을 이루는 목회자가 되실 것으로 기대한다.

목사님이 대외적인 활동을 많이 하게 되면서 가끔 불안할 때가 있다. 그러실 리는 없다고 생각하지만 만일 목사님이 예배에 안 오시면 정말로 많이 섭섭할 것 같다. 그만큼 나에게는 목사님이 소중한 분이다. 나는 목사님이 상처받지 않기를 바란다. 대부분 사람들은 모이면 부정적인 이야기를 먼저 하기 마련이다. 세상이나 교회에서도 목사님에 대해 나쁜 말들을 하는 사탄의 역사가 없기를 바란다. 나는 하나님이 기름 부은 목자이신 목사님을 위해 묵묵히 충성을 다하면서 할 수 있는 한 뒷바라지를 해드리고 싶다.

끝으로 목사님께 꼭 드리고 싶은 말이 있다.

"목사님, 어느 자리에 계시든 존경합니다. 목사님의 자리를 이을 후배 목사님이 채영남 목사님을 모델로 삼겠다고 말할 만큼 멋진 목사님이십니다."

우리만 소유하고 싶은 목사님

정혜화 (본향교회 권사)

우리 교회의 구호 말씀은 "예배가 살아야 인생이 산다"이다. 나는 교회 생활을 하면서 한동안 전도라는 명분으로 사람들과 교제하고 봉사하는 데만 초점을 맞춘 생활을 했다. 목사님은 마치 나에게 말씀하시듯, '예배'가 가장 긴급하고 중요한 일이라고 하셨다.

나는 중학교 때부터 본향교회를 다녔다. 1985년, 아주 작은 극락교회에서 예배를 드리기 시작했다. 내가 어렸을 때는 목사님이 말씀하면 말씀 하나 보다, 어른들이 목사님 좋다고 하면 목사님 좋은가 보다 하며 그렇게 철없이 다녔다.

나는 결혼을 한 다음에 다른 교회에 잠시 나갔다가 우리 교회로 돌아오면서 영적으로 많이 회복을 했다. 원래 친정 교회이니까 교인들이 나를 반겨 주시고 기억해 주셔서 큰 힘이 되기도 했다. 또 목사님 설교를 들으면서 하나 둘씩 믿음이 쌓였고, 나도 이제 바깥쪽에만 서 있어선 안 되겠다 싶어서 교회 일을 하기 시작했다.

지금 나는 새신자반에서 섬긴다. 하나님은 일을 시킬 때에 나에게 가장 맞는 일을 시키시는 분임에 틀림없다. 본래 나는 옷차림에 관심이 많아서 새 상품이 나오면 계절마다 옷을 사야 직성이 풀렸다. 어느 날부턴가 내 모습이 참 한심하다, 다른 사람들에게 은혜가 안 되겠다 싶은 생각이 들었다. 하지만 내 유일한 즐거움이기에 쉽게 포기가 되지 않았다. 그런데 새신자반에서 일을 하게 되면서 안내자 유니폼을 입었다. 누가 나에게 말한다. "그 이쁜 옷 못 입어서 어째~" 그럼 나는 "하나님이 내가 너무 요란하니까 안내복 입혀 버리셨어" 이렇게 대답한다.

우리 교회는 설교가 시작되기 전 성경 봉독하는 담당자가 따로 있다. 나는 2부 예배 성경 봉독을 담당하는데, 한번은 순서가 되기도 전에 내가 먼저 말씀을 봉독해 버렸다. 그러자 목사님이 그 많은 성도들 앞에서 한 말씀 하셨다. "때에 맞추어 읽어야지." 딱 이 한 마디였다. 정말이지 쥐구멍이라도 들어가서 숨고 싶었다. 정말 무안했다.

그런 다음 목사님이 나에게 전화를 했다. 전화가 울리자 나 혼자 생각하기를 '이제 그만두라고 하겠구나' 짐작했는데 목사님의 뜻은 나를 혼내는 데 있지 않았다. 예배에 더 집중하고 준비된 자세로 임해야 한다는 말씀을 했다. 그 이후로 나도 마음으로 더욱 준비하고 더 기도한다. 내가 예배에 도움이 되고 도구가 되어야지, 방해자가 되진 않아야 할 텐데, 이렇게 긴장한다. 원래 나는 예배 시간에 잡생각도 많이 하고 졸기도 잘했는데 이제는 첫 줄에 앉아 있으니 절대 졸 수도 없다. 아, 하나님께서 나에게 주신 절호의 기회다. 내가 정말로 예배에 집중할 수 있도록 만들어 주신 거다.

나는 하루 전날 본문 말씀을 문자로 받는다. 말씀을 읽으면서 실수하면 안 되고 어미 하나라도 틀리면 은혜가 떨어지니까 반복해서 계속 읽고 또 읽는다. 그렇게 읽다 보면 말씀이 묵상된다. 그러면 목사님이 설교할 때 이 귀한 말씀을 어떻게 해석할까, 그런 기대감도 생기고 예습을 하다 보니 말씀도 귀에 더 잘 들어온다.

성경 봉독을 하는 이 자리는 정말 놓치고 싶지 않은 귀한 자리다. 하나님께서 내가 사명을 잘 감당하지 못한 것을 아시고 나에게 귀한 자리를 주셨다. 이 귀한 자리에 목사님이 직접 나를 추천하셨다고 해서 더욱 감사하다.

나는 33세에 권사가 되었다. 당시로서도 아주 파격적인 것이었고, 나이에 걸맞지도 않았다. 더구나 나는 권사가 될 만한 신앙도 없었고 그만한 재목도 아니었다. 하지만 목사님은 젊은이가 일을 더해야 한다고 생각하는 분이다. 목사님이 여러 가지로 생각해 보고 주신 일이라서 맡겨 주시는 것에 감사하며 순종했다.

내 남편은 안수집사다. 그동안 나는 정말 이기적인 신앙생활을 했다. 좀 더 위로받고 싶고 더 많은 것을 얻고 싶어 하는 이기적인 모습이었다. 그러나 지금은 매주 토요일 가정 예배도 드리며, 조금이라도 더 하나님께 가까이 가려고 노력하고 있다. 최근 들어 남편이 요로 결석으로 응급실에 실려 갔다. 이 일을 계기로 아이들의 신앙도 더욱 성장하고 있다.

나의 기도 제목은 세 가지다. 첫째, 나를 사용해 주세요. 둘째, 남편을 사용해 주세요. 셋째, 자녀를 사용해 주세요. 그게 전부다.

언젠가 철야 기도 때 있었던 일이다. 그때 내 안에 생각나는 죄가 있어서 펑펑 울며 기도를 하고 있었다. 그런데 사실은 그 전주에도 울었고 그 전전주에도 울었다. 내가 이렇게 눈물로 기도하면서 목사님의 위로를 받기를 원했다. 위로의 기도를 해줄 줄 알았다. 그때 단상에 서 있는 목사님과 눈이 마주쳤다. 그게 꼭 나를 향한 것인지 아닌지는 모르지만 목사님이 크게 호통을 쳤다. 이미 모든 죄를 다 용서하셨는데 왜 믿지 못하고 예전의 죄를 회개하고 또 회개하며 죄에 얽매어 있냐고. 나는 그때 깜짝 놀랐다. 목사님은 어떻게 아셨을까. 내가 슬퍼서 우는 게 아니라 죄에 시달려 울고 있었다는 것을.

우리 교회의 구호 말씀은 "예배가 살아야 인생이 산다"이다. 나는 교회 생활을 하면서 한동안 전도라는 명분으로 사람들과 교제하고 봉사하는 데만 초점을 맞춘 생활을 했다. 목사님은 마치 나에게 말씀하시듯, 예배가 가장 긴급하고 중요한 일이라고 하셨다. 그것은 마치 마르다와 마리아의 비유 같아서 일만 하고 말씀을 안 듣느니보다 일 안 하고 말씀을 듣는 것이 더 우선이라는 의미다.

봉사하다 예배에 늦을 수도 있지, 이렇게 생각했던 나에게 큰 일이 벌어졌다. 수요일 밤 예배가 있던 날, 전도 대상자인 동네 아주머니들과 수다를 떨며 음식을 해먹고 노느라 예배에 늦게 되었다. 나는 전도하느라 이런 거니까 오늘 하루 빼먹지 하는 생각이 있었다. 그런데 잠시 후 놀이터에 놀러 갔던 큰아이가 얼굴이 피범벅이 되어 들어오는 게 아닌가! 아이와 함께 예배를 드리러 갔으면 일어나지 않을 일이 일어난 것이다. 애를 들쳐 업고 눈물을 흘리며 '주님, 예배 이제 안 빠질게요' 이렇게 기도했다. 아이의 얼굴에는 아직도 그날의 상처가 흉터로 남아 있다. 그 흉터가 나로 하여금 더욱더 예배에 집중하게 만든다. 설마 예배 한 번 빠졌다고 하나님께서 이런 벌을 주신 건 아니겠지만 나는 그것을 하나님의 신호로 받아들였다. 특히 수요 예배는 꼭 아이들과 함께하는데 이런 일이 벌어졌으니 내가 그

복이 될지라

렇게 인식하지 않을 수가 없다. 목사님 말씀대로 예배는 가장 긴급한 일이요 가장 중요한 일이다.

목사님은 한 번 약속을 하면 어떻게든 지킨다. 내가 여전도 회장일 때 일이다. 목사님의 스케줄에 맞춰 여전도 회원의 개업 예배를 드리기로 한 날이었다. 부교역자님들과 먼저 가게에 도착해서 목사님을 기다리고 있었다. 약속된 시간에 목사님께서 오셔서 은혜 가운데 예배를 드렸다. 개업을 한 성도가 목사님께 식사를 하시라고 하자 목사님이 다른 스케줄이 있다며 사양을 했다. 알고 보니 그날 목사님은 서울에 목회자 모임이 있었는데, 서울에서 오전에 목회자 모임을 한 후 비행기로 심방을 오셨다가 오후에 다시 비행기를 타고 서울로 간 것이었다. 웬만한 분이면 부목사님들을 시켜서 개업 예배를 하라고 했을 것이다. 우리는 이 일을 통해 목사님이 성도와의 약속을 얼마나 중시하는지를 알 수 있었다.

더 기가 막힌 일은 주례에 얽힌 일이다. 목사님이 2012년에 심장에 이상이 생겨 응급실에 실려 가서 심장 수술을 받았다. 이 사실을 교회에 알리지 않아서 교인들이 거의 모르고 있다가 퇴원을 한 후에야 알았다. 목사님이 심장 수술을 받아 병원에 입원 중이던 토요일에 결혼식 주례 일정이 잡혀 있었던 것이다. 목사님은 생사를 오가는 수술을 하고 아직 퇴원도 하지 않은 상태에서 결혼식장으로 가서 주례를 섰다. 그날 목사님의 얼굴이 하도 창백해서 결혼식에 참석한 사람들이 모두 걱정을 했지만 목사님이 입원 중인 줄은 아무도 몰랐다. 목사님이 성도를 돌보는 것은 하나님의 일을 대신하는 것이다. 목사님은 우리 성도들 돌보기를 목숨 걸고 하셨다. 바꿔 말하면

섬김으로

목사님은 하나님이 시킨 종노릇을 목숨 걸고 하면서도 자기를 드러 내지도 않고 자기 자랑이라곤 일절 하지 않는 분이다. 이런 목회자가 목자인 우리 교회는 축복받은 교회이고, 우리 교인들은 축복받은 교인들이다.

교회에 대해 자랑스럽고 감사한 마음은 우리 교인들에게만 국한 된 것이 아니다. 한번은 어느 성도 집에 2인조 강도가 들었다. 너무 놀라서 벌벌 떨고 있는데 갑자기 도둑 한 명이 그냥 나가자 하더란 다. 여전히 긴장을 늦추지 않은 부부에게 이런 말을 남기고서.

"당신들은 본향교회 목사님 때문에 산 거요. 벽에 걸린 달력을 보니 본향교회 교인이구만. 내가 교도소에 있을 때 본향교회가 우리에게 선한 일을 많이 했었소. 그 덕에 그냥 나가니 교회 잘 다니시오."

어디 소설에나 나올 법한 사건이 일어난 것이다. 그 이야기를 듣고 내가 본향교회 교인인 게 얼마나 감사했는지 모른다. 그런데 범죄자들조차 우리 교회가 좋은 교회라고 생각하는 것을 보면, 우리 교회는 정말로 사회에 복이 되고 예수님의 사랑을 전하는 교회임에 틀림없다.

나는 중학교 시절부터 목사님을 봤는데 정말 한결같은 모습이다. 과거의 성전에는 사택이 그늘진 곳에 있었다. 그곳에 사는 동안 목사님은 콧물과 기침을 달고 살았다. 그런데 새 교회로 오면서 사택에 빛이 들어가니 콧물과 기침이 감쪽같이 사라졌다. 그때 성도들은 목사님께 따로 사택을 마련해 드리려고 했으나 목사님이 스스로 그 좁고 어두운 곳을 선택해서 살았다. 자기 몸을 돌보지 않고 오직 교회만 생각하는 분이었다.

교회가 새 성전을 세우고 빚을 졌다. 재정부는 헌금의 주요 사용처를 부채 탕감으로 잡았다. 그러나 목사님은 오늘 본향교회가 존재하는 이유가 바로 선교와 섬김에 있다면서 강력하게 반대했다. 그 헌금이 선교와 섬김으로 주로 사용되길 바랐다. 우리 교인들도 목사님의 주장에 순종했고 지금도 선교와 섬김에 더 많은 재정을 사용하고 있다.

말이 나왔으니 이야기하지만 우리 교회는 다양한 섬김을 한다. 청소년 가장들에게 경제적 지원을 하고 일 년에 한두 차례 그 아이들과 교인들이 만나는 시간을 갖는다. 또 불우이웃돕기에도 발 벗고 나서며 교도소 사역이나 소외 계층에 대한 사역도 멈추지 않는다. 매해 경로잔치를 함은 물론 주중에 교회 예배당도 개방하여 노회 행사 등을 유치한다. 그리고 그런 행사 때마다 식사를 섬기는데 그 비용도 만만치가 않다. 하지만 그 모든 것을 '복이 되는 목회'를 원하는 목사님의 목회 철학에 따라 기쁨으로 감당하고 있다.

목사님을 떠올리면 생각나는 말들을 무작위로 들어 보고 싶다. 뛰어난 기억력, 먼저 발로 뛰는 솔선수범, 리더십, 유머러스함, 지식 습득을 게을리 하지 않음, 컴퓨터 달인, 겸손함, 신앙은 보수 정보와 소통은 진보, 호리호리한 외모. 이 외에도 많은 말들이 떠오르지만 이쯤에서 줄인다.

나는 직접 돈을 벌어서 헌금하고 싶은 마음에 뒤늦게 미용을 배우기 시작했다. 늦은 나이에 배우는 만큼 정말로 힘겹다. 이 일은 주일 성수나 수요 예배, 금요 철야 예배에 참석하기가 쉽지가 않다. 그런데 하나님은 나로 하여금 미용을 배우면서도 주일 예배는 물론 수요일 예배, 금요 철야 예배에 다 참석할 수 있는 길을 열어 주셨다.

미용을 배운 지 얼마 되지 않았을 때 일이다. 나는 미용을 배우느라 교회 일을 좀 소홀히 했다. 권사가 교회 일을 등한히 하는 것에 죄책감이 들어 '하나님 어떻게 할까요' 이런 기도를 하던 시기였다. 이느 수요 예배 기도 시간에 기도를 드린 후 눈을 떴는데 내 성경책 위에 편지 봉투 하나가 놓여 있었다. 그 안에는 짧은 메모와 함께 현금 30만 원이 들어 있었다. 지금도 내 지갑에 있는 메모에는 이런 내용이 있었다. 성령님의 강력하신 이끌림에 따라 많이 기도하며 주는 거라면서 미용 도구 사는데 보태 쓰라는 내용이었다. 내가 직장 다니는 것에 죄책감을 느낄 때 그 권사님을 통해 주님이 주시는 응답이라고 생각하며 열심히 일을 했다. 그 권사님과 하나님이 참으로 감사했다.

하나님은 내가 하는 모든 일을 형통하게 해주셨다. 그 일이 잘 되든 안 되든 하나님은 나로 하여금 감사하게 했으니 그것이 형통한 것이라고 생각한다. 나는 직접 돈을 벌면서 십일조를 절대 빠트리지 않았다. 내 소득의 절반을 하나님께 드리는 것이 소망이다.

아무것도 모르던 중학생에서 이렇게 하나님과 동행하는 삶을 살게 된 것은 모두 우리 담임목사님 덕이다. 나를 영적으로 일으켜 세우시고 우리 가족을 일으켜 세우시고 우리 교회를 일으켜 세우신 목사님께 하나님께서 더 큰 은혜를 베푸시길 기도한다.

작은 예수님

채영순 (본향교회 권사)

목사님은 내 생각과 행동을 꿰뚫어 보신다. 그뿐만 아니라 성도가 가진 달란트를 백분 활용하여 사람을 세워 주신다. 하나님의 도구로 사용되는 것이 내게는 가장 큰 기쁨이다.

나는 전주 근처 시골에서 태어났다. 나의 아버지는 내가 초등학교를 막 졸업할 때 일찍 하늘로 갔다. 나는 더 이상 배움의 길로 갈 수가 없어서 큰오빠 아래서 일을 배웠다. 그때 남편과 만나 연애를 했다. 남편은 어린 나이에도 굉장히 열심히 예수를 믿는 사람이었다. 나는 1977년, 열일곱 살에 나보다 두 살 많은 남편 만나서 스물에 결혼을 하였는데 말하자면 '남편에게 걸려서' 예수님을 믿었다.

나는 어려서부터 이 세상이 어떻게 만들어졌는지 궁금했다. 그러나 누가 나에게 예수님에 대해 말해 준 사람도 없었고 시골이라 교회도 없어서 복음에 대해서도 들어 보지 못했다. 그러나 남편으로 인해 교회를 나갔고 그때부터 예배를 빠지지 않고 다녔다. 그때 정말 가난했는데 말씀을 들으면서 참 많은 은혜를 받았다. 그리고 세상에 대해 궁금했던 것이 성경에 다 기록되어 있었다. 나는 부족하지만 본

"

향교회 전도왕이 되기도 했는데, 전도할 때면 내가 궁금했던 그것들을 이용하여 역으로 말씀을 전한다.

예수를 믿고 성경을 읽다가 아브라함이 가는 곳곳마다 제단을 쌓아서 복을 받은 대목에 마음이 사로잡혔다. 그런데 내 형편은 어려웠고 상황도 좋지 않았다. 그러나 하나님 앞에 기도할 때 눈앞의 것을 구하지 않고 아브라함 같은 믿음을 달라고 기도를 했다. 아브라함이 가는 곳마다 제단을 쌓아서 복 받은 것처럼 나도 복을 받으려면 주일을 성스럽게 지켜야겠다고 생각했다. 그래서 나는 아무리 경제적으로 힘들어도 주일날 일하면 가지 않았고, 철야 예배나 저녁 예배 등 하나님 일하는 데 방해되면 가지 않았다.

우리 부부는 우여곡절 끝에 광주로 이사를 왔고, 마치 이스라엘 백성이 광야를 건너듯 세월을 건너 본향교회까지 왔다. 본향교회 오기 전에 다니던 교회에서 마음 아픈 일이 좀 많았다.

그 교회가 성장하면서 목사님이 점점 교만해졌다. 교역자들이 성도들에게 "빨리빨리 기어들어 와요" 이런 심한 말을 하기도 했다. 또 교회는 내 거니까 내 말 안 들으려면 나가라고도 했다. 수요 예배도 없애 버렸다. 나는 예배보다 중요한 게 없다고 생각하는데 교회가 예배마저 소홀히 하는 데에 큰 실망을 했다. 나는 자나 깨나 전도를 했는데, 내가 전도를 많이 한다 해서 지나치게 내 이름을 자주 거명하는 것도 참 힘들었다. 전도하지 못하는 교인이나 열심히 일하지 못하는 교인들은 교회 생활에 마음이 어려워질 게 명백하기 때문이다.

성전 건축은 하나님의 일이므로 기도가 가장 중요하다고 생각한다. 그런데 기도보다는 인간적인 방법으로 교회를 이끌고 가기 시작

복이 될지라

했다. 말하자면 부유한 성도는 더 대우하고 가난한 성도는 대우하지 않는 차별이 눈에 띄게 많아졌다. 말씀은 늘 부정적이고 교인들을 책망하는 내용으로 가득 찼다. 그리고 성도 중 교수나 의사 같은 분들에게는 집사님이라는 호칭을 하지 않고 교수님, 선생님 이런 식으로 불렀다. 이런 점들이 견디기가 더 어려웠다.

자녀가 어떤 부모를 만나느냐에 따라 인생이 달라지듯이 성도들에게는 목자가 정말 중요하다. 그래서 우리는 교회를 옮기기로 마음먹었다. 우리 부부는 신중하게 기도하면서 이 교회 저 교회를 탐방했다. 그러다 본향교회를 딱 한 번 왔는데 남편이 본향교회에 반해버렸다. 남편이 나더러 본향교회로 가자고 조르기 시작했다. 하루에도 교회를 몇 번씩 가야 하는 나로서는 버스를 여러 번 갈아타고 가야 하는 본향교회가 부담스러웠다. 그래서 나는 불편해서 못 간다고 반대했다. 남편은 나더러 운전을 배워서 차를 가지고 다니라고 했다. 사실 나는 어떤 교회든 잘 적응할 수 있으니 남편의 의견을 따라 운전을 배웠다. 운전을 배운 지 한 달 만에 면허증을 따버렸다. 사람들은 그렇게 쉽게 되지 않던데 나는 너무 수월하게 면허를 땄다. 본향교회 다니라는 하나님의 뜻이라고 생각되었다.

2003년, 우리가 교회 왔을 때는 빨간 벽돌 교회의 마지막 때였다. 2004년에 새 성전 입당 예배를 했으니 당시 새 성전이 한창 건축 중이었다. 그때부터 남편이 옆에 앉고 내가 운전을 하면서 교회를 다녔다. 면허는 땄지만 사고를 너무 자주 냈다. 내가 사고만 냈다 하면 교회에서 또 사고 났느냐고 웃었다. 한번은 새벽 기도 오다가 보도를 받아 버렸는데 차에 불이 났다. 남편은 사람 안 다쳤으니 괜찮다고 했다. 그 일로 새 차를 장만했으니 사고 난 것도 하나님의 은혜다.

내가 운전을 하게 된 것이 결코 우연이 아니다. 멀리 있는 교인들을 내가 태워다 주기도 하고 전도하러도 다니면서 하나님의 일을 하는 데에 아주 유용하게 사용한다.

본향교회에 와서 보니 목사님이 정말 좋았다. 내가 다니던 교회를 옮긴 결정적인 이유가 예배를 소홀히 했기 때문이었는데, 채영남 목사님이 가장 강조하는 것이 예배였다. 예배가 살아야 인생이 산다는 내 믿음 그대로 목사님은 늘 예배를 최우선에 두었다. 목사님 말씀은 내 인생을 단비처럼 적셨다. 주일이 기다려지고 목사님 말씀이 기다려졌다.

나는 창세기 말씀을 늘 사모했는데 목사님도 바로 그 말씀으로 평생 목회의 소명을 받았다. 그 점도 하나님이 나를 본향교회에 보낸 이유라고 생각되었다.

붉은 벽돌 교회에 있을 때는 목사님이 비염 때문에 아주 고생했다. 어두운 골방에서 고생하며 살았다. 목사님은 알아 갈수록 정말이지 작은 예수님 같다. 목사님은 결코 자기 자랑을 하지 않는다. 세상에 자랑을 하지 않으니까 하나님께서 목사님을 세워 주신다. 세상에 저런 목자가 또 있을까 싶었고, 이 교회에 정말 잘 왔다는 생각이 들었다.

목사님은 내 생각과 행동을 꿰뚫어 보는 분이다. 그뿐만 아니라 성도가 가진 달란트를 백분 활용하여 사람을 세워 준다. 하나님의 도구로 사용되는 것이 내게는 가장 큰 기쁨이다. 목회자가 성도를 도구로 사용하는 것이 그 사람을 세워 주는 것이다. 목사님이 나를 사

복이 될지라

용해 주시니 참 감사했다.

내가 새신자이니 텃세가 아주 없지는 않았다. 심한 경우는 나를 어렵게 한 사람도 있었다. 하지만 나는 교회가 좋고 목사님이 좋고 또 다른 성도들이 다 좋으니까 상관하지 않고 열심히 교회를 섬겼다. 그러다 보니 전도왕도 되었다. 나는 잘난 것도 없지만 일을 할 때도 사람들을 만날 때도 이 좋은 하나님을 자랑하고 이 좋은 우리 교회를 자랑하다 보니 결과적으로 전도가 되었다. 전도에 목표를 두고 한 게 아니었다. 운동 좋아하면 운동이 생활이 되고 등산 좋아하면 등산이 생활이 되듯이 나도 하나님 전하는 게 기쁘니까 틈만 나면 전도를 했을 뿐이다. 그럼에도 불구하고 작은 갈등이 있었을 때 목사님이 나에게 별일 없느냐고 한마디씩 물으셨다. 목사님은 아마도 그런 나의 상황을 아셨던 것 같다. 별일 없다고 말씀을 드리고 나면 내 마음에 위로가 찾아왔다.

지난번 교회에 다닐 때는 사람에 대한 차별 때문에 마음이 어려웠으나, 우리 목사님은 사람의 겉을 보고 평가하지 않는다. 게다가 차별이라는 말은 있을 수도 없다. 목사님은 사람을 세우는 것도 칭찬하는 것도 은밀하게 하니까 교인들이 상처받지 않는다. 목사님은 너무너무 겸손하다. 교만한 것을 제일 싫어하고 본인이 그렇게 산다. 아무리 잘나고 똑똑해도 교회에서는 똑같은 성도로 대우해 준다.

눈에 보이는 차별이 없으니까 전도하기도 참 좋다. 전도 대상이 유명 인사여서 대우받는 사람이거나, 사회적으로 무능해서 차별받는 사람이라면 전도를 하기도 어려워진다. 하나님이 인간을 똑같이 사랑하시듯 목사님도 성도들을 같은 마음으로 돌보신다. 그러니까 나는 전도할 때 말하기가 편하다. 본향교회 목사님 만나면 인생이 바뀐다, 와 봐라, 요즘 같은 시절에 목사님 같으신 분 없다, 작은 예수님이다, 성령님이 이 교회 주인이고.

본향교회는 섬김의 교회로 널리 알려졌다. 목사님 가족은 먹을 것이 없어도 교인들을 섬기는 것으로 유명했다. 지금은 교회에서 사모님이 누군지 모르는 성도들도 많다. 사모님은 우리 교회에 숨은 믿음의 어머니로 자리를 잡았다.

교회 옮긴 지 10년이 지나도 남의 교회처럼 여기는 사람은 100년 가도 남의 교회다. 한 달을 가도 자기 교회라고 생각할 수 있어야 자기 교회가 된다. 교회는 하나님의 집이고 나는 하나님의 자녀니까 어디에서든 이곳이 내 집이려니 하고 적응하는 것이 중요하다. 본향교회에 와서 나도 처음부터 주저하지 않고 열심히 일을 했다. 먼저 인사하고 먼저 가까이 갔다. 그렇게 하니까 금방 내 교회가 되었다.

광주에 처음 와서 믿음 세탁소를 하고 그다음에는 복음 세탁소를 했다. 세탁소를 하면서 만나는 사람마다 복음을 전했다. 원래 나는 말이 별로 없다. 오죽하면 남편이 나를 꿰다 놓은 보릿자루라고 할 정도였다. 기도시킬까 봐 두려워서 구역 예배도 안 나간 적이 있다. 전도를 해야 한다는 사실은 알았으나 워낙 수줍어서 말을 할 수가 없었다. 그래서 '하나님 전도를 해야겠는데… 저 아시잖아요. 제 힘으로는 도저히 할 수가 없네요' 이렇게 기도를 했다. 기도를 하면 성령이 임하고 성령이 임하면 불가능이 없어진다.

사람이 어떻게 저렇게 변했을까 싶을 만큼 내가 변했다. 세상 사람 모두가 전도 대상으로 보이고 누구를 만나도 두려움이 없어졌다.

무슨 말을 할까를 생각하지 않게 되면서 하나님이 나를 통해 말하기 시작했다. 그러자 전도에 재미가 붙었다. 하루 종일 전도를 하는데 그렇게도 좋을 수가 없다. 나는 또 기도했다. 일이고 뭐고 오직 전도만 하게 해달라고 간구했고, 하나님께서는 마침내 세탁소를 내려놓고 더 자유롭게 전도를 하도록 인도해 주셨다. 지금 우리 부부는 가게를 운영하고 있는데, 내 이야기를 듣고 나서 예수 믿고 복음 전하겠다고 하는 손님에게는 물건을 공짜로 드린다.

남편은 정말 소중한 믿음의 사람이다. 내가 교회 일을 하도록 적극적으로 도와주는 든든한 동역자이기도 하다. 본향교회로 온 다음에는 십일조도 다 본인이 뗀다. 그것도 세금을 제하지 않은 상태에서 뗀다. 남편은 전도할 사람이 있으면 붙여 주기도 한다. 남편도 나도 잘나서 무엇을 하는 게 아니라 교회가 너무 좋고 목사님이 훌륭하니까 흥이 나서 자발적으로 이렇게 하는 것이다.

내가 목사님께 많은 은혜를 받았지 내가 본향교회를 도울 능력은 없다. 그럼에도 불구하고 구역 사례 발표나 전도 사례 발표 때도 나를 세워 주신다. 나는 부끄럼이 많은 사람이라 그런 자리를 피하고 싶으나 목사님이 나를 가장 적절한 곳에 사용했고 나를 더 성장할 수 있는 자리에 세워 주었다.

사람들은 연휴나 계절에 맞춰 여행 가는 걸 참 좋아한다. 그런데 우리 목사님은 어떤 상황에서도 오직 예수님이고 오직 교회다. 나도 목사님의 그 마음과 똑같다. 나는 여행도 재미없고 오직 교회 일, 특히 전도가 제일 좋다. 죽는 날까지 복음을 전하는 게 내 소원이다.

1980년 극락교회 부임 당시 김홍철 장로님(오른쪽)과 함께.

극락교회 부임 후 제3의 죽을 고비를 넘겼을 때 문병 온 동기들과 함께.

그는 자신의 건강을 돌보기보다 하나님의 일을 하는 데 모든 에너지를 쏟아 냈다. 교회가 하나님의 은혜로 광주 지역의 가장 대표적인 교회로 성장했으니 할 일이 더욱 많아졌다. 채영남과 본향교회는 더 큰 복이 되고 더 크게 섬기기 위해 더 넓은 세계로 나아가야 했다. 그것은 그들의 의지가 아니라 하나님께서 그들에게 준 소명 곧 부르심이었다.

극락교회는 전라남도 광주시 광산구 신가리에 위치하고 있었다. 광주에서 오는 통근 기차가 마을로 오는 유일한 교통수단이었다. 1월 17일 목요일, 매서운 찬 공기를 가르며 간이역인 극락강역에 내렸다. 노루 꼬리 만큼 짧은 겨울 해는 이미 저물고 있었다. 무등산만 한 배를 내민 채 힘겹게 걸음을 걷는 아내를 부축하며 산 두 개를 조심스레 넘으니 신가리가 나왔다. 동네 앞쪽은 물이 가득한 논이었는데 겨울이라 꽁꽁 얼어 있었다.

동네에는 형편이 어려운 사람들이 많았다. 교인은 불과 30명 정도였고 성전은 18평으로 교회 규모가 덕촌교회보다 오히려 작았다. 허허벌판의 버려진 땅과 소외된 동네, 이곳이 곧 광야였으나 채영남은 이곳이 약속의 땅 가나안이라고 받아들였다. 하나님이 불러 보낸 그곳이 바로 가나안 땅임을 채영남은 잘 알고 있었다.

동네를 돌아보고 이 동네를 위해 기도하는데 하나님의 말씀이 채영남을 강력하게 사로잡았다. 그 말씀은 하나님이 아브라함에게 주신 창세기 말씀이다. 이 말씀은 채영남 평생의 소명이요, 목회의 지침이 되었다.

> 여호와께서 아브람에게 이르시되 너는 너의 고향과 친척과 아버지의 집을 떠나 내가 네게 보여 줄 땅으로 가라 내가 너로 큰 민족을 이루고 네게 복을 주어 네 이름을 창대하게 하리니 너는 복이 될지라 너를 축복하는 자에게는 내가 복을 내리고 너를 저주하는 자에게는 내가 저주하리니 땅의 모든 족속이 너로 말미암아 복을 얻을 것이라 하신지라(창 12:1-3).

하나님은 아브라함에게 복이 되라고 말씀하시기 전에 복이 될 전제로 "복을 주겠다"고 하셨다. 교회가 할 일은 두 가지다. 복을 받는 일과 복을 나누는 일이다. 예배와 성경 공부, 기도, 찬송, 이런 것들은 아버지로부터 복을 받는 일이다. 섬김과 봉사, 전도 등은 복을 나누는 일이다.

복을 받는 통로는 '예배', 복을 나누는 통로는 '섬김'이다. 따라서 채영남은 교회가 갈 길을 '예배와 섬김'으로 단순화시켰다. 예배를 통해 복을 받고 섬김을 통해 복을 나눈다. 나눔을 통해 교회가 영향을 행사할 수 있는 지역과 사람들, 천하 만민을 복되게 한다. 교회가 잘되려면 나눠야 한다. 아주 작은 것이라도 교회가 나눔을 실천하면 복이 되는 교회가 되고, 교회가 복이 될 때 하나님 나라가 확장된다.

그러나 정작 교회에는 아무것도 없었다. 교회는 아직 자립하지도 못했고, 복이 되기는커녕 다른 교회에서 지원을 받는 형편이었다. 그래서 모든 지원을 거부하고 자립을 선포했다. 남에게 얻은 것으로 섬길 게 아니라 가진 게 없을지라도 우리가 가진 것으로 섬기는 게 옳다고 판단했다.

상황 판단을 해보니 어른들을 초청해서 점심 대접 한 번은 할 수 있었다. 밥과 국은 교회에서 하고 반찬은 성도들이 가져와서 식사 대접을 하기로 했다. '예수님' 하면 떡을 떼는 장면부터 생각나듯이 '극락교회' 하면 복을 나누는 교회가 되는 것이 우선이었다. 하나님이 복을 주시겠다는데 자꾸만 복을 주십시오 주십시오 하는 것은 하나님의 뜻에 합당하지가 않다. 복을 나누면 하나님이 새로운 복을 채워 주는 것이니 복을 나누기만 하면 저절로 복은 온다.

사람이 배설을 하지 않으면 내장이 썩듯이 오직 복을 받는 데만 관심 둔 채 흘려 보내지 않으면 육신이 썩어 버린다. 썩은 뒤에야 흘려 보내려고 하니까 냄새가 고약해진다. 그래서 교회가 썩으면 사회나 불신자들이 그 냄새 때문에 골머리를 앓는다.

하나님이 아브라함에게 말씀하셨듯 복은 자동으로 온다. 아브라함이 큰 민족을 이루어 복을 구하니까 하나님이 주겠다고 한 게 아니다. 하나님께서 먼저 복을 줘서 창대하게 할 테니 "너는 복이 될지라"라고 말씀하셨다. 복된 일만 하면 계속 복을 주겠다는 말씀이다.

채영남은 이렇게 말한다.

"어떤 고아 소년이 평생 거지로 살다가 어느 날 극적으로 아버지를 만났다. 알고 보니 그 아버지가 그 나라의 왕이었다. 소년은 거지

복이 될지라

에서 일약 왕자가 되었다. 왕은 그동안 거지로 떠돌던 아들에게 누릴 수 있는 모든 권한을 다 주었다. 그렇게 되니 이제 소년이 할 일은 없다. 이제 더 이상 먹을 걸 구하려고 애를 쓸 필요가 없어졌다. 돈을 벌 필요도 없고 일꾼이 될 필요도 없다. 소년이 할 유일한 일은 아버지를 잘 모시는 것이다. 아버지의 뜻을 잘 받들어서 아버지가 하고자 하는 일만 잘하면 된다. 그러면 아버지가 소년의 모든 것을 책임질 것이다. 마찬가지로 인간도 고아 소년인데 만왕의 왕이신 아버지를 만났으니 더 이상 다른 곳에 구걸할 필요가 없고 본인 뜻대로 잘해보려고 할 것도 없다. 그저 하나님이 시키는 일을 하면 된다. 하나님께서 말씀하시길 나를 대신해서 복이 되라고 하셨으니 믿는 자는 복의 통로가 되고 복의 허브 역할을 하면 된다. 그러면 하나님은 계속 복을 준다. 그런데 하나님이 주신 복을 나누는 게 아니라 자기 혼자 가지려고 욕심을 내기 시작하면 복의 통로가 막힌다. 욕심이 찌꺼기가 되고 동맥 경화를 일으켜서 썩어 버리는 것이다. 그래서 남도 못 먹고 나도 못 먹게 된다. 교회와 성도는 흘려 보내야 한다. 그게 많든 적든 흘려 보내는 게 믿는 자의 역할이고 교회의 역할이다."

채영남이 극락교회에 온 지 열흘 만인 1월 27일에 첫 아이가 태어난다. 아내는 본인이 근무하던 목포의 병원으로 가서 첫아이를 낳았으나 채영남은 그 자리에 가보지 못 했다. 자신처럼 병들고 허약한 자에게 새 생명을 주신 하나님의 은혜가 참으로 감사했지만, 이제 교회에 온 지 열흘 된 전도사에게는 병원에 갈 버스비조차 없었다.

영생교회에서 쫓겨나다시피 극락교회로 왔으니 마음도 몸도 힘

채영남이 걸어온 길

이 들었다. 날로 호전되던 병세가 다시 악화되었다. 사람들은 '젊은 전도사 송장 치를 것'이라고 수군대기도 했다. 채영남은 죽음을 각오하고 기도원에 가서 머물기도 했다. 그렇게 몸이 아픈 중에도 학업을 쉬지 않았다. 광주대학교 법과 대학, 조선대학교 대학원 교육학 석사, 장로회신학대학원 졸업 및 예배학 박사 취득 등 학업에 대한 열정과 하나님에 대한 열정으로 잠시도 쉴 틈 없이 달려 나갔다.

채영남이 부임하여서 보니, 극락교회는 그 열악한 환경에서도 새마을 금고를 만들어 운영하고 있었다. 채영남은 새마을 금고를 좀 더 실질적인 운영 체제를 갖춘 은행 기구로 발전시켰다. 특기할 만한 사건은 한밤중에 찾아온 산모의 아이를 간호사 출신인 고계옥 사모가 손수 받아 준 것이다. 첫 번째 아이를 받은 후에도 세 번이나 더 아이를 받았다. 생명을 받아 주는 일은 참으로 소중한 일이거니와 마을 주민들이 교회를 더 사랑하는 계기가 되게 했다. 믿지 않는 사람들도 차츰 교회를 사랑하기 시작했다.

그러던 중 마을 보건소 설립 허가를 받아 고계옥 사모가 소장으로 부임했다. 보건소 소장 월급은 그 당시 전도사 월급보다 서너 배는 많았다. 보건소 소장을 하게 된 주요한 계기 중 하나는 채영남의 건강이 너무 안 좋았기 때문이다. 만일 그가 하나님의 부름을 받아 세상을 떠나게 되면 남은 가족은 생계를 이어 갈 수단이 묘연했기에 살 길을 미리 마련해 두어야 했다. 하지만 신가리가 도시화되면서 보건소가 옮겨 가게 되어 보건소장인 고계옥 사모도 거처를 옮겨야 할 상황이었다. 그러나 목회자 사모로 살아가는 것이 하나님이 주신 사명이라고 생각했던 고계옥은 보건소장직을 과감히 포기했다. 고계

복이 될지라

옥은 남편이 하늘에 가면 가족 모두 함께 불러 달라고 기도해 온 만큼 굶는 한이 있어도, 죽는 한이 있어도 남편을 보필하는 게 사명이라고 생각했다. 따라서 사명을 위해 모든 것을 버리고 사명을 위해서만 모든 것을 가질 각오로 남편 곁에 머무르기로 했다.

채영남이 천하 만민에 복이 되라는 소명을 받았다 해서 혼자 힘으론 할 수가 없는 일이다. 모든 리더에게는 돕는 자가 있어야 하며 돕는 자가 없는 리더란 존재할 수가 없다. 극락교회 아니 본향교회 성도들은 채영남의 소명에 동참한 최고의 동역자들이었다.

극락교회는 비록 소수였으나 김홍철 장로 중심으로 연합한 교회였다. 김홍철은 면장, 지서장까지 지낸 지역 유지였다. 김홍철은 다혈질 성향이 다분한 사람이었다. 그런 그도 채영남에게는 친부모께 하듯 잘 섬겼고, 채영남이 하는 일에 한 마디도 반대하지 않았다. 속이 뒤틀리면 집에 가서 불같이 화를 낼지언정 채영남 전도사 앞에서는 얼굴조차 붉히지 않았다. 김홍철 장로의 완전한 순종이 교회에 본이 되어 모든 성도들이 채영남 전도사를 목자로 섬겼다. 후일 김홍철 장로가 소천했을 때 채영남은 그가 살아온 중 가장 슬피 울었다.

김홍철 장로가 목회자 섬김에 본을 보이니 교인 전체가 하나가 되었다. 그 작은 교회에서 잡은 기틀이 대형 교회로 발전할 때까지 흔들림 없이 이어졌다. 그동안 많은 변화가 있었음에도 교회 내에 문제가 될 만한 갈등 거리가 없었다.

채영남은 복이 되는 교회를 세우기 위해 네 가지 목표를 설정했다. 첫째는 화평한 교회다. 어떤 공동체도 화평을 깨면 더 이상 공동체가 아니다. 교인이 수십만이라 해도 화평이 없으면 교회는 은혜가 없고 행복도 없다. 둘째는 성결한 교회다. 성결이 없으면 세상과 다를 바가 없다. 따라서 화평과 성결이 교회의 본질이며 본질이 그릇되면 교회라고 할 수 없다. 셋째는 성장하는 교회다. 하나님 앞에서 본질이 바른 교회로서 성장해 나가야 했다. 성장을 해야 더 큰 섬김이 가능했다. 교회가 성장하면서 본질이 퇴색되는 경우도 있다. 그래서 화평과 성결이 소중한 본질이다. 넷째는 섬기는 교회다. 왜 성장하는가? 더 많이 섬기기 위해서다. 지역과 천하 만민을 섬겨 그들을 복되게 하기 위해서다.

이와 같은 사명을 감당하기 위한 본향교회의 4대 동력은 '성령님'이 움직이는 교회, '성경'이 움직이는 교회, '비전'이 움직이는 교회, '평신도'가 움직이는 교회다. 사람의 뜻을 따라가면 늘 흔들릴 수밖에 없다. 그러나 하나님의 뜻대로 끌고 가면 오직 푯대를 향해 나아갈 수 있다.

극락교회는 지역 사회에서 복이 되기 위해 다른 곳에서 들어오는 도움들을 거절하고 자력으로 베푸는 일들을 시작했다. 베풀기 전에는 자립하지 못했던 교회가 베풀면서 자립했다. 복을 흘려 보낼수록 교회는 점점 성장했다.

1980년에 그 작은 교회에 부임한 채영남 전도사는 불과 3년 만인 1983년에 200평 남짓한 땅을 구입하여 1984년 9월 25일에 조립식 건물로 예배당을 신축하고 입당 예배를 드렸다. 같은 해인 1984년 12월 1일에 신가리 보건소를 설립했고, 이듬해인 1985년 4월 17일에 채영남은 목사 안수를 받아 12월 9일에 위임목사가 된다.

개인이건 교회건 복을 받으려고만 하고 덕을 보려고만 하면 문제

복이 될지라

가 생긴다. 그러나 복을 흘려 보내려고만 하면 문제가 없어진다. 목사가 성도에게 복이 되고 성도가 목사에게 복이 되면 모든 문제가 사라진다. 서로 복이 안 되려고 할 때 문제가 커진다. 복이 되기 위해 자꾸 섬기다 보니 교회가 섬길 일도 늘어나고 채영남 목사가 섬길 일도 늘어났다. 달란트를 잘 감당한 종들에게 더 많은 달란트를 맡기는 하나님의 원리가 본향교회와 채영남 목사에게 적용된 것이다.

목사 안수를 받은 지 2년 후인 1986년 12월 25일, 성탄절을 맞아 교회 이름을 극락교회에서 '본향교회'로 바꾸었다. 교회 옆에 흐르는 극락강을 따서 붙인 이름이지만 그 이름이 불교적이어서 개명을 하기로 하고 '천국'을 의미하는 본향교회로 이름을 바꾸었다. 본향, 곧 천국. 우리 모두가 가야 할 곳이 천국이라는 의미에서 본향이라는 이름은 듣기에도 부르기에도 참 좋았다.

채영남 목사가 본향교회 부임한 지 10년이 채 되지 않은 1989년, 어느덧 성도가 1,000명에 가까워져 교회 자리가 비좁았다. 가건물을 건축한 지 불과 5년 정도밖에 흐르지 않은 1990년에 신가동에 대지 232평, 연건평 300평의 새 성전을 건축했다. 붉은 벽돌의 성전이 올라가는 게 참으로 감격스러웠고 더 바랄 것도 없었다.

더 바랄 것이 없었던 까닭은 단지 교회 건물이 신축되었기 때문만이 아니었다. 그동안 신가동에서 복이 되려고 노력한 본향교회에 사회가 복을 되돌려 준 사건이 일어났기 때문이다. 그 사건은 본향교회 교인들에게 믿음의 용사로서 위로와 격려가 된 사건이며, 채영남 목사에게는 자신이 목회자로서 옳은 길을 걸어왔음을 증명해 준 사건이었다. 그뿐만 아니라 하나님이 채영남 목사와 본향교회에 축복의 약속을 확증해 준 사건이기도 했다.

성도가 폭발적으로 늘어남에 따라 제대로 된 성전이 필요했다. 그래서 전후 상황을 알아본 뒤 교회 부지를 샀다. 땅을 매입할 때는 분명히 종교 부지로 사용할 수 있다고 했음에도, 정작 교회를 지으려고 하니까 상가 이외에는 지을 수 없는 땅이라면서 건축 허가를 내주지 않았다.

성도들이 애를 태우며 백방으로 방법을 알아보았으나 길이 보이지 않았다. 그들이 할 수 있는 것은 딱 하나밖에 없었으니 바로 기도였다. 길을 열어 달라고 애타게 기도했다. 하나님은 길이 보이지 않을 때에 기도하는 자에게 놀라운 역사를 보여 주기 시작했다. 어느덧 신가동 주민들이 들고 일어났다. 주민들 2,000여 명이 연대 서명을 하여 시장에게 진정서를 낸 것이다. 이 지역에는 본향교회가 반드시 필요하니 꼭 건축 허가를 내달라는 건의서였다.

일반적으로는 동네에 교회를 짓는다고 하면 일단 반대부터 하고 본다. 교회가 복이 안 되고 이기적이며 동네만 시끄럽게 한다는 인식이 사람들에게 팽배해 있기 때문이다. 그러나 본향교회는 그동안 예배만 드린 게 아니라 주민들을 계속 섬겨 왔다. 새마을 금고를 운영하여 주민들의 재정 건전화에 기여를 했고, 보건소를 운영하여 건강을 돌봤으며, 경로잔치를 통해 외로운 노인들을 섬겼음은 물론 마을에 일만 생기면 교회가 나서서 그 일들을 앞장서서 해결을 했다. 그러니 이 동네에 오래 산 주민들이 교회를 싫어할 이유가 없었다.

교회가 그들의 삶의 질을 높이고 생활을 윤택하게 만들어 주니까 이 지역에서는 정말로 본향교회가 필요했던 것이다. 그래서 주민

복이 될지라

들은 본향교회가 예수쟁이들만의 교회가 아니라 이 지역에 학교가 있고 경찰서가 있고 관공서가 있듯이 당연히 함께 있어야 할 시설로 생각을 해주었다.

그렇게 해서 교회 건축 허가가 나왔다. 이 놀라운 하나님의 역사는 복이 되라는 주님의 명령에 순종을 했기 때문에 일어난 일이다. 본향교회가 섬김과 나눔의 주체로서 이 지역에 소금과 빛의 역할을 했기에 가능했던 것이고, 그것이야말로 하나님께서 되갚아 준 감격적인 축복이었다. 채영남 목사와 교인들이 더할 나위 없이 감격했던 것은 자신들이 주님의 도구로 사용되고자 최선을 다했음을 하나님께서 인정해 줬다는 사실에 대한 감격이었다.

예배당을 지은 지 불과 1년이 지나지 않아 본향교회 교인은 2,000명을 바라보게 되었다. 그야말로 폭발적인 증가 추세였다. 예배는 4부로 나눠 드릴 수 있었지만 주차장과 교육 공간이 없었다. 주차 때문에 주일이면 아주 야단이었다. 그러다 보니 주민들의 원성도 높아졌다. 그동안 복이 되는 교회로 주민들과 함께했는데 주민들의 원성을 사게 되는 것은 좋은 일이 아니었다. 그래서 주차장을 확보하려고 주변 땅을 사기 시작했다.

주변 주택을 하나씩 매입해 나가는 일이 쉽지가 않았다. 당시 주변 지역 집들이 12평, 9평 정도였는데 그 집들을 약 600평 정도 구입했으나 더 이상은 사기가 힘들었다. 집을 가진 사람들이 터무니없는 가격을 부르기 시작한 것이다.

성도들과 함께 계속 기도해 나가던 어느 날 새벽 기도 시간이었다. '왜 이곳에만 성전을 지으려 하느냐?'는 영감이 왔다. 날이 밝자마자 현재의 예배당 근처에 성전 지을 만한 대지를 알아보았다. 그 땅들 중 여전히 농지로 남아 있는 땅을 본 순간 바로 여기라는 확신이 왔다. 그런데 매매하려고 내놓은 땅은 한 필지뿐이었다. 그 땅을 중심으로 3,000평을 그려 놓고 성도들과 함께 기도했다.

그때부터 한 필지씩 매입해 나갔는데 그 기간이 총 1년 6개월 정도 걸렸다. 한 푼의 자금도 없이, 그것도 팔겠다고 내놓지도 않은 땅을 사들이려니 힘이 들었다. 특히 건축 부지로 생각하는 땅의 복판 부분을 소유한 땅 주인이 절대로 땅을 팔지 않겠노라고 했다. 성도들은 그 땅을 향해 또 열심히 기도했다. 기도는 힘이요 능력이다. 하나님은 본향교회 성도들의 기도에 응답해 주었다. 바위처럼 꿈짝도 않던 땅 주인의 아들에게 문제가 생겨서 갑작스레 땅을 내놓았다.

600평의 땅을 팔고 그 비용으로 3,000평을 사긴 했으나 교회는 건축할 돈이 없었다. 그래서 다들 교회 건축은 불가능한 일이라고 했다. 사람들은 한결같이 어려운 일이라고 고개를 가로저었다. 그러나 채영남 목사는 흔들리지 않았다. 아무것도 보이지 않고 사람의 눈에 불가능해 보일 때에야 진정한 믿음은 빛을 본다. 채영남 목사는 주님만 바라보는 믿음으로 모든 사람들의 염려와 불안과 상상을 뛰어넘어 아름다운 성전을 건축하는 데 성공을 한다.

채영남 목사는 이렇게 말한다.

"우리가 주님을 위해서 하는 모든 일은 우리의 것으로 하는 일이 아니다. 오병이어의 기적에서 너희가 먹을 것을 주라고 제자들에게 말씀을 하셨지만 제자들의 것으로 하라는 말씀이 아니었다. 제자들이 믿고 순종하니 예수님이 다 해주셨다. 너희가 성전을 건축하라고

복이 될지라

할 때도 우리 것으로 하라는 것이 아니다. 주님이 하신다. 우린 다만 믿고 순종하니, 주님이 땅도 준비해 주시고 성전도 건축해 주셨다."

하나님은 일을 이루어 주실 때 절묘하게 사람을 연결시키신다. 어느 날 새로 발령 온 광주은행 지점장이 부임 인사를 왔다. 지점장이 지나가는 말로 뭐 도와드릴 것 없느냐고 했다. 채영남 목사는 교회를 지으려고 땅을 사 놓았는데 돈이 없어서 아직 짓지 못한다고 했다. 그러자 지점장이 한 번 검토해 보겠다고 하고 돌아갔다. 그러더니 정말로 선뜻 나서서 교회를 지어 주기 시작했다. 당장 담보 물건이 없으니 건물을 지어서 담보를 확보하겠다고 했다. 그래서 신용 대출 형식으로 은행에서 프로그램을 짜서 교회를 지어 줬다.

그 지점장은 본향교회 성전을 건축한 후 축복을 받아서 본부장까지 진급했다. 하나님이 기생 라합을 통해 일하시고 라합의 가족을 구원하신 것처럼 은행 지점장을 통해 일하시고 도구로 사용된 지점장까지 축복해 주셨다.

교회 건축을 할 때 꼭 나오는 이야기가 교인들의 갈등 이야기다. 건축으로 인해 교회를 떠난 사람도 많고 심지어 교회가 쪼개지기도 한다. 그러나 본향교회는 건축도 마치 기도의 축제처럼 진행되었다. 그리하여 2004년 10월 23일 대지 3,000평에 건평 1,700평의 새 성전 입당 예배를 드린다.

성전 건축 그 자체의 결과에만 매달리면 교회는 어려움을 당한다. 중요한 모든 것은 '과정'에 있다. 과정이 아름다우면 결과도 아름다워진다. 건축 과정에서 어려움이나 장애가 발생하면 본향교회는 합심해서 기도했다. 기도하자는 데 시비 걸 사람은 없다. 난제가 올 때마다 기도했고, 기도하면 하나님이 앞장서서 해결해 주셨다. 사람이 하나님을 위해 살겠다는 목표만 확실히 가지면 하나님은 사람보다 앞장서 가시면서 그 길을 평탄하게 해주신다. 내가 너보다 앞서 가서 험한 곳을 평탄하게 하며 놋문을 쳐서 부수며 쇠빗장을 꺾겠다고 고레스에게 약속했던 그 말씀을 본향교회에도 이루어 주셨다.

본향교회는 건축할 자금이 없어서 땅만 사둔 상황에서도 하나님 나라를 확장하는 일에 결코 게으르지 않았다. 하나님이 쉬지 않고 일하시니 목사도 쉬지 않고 일해야 하고 교회도 쉬지 않고 일해야 한다. 그래야 하나님의 걸음을 따라갈 수 있다.

하나님이 본향교회에 복을 주지 않을 수 없었던 것은 본향교회가 하나님의 복을 세상에 전파하기 위한 많은 물자가 필요했기 때문이다. 일반적으로 교회 건축을 하면 건축 때문에 모든 사역을 중단하는 경우도 있고 사역을 대폭 축소하는 경우도 있다. 그러나 본향교회는 불과 15년 사이에 두 번의 건축을 하면서도 오히려 복을 나누는 일을 확대해 나갔다. 섬김의 영역도 점차 늘리고 질적인 수준도 높여 나갔다.

본향교회는 '113 비전'을 갖고 있다. 1만 명이 모이는 교회, 1백만 명의 영혼 구원, 300개 교회 개척을 하는 비전이 113 비전이다. 본향교회는 교회 건축이라는 막대한 경비를 지출하는 힘든 과정에서도 지역에 대한 섬김을 게을리하지 않았으며 113 비전을 꿈으로 두지 않고 실현시키기 위해 최선을 다했다. 필리핀 본향교회를 필두로 300개 개척 교회를 이루기 위해 앞으로 전진하고 있으며 지역 사회에 대한 섬김을 멈추지 않고 있다.

채영남 목사는 교회 건축 이후에도 그 걸음을 쉬지 않았다. 그는 자신의 건강을 돌보기보다 하나님의 일을 하는 데 모든 에너지를 쏟아 냈다. 교회가 하나님의 은혜로 광주 지역의 가장 대표적인 교회로 성장했으니 할 일이 더욱 많아졌다. 채영남과 본향교회는 더 큰 복이 되고 더 크게 섬기기 위해 더 넓은 세계로 나아가야 했다. 그것은 그들의 의지가 아니라 하나님께서 그들에게 준 소명 곧 부르심이었다. 주께서 부르신 그 자리에 서 있기 위하여 채영남은 움직였다. 주께서 말씀하시면 움직이고 주님의 뜻이 아닌 곳에 그들은 발을 내딛지 않았다.

사랑으로

사랑으로

하나님이 맺어 준 인연 　고계옥 (본향교회 담임목사 사모)

몸은 약한데 공부를 해야 했고 교회 일도 많았다. 사택 안에 서재가 있고 안방이 있었는데, 남편은 항상 출근하는 마음으로 와이셔츠를 입은 채 공부했다. 집이니 편안하게 입고 공부 하시라고 해도 "내가 사택에 있지만 여기가 내 근무지이니 이것은 출퇴근과 똑같다"며 항상 정장 차림을 하고 있었다.

참 알 수 없는 일이다. 내가 어떻게 그런 용기를 내어 목회자의 배 필이 되었을까? 지금 생각해도 하나님의 인도하심이라는 말 외에는 그 일을 설명할 길이 없다.

나는 미션스쿨인 목포 정명여중고와 간호대학을 졸업한 후 간호 사가 되었다. 당시 나는 양동제일교회를 다니고 있었는데, 당시 담임 목사님이 충신교회 원로목사님이신 박종순 목사님이었다. 졸업 후 진로에 대해 목사님과 상담하던 중, 나는 간호사니까 나환자촌인 소 록도로 가고 싶다고 했다. 그런데 목사님이 의외의 말씀을 하셨다.

"사회에 봉사하는 것도 좋지만 사모의 길도 귀한 사역입니다."

박 목사님 말씀에 하나님의 뜻이 있으리라 생각하며 내 삶의 방 향에 대한 기도를 다시 했다. 당시에 나는 목포 성 골롬반병원에서 간호사로 있었다. 교회에서 병원까지는 1킬로미터가 조금 넘는 거리였다. 시간 날 때마다 교회에 가서 목회자의 동반자가 되겠다는 기도를 했다. 기왕에 목회자 사모가 되려고 하니 기도가 구체적으로 나왔다. 첫째, 주님을 위해서는 생명까지도 바칠 수 있는 분. 둘째, 좋은 성품을 가진 분. 셋째, 영육 간에 강건한 분. 이렇게 세 가지 기도 제목에 알맞은 목회자 남편을 달라고 기도했다.

당시 CCC 목포 대표가 채남선 목사님이었다. 우리 오빠가 그분의 말씀도 듣고 훈련도 받았다. 그런데 이 목사님은 원래 약사로서 큰 약국을 하던 분이었다. 그런 분이 목사님이 되어 CCC 간사가 된 것이다. 오빠는 그 형님 댁에서 하숙을 하고 있었다. 채남선 목사님은 내 남편 채영남 목사의 큰형님이다.

어느 날 내가 오후 근무를 가려고 하는데 오빠가 친구를 소개해 준다며 CCC에 데려갔다. 그런데 그 친구분이 아파서 병원에 갔다고 해서 나는 만나지도 못한 채 그냥 돌아왔다. 그러다 얼마 후 남편 셋째 형님의 아이가 몸이 아파 내가 근무하는 병원에 치료를 받으러 왔다. 그때 오빠를 찾아온 친구를 병원에서 처음 봤다. 정식으로 소개를 받은 것도 아니다. 그렇게 스치듯 그분을 본 게 전부였다. 그 후 병원에 와서 야근을 서는데 마음속에서 내가 그분과 같이 가야겠다는 마음이 들었다. 아직 그분에 대해 아는 바도 없는데 이상하게 그런 마음이 들었다. 그것은 성령님이 주신 생각이라는 것 외에 어떻게 해석할 수 없는 마음이었다.

사실 그때는 이 오빠 친구가 폐로 인해 병원에 입원한 상황이었다. 폐결핵이라는 중병에 걸린 사람이니 그의 미래가 어떻게 될지 모

복이 될지라

르는 상황이었다. 개인적으로는 아직 한 번도 만난 적이 없었는데 내 기도 시간마다 오빠의 병든 친구 생각이 났고, 그분과 함께해야 한다는 생각이 들었다. 그의 병이나 죽음이 전혀 걱정되지가 않았다.

나는 용기를 냈다. 하나님이 당신과 함께 가라는 마음을 주셨다는 내용으로 편지를 보냈다. 1970년대만 해도 여자가 먼저 고백하는 경우는 극히 드물었다. 그것도 개인적으로 만난 적도 없는 분에게 그런 편지를 보내다니, 지금도 내가 한 일이라고는 믿기지 않는다. 한참 있다가 그분에게서 답이 왔다. 거절하는 내용이었다. 본인은 몸이 안 좋고 미래도 불투명하니 선뜻 받아들일 수 없었을 것이다. 서로 얼굴 보고 데이트라도 했으면 좋은 감정이라도 생겼을 텐데, 우리에겐 그런 감정이 생길 틈도 없었다. 그래서 오직 기도로만 그분을 품고 있었다. 또 혼자 계신 그분 어머니를 자주 찾아뵈면서 그분에 대한 이야기를 들을 수 있었고, 그러면서 나는 어머니와 자연스럽게 친해졌다.

그러면서도 나는 그분을 설득하기를 주저하지 않았다. 편지를 더 주고받았고 그 과정 속에서 그분의 마음이 열렸다. 그런데 이번에는 그분이 거문도 덕촌교회로 가버렸다. 당시에 거문도에 가는 것은 외국 가는 것만큼이나 어려웠다. 목포에서 광주로 광주에서 여수로 간 다음에 거문도에 들어가야 했다. 꼬박 일박 이일을 가야 하는 거리였다. 그나마 여객선이 당일에 있으면 모르되, 혹시라도 여객선 날짜가 맞지 않으면 며칠이 걸릴지도 알 수 없는 곳이었다.

이번엔 병동에 있을 때와는 비교도 되지 않았다. 편지를 쓰면 가는 데 일주일, 오는 데 일주일이다. 혹시 바람이라도 불면 한 달에 한 번 편지가 갔고 때로는 여수에서 발이 묶여 있다가 두어 번 보낸 편지가 한꺼번에 가기도 했다. 그래도 우리는 편지를 나누면서 사랑을 키워 갔다. 빨간 우체통을 보면 지금도 가슴이 설렐 때가 있다.

거문도에서 가끔 전화가 걸려 오기도 했다. 나중에 안 사실이지만 거문도에서 전화를 하는 건 무척 어려운 일이었다. 바다를 건너 우체국에 가서야 전화가 가능했다. 그마저도 신청을 한 뒤 한두 시간을 기다려야 통화가 됐다. 전체 섬 주민이 우체국 전화 하나로 통화를 하니 대기해 있는 사람들도 있어서 길게 통화를 할 수도 없었다.

나는 결혼 직전까지 여전히 병원에 근무했다. 휴가철을 앞두고 기도를 하던 중 거문도에 가야겠다는 마음이 들었다. 나는 그때까지 혼자서 집을 떠난 적이 없었는데, 또 어디서 그런 용기가 났는지 목포에서 광주로 광주에서 여수로, 여수에서 7시간 배를 타고 거문도에 도착했다. 거문도에 도착해서 나룻배를 타고 다시 바다를 건너고 보니 8시간이 걸렸다. 섬이라고 해도 그렇게 멀 줄은 몰랐다.

거문도에 가겠다고 하니 그분은 오지 말라고 극구 만류했다. 하지만 나는 막무가내로 갔다. 거문도엘 꼭 가봐야겠다는 마음뿐이었다. 세월이 흐른 뒤엔 남편도 내가 거문도에 오길 잘했다고 했다.

내가 거문도에 다녀온 후 얼마 지나지 않아서 그분의 임지가 결정되었다. 화순 남평 영생교회였다. 우리는 결혼을 약속했고, 나는 병원에 사표를 냈다. 지금 같으면 계속 일을 했을 테지만 당시만 해도 사모는 오직 목사님을 섬기는 일만 해야 했다. 그 좋은 직업을 버리고 가난한 전도사 아내의 길로 접어들었다. 1979년 4월 5일에 결혼을 하여 영생교회에서 1년을 시무했다. 기도한 지 1년 6개월 만에 목회자와 결혼을 하게 된 것이다. 결혼 당시 남편의 건강에 대해서는 작은오빠 외엔 아무도 몰랐다. 내가 결정을 할 때 마지막으로 작은오빠에게 물어봤다. 결혼하면 어떻겠냐? 그랬더니 쾌히 승낙을 했다. 그래서 오빠와 나만 아는 비밀로 하고 결혼을 했다.

오빠와 남편은 절친한 친구 사이다. 고등학교 때만 해도 둘 다 신앙이 깊지 않았다. 그런데 남편이 제대 후에 양림교회에서 예배를 드리다 그곳 성가대에 오빠가 앉아 있는 것을 발견했다. 오빠나 남편이나 고등학교 때는 서로 조금 멀리하는 사이였는데 교회에서 서로를 보고선 너무 놀랐고, 이때부터 신앙 안에서 다시 만났다. 그 작은오빠는 광양공고에서 교편을 잡다가 은퇴하였고, 지금은 순천 동명교회 장로로 섬기고 있다.

다시 결혼 이야기로 돌아가겠다. 당시 나는 신앙의 힘이 아니었으면 그런 결정을 하기 어려웠을 것이다. 당시에 간호사는 월급도 많이 받고 사회적 대우도 괜찮았기에 아주 형편없는 신학생과 결혼한다고 만류하는 사람도 있었다. 그러나 나는 모든 것을 포기했다. 믿는 자로서 챙길 것이 있다면 그것은 예나 지금이나 '권리포기'이다. 내가 권리를 포기할 때 하나님께서 나에게 더 큰 권리를 주시기 때문이다.

영생교회는 당시 장로님이 교회를 섬기고 있었는데, 첫 목회자로 남편이 부임을 했다. 그런데 그 장로님과 남편은 어딘가 맞지 않았다. 자꾸 갈등이 생겼다. 장로님이 주도적으로 이끌어 온 교회에 남편이 오면서 리더가 두 명이 된 모양새였다. 어느 모임이든 두 명의 리더가 존재하긴 쉽지 않다. 남편 스스로 그 상황이 마땅치 않다고 여기고 있을 때, 남편 아는 분이 극락교회를 섬기라고 추천해 주었다. 극락교회가 어떤 교회인지 아는 바가 전혀 없었으나 일단 영생 교회에서

떠나기로 마음먹은 때에 소개가 들어온 것이니 하나님의 인도하심이
라 생각하고 서슴지 않고 떠나왔다. 와서 보니 대도시 광주 옆이라고
는 하지만 하루에 기차가 두 번 오는 게 전부인 시골 동네였다.

영생교회가 교인 수도 많고 교회 환경도 더 좋았다. 극락교회는
18평의 낡고 작은 예배당에 교인도 스무 명 남짓 되었다. 1월에 기차
에서 내려 산을 넘어 걸어오니 30분이 좀 더 걸렸다. 나는 만삭의 상
태였다. 1월 17일에 이사를 왔고 열흘 만인 27일에 첫애를 낳았다.

영생교회에 있을 때 아녀자인 나에게 한 가지 어려움이 있었다.
사택이 따로 없고 집사님 댁에 방 한 칸을 얻어 썼는데 부엌이 매우
좁았다. 두 사람이 일하면 서로 몸이 부딪쳤다. 물은 우물에서 길러
다 쓰고 소나무를 꺾어다 불을 때면서 살았다. 게다가 부엌 바닥이
평탄하면 좋은데 아궁이 쪽으로 기울게 되어 있었으니 불을 때려면
엎드려야 했다. 그러니까 내복을 입으면 무릎이 가장 먼저 닳았다.
불을 때려면 깊이 엎드려야 하니까 연기도 많이 마셨다. 나는 도시에
서 자랐으니 그것이 여간 어려운 일이 아니었다.

내가 극락교회로 이사를 간다고 하니 친정어머니가 이사를 도우
러 영생교회에 왔다. 그런데 부엌을 보고는 깜짝 놀랐다. 어떻게 이런
데서 밥을 해먹었느냐며 마음 아파했다.

극락교회로 이사를 와서 다른 것은 눈에 띄지 않았다. 어딜 가도
고생할 각오를 하고 있었으니 나에게 교회의 조건은 중요한 것이 아
니었다. 하지만 딱 하나가 눈에 띄었다. 부엌문이 걸레를 조각조각 이
어 놓은 것처럼 나무판자로 이어져 있었다. 그 모습을 보노라니 다
시 마음이 심란해졌다. 또 말할 수 없이 고생을 하겠구나 싶었다.

실망스런 마음으로 부엌문을 열었다. 아, 이게 웬일인가? 부엌이 넓고 바닥이 평탄했다. 게다가 그 안에 연탄이 많이 쟁여져 있었다. 또 수도가 연결되어 부엌 안에서 물을 사용하고 세수도 할 수 있게 되어 있었다. 정말이지 너무나 감사했다. 이제 아기를 낳으면 여러 가지 불편한 점이 많을 텐데 연탄 아궁이가 마련되어 있고 연탄 쌓인 것이 얼마나 감사한지, 이런 천국이 없었다. 하나님 감사합니다, 기도가 절로 나왔다. 천국이 멀리 있지 않음을 새삼 깨달았다.

우리가 올 당시에는 동네 주민도 몇 되지 않았다. 주변에 몇 개 마을이 있었으나 이 동네가 특별히 외진 곳이었다. 사람들은 이곳을 '느랏터'라고 했다. 느랏터는 평퍼짐하고 넓은 구릉 지대를 일컫는 말이다. 당시에는 땅에 선을 그어서 내 땅이라고 하면 그대로 자기 땅이 될 만큼 이곳은 버려진 곳이었다.

그렇게 버려진 땅이 개발되기 시작했다. 남편과 나는 이곳에서 하나님 나라를 이뤄 간다는 생각뿐이었지 이곳이 개발되리란 기대는 전혀 하지 않았다. 그러나 그 외진 땅에 개발의 바람이 불기 시작했다. 개발과 함께 교인이 불어나고 교인이 많아져서 교회를 다시 지어야 하는 상황이 왔다. 이스라엘 백성은 가나안을 향해 기나긴 고난의 시간을 보내야 했으나 우리는 그렇지 않았다. 우리가 가나안으로 간 게 아니라 가나안이 우리 교회로 온 것 같았다. 우리가 있는 이 땅에 축복의 열매들이 맺히기 시작했다.

우리가 젊은 시절을 보낸 신가리 극락교회는 교회가 커지면서 역사 속으로 사라지고, 그 교회 이름이 '본향교회'로 바뀌는 시점이 왔다. 그전에 신가리에 보건 진료소가 들어섰다. 그때 남편이 나더러 교육을 받으라고 해서 전남대 병원에서 보건소장 교육을 받았다. 남편은 그때도 병이 심각하게 깊었다. 남편은 자신이 언제 소천할지 모르니 그렇게라도 미래를 준비시키고 싶었던 것 같다. 그리하여 내가 3년간 보건소 소장으로 있었다. 그로 인해 경제적인 여유가 좀 생겨서 남편의 학업을 뒷바라지 했다. 남편은 그 당시 광주대학교 법대, 조선대학교 대학원, 전주대학교 대학원 등을 거치며 계속 공부했다.

그러나 신가리의 개발에 가속도가 붙으면서 병원들이 들어섰고 보건소는 폐쇄되었다. 내가 보건소장으로서 일을 더 하려면 오지나 낙도로 가야 했다. 하지만 내 삶의 최우선 순위는 사모로서 길을 가는 것이었다. 따라서 나는 과감하게 보건소장 자리를 반납했다. 남편과 떨어질 수는 없었다.

신가리 보건 진료소장이 되기 전 일이다. 어느 날 밤, 내가 간호사 출신이라는 사실을 알고 있던 임용순 장로님(당시 집사님)이 아이를 받아 달라고 한 여인을 데리고 왔다. 병원이 없는 동네라 어쩔 수 없었다. 단순히 아픈 것이라면 참았다가 다음 날 병원에 갔겠으나 아이가 태어나는 일만은 인력으로 막거나 견딜 수 있는 일이 아니었다. 그래서 내가 아이를 받기 시작했다. 믿는 사람이건 믿지 않는 사람이건 나를 찾아왔다. 새벽이건 밤이건 부르면 달려가야 했다.

남편은 이 동네가 시골이니 해마다 노인들을 초청해서 대접을 하자고 교인들의 동의를 구했다. 교회는 노인들께 식사 대접을 했다. 그때 전통이 이어져서 완전히 도시로 바뀐 지금까지 경로잔치를 한다. 당시로선 교회가 어려워서 도리어 사람들에게 도움을 받아야 할 상황이었는데 오히려 교회가 사람들을 섬겼다. 우리 교회가 사람들을

복이 될지라

섬기니 사람들이 우리 교회를 돕는 일이 생겼다.

1990년에 교회를 건축할 당시의 일이다. 교회를 건축할 땅을 마련한 뒤 건축을 시작하려는데 교회 부지의 허가가 나지 않았다. 행정관서에서 완강히 버티니 교회로서는 돌파구가 없었다. 교인들은 그저 기도로 이 상황을 버텨 나가고 있었다. 그때 홍해가 갈라지듯 우리 교회에도 기적이 일어났다. 그동안 이곳에 살아온 마을 주민들이 들고 일어선 것이다. 교회에 안 나오는 분들은 이 교회가 이 지역에서 어떤 역할을 했는지 증언을 하면서 교인들을 도와서 서명 운동을 했다. 이 교회는 이 지역에 꼭 필요한 시설이니 건축 허가를 내달라고 청원을 했다. 그렇게 해서 하나님께서 세운 이 교회가 건축 허가를 받았다. 이 일을 통해 우리 교인들이 배운 게 있다. 우리의 섬김이 열매로 돌아온다는 것을.

나는 평생 기도로 무장한 사람이다. 나는 신앙이 남보다 나을 것도 없고 참으로 부족한 사람이지만 하나님께서 나에게 주신 무기가 하나 있다. 바로 '기도'이다. 나는 어떤 상황에서도 기도한다. 그럼에도 불구하고 부끄러운 내 모습도 있다.

언제 한 번 재정의 여유가 있었던 적이 없지만 그렇다고 부족한 것도 없었다. 거친 산이 높은 들이 초막이나 궁궐이나 내 주 예수님 계신 그곳이 천국이니 우리에게 부족할 것이 무엇이 있겠는가? 들풀도 먹이는 하나님께서 우리 가족을 행복하게 살게 해주셨다.

그러나 젊은 나로서는 감당하기 어려운 순간도 있었다. 극락교회로 온 지 열흘 만에 신명이를 낳았을 때, 출산을 위해 내가 근무하던 목포 성골롬반 병원으로 갔다. 아이를 낳았다고 축하하러 이 사람저 사람이 다녀가는데도 남편은 오질 않았다. 이제나저제나 해도 오지 않아서 무척이나 실망스럽고 섭섭했다. 나를 아는 간호사들이 왜 남편은 오지 않느냐고 묻는데 낯을 들 수가 없었다. 세상에 나 혼자 버려진 것 같은 섭섭함이 밀려왔다. 결국 혼자 핏덩이를 안고 퇴원을 했다. 교회로 와서 남편에게 왜 안 왔는지 물었더니 교회 마이크를 설치하느라 안 왔다고 한다. 아니, 세상에! 마이크 설치야 나중에 하면 되지, 그깟 마이크 때문에 첫아이 낳는 병원엘 오지 않다니, 그때 섭섭함은 이루 말로 다할 수가 없었다.

그때의 상처 때문에 둘째 정명이가 태어날 때는 병원에도 가지 않았다. 내가 명색이 간호사 출신이고 이미 동네 아이들도 받아 봤으니 아이를 혼자 못 낳을 것도 없었다. 출산일이 다가올 즈음 친정집에 가서 엄마와 둘이서 아이를 받았고 탯줄도 내가 직접 잘랐다. 병원에 오지 않을 남편에게 서운한 마음 느끼느니 이렇게 하는 게 나을 것 같았다.

세월이 지나도 남편에 대한 섭섭함이 가시지 않았다. 그러던 어느 날 알게 된 사실이 있다. 전에 있던 교회에서 무일푼으로 나온 데다, 당시 교회에 부임한 지 열흘도 안 된 남편에게는 돈이 없었다. 그러나 남편은 돈이 없어서 아이를 보러 가지 못했노라고 말할 수는 없었던 것이다.

남편은 아주 오랫동안 병치레를 했다. 몸이 너무 아파서 본인이 설교를 할 수가 없는 때도 있었다. 오죽하면 남편이 나에게 설교 원고를 주면서 가서 읽기만 하라고 한 적도 있었다. 실제로 그 당시에는 목회자가 외부에 출타하면 사모들이 제단을 지키기도 했다. 하지

복이 될지라

만 나는 거절했다. 나는 오직 돕는 배필일 뿐 제단에 서는 사람이 아니라며 거절했다.

큰애가 세 살쯤 되었을 때 남편의 몸이 안 좋아서 기도원에 갔다. 그때 남편은 자신의 건강을 포기한 것 같았다. 모내기 철이어서 한창 일손이 바쁠 때였다. 교회에서 조금 돌아 나오면 아카시아 나무가 있었다. 나는 아이들이 어려서 농사를 도울 수도 없는 형편이었으니 애들과 함께 아카시아 나무 아래 있었다. 아주 고즈넉한 오전이었다. 아이들은 나무 아래서 놀고 사람들은 논에서 일을 하고 햇살은 평화로운데 울컥 설움이 복받쳤다. 엘리야를 만난 사르밧의 과부의 심정이 이러했을까? 오늘 하루 지나면 내 아들과 함께 죽을 거라고 했던 그 여인의 심정이 백분 이해가 되었다. 나도 울면서 기도했다. '하나님, 남편 데려가려면 저희 가족 다 데려가 주세요.' 그때 모내기를 하던 임용순 집사님이 함께 점심을 먹자고 불렀다. 그래서 나는 얼른 눈물을 닦고 울지 않은 것처럼 태연한 표정을 했다.

아무리 힘들어도 교인들 앞에서 약한 모습을 보일 수는 없었다. 그 절망적인 마음을 교인들에게 말할 수도 없어서 혼자 삭였다. 이제 와서 말이지만 내가 자녀들 키울 때는 아이들 교육에 큰 관심을 두기 어려웠다. 결혼한 그해 2월, 남편은 7년 만에 학교에 복학하여 신학을 시작했다.

남편의 건강은 점차 회복되었고 지역은 개발되기 시작했다. 교인이 늘어서 조립식으로 교회를 건축했다. 그런데 거기서도 또 교인들이 늘었다. 교회가 점점 부흥했다. 1990년 붉은 벽돌로 지은 교회에 입당하면서 옛날에 내가 우리 가족 다 데려가 달라고 기도했던 것을 회개했다. 하나님께는 더 큰 계획이 있었는데 한 치 앞도 내다보지 못하고 그렇게 기도했던 것을 회개했다. 하나님이 남편과 우리 가족을 살려 두신 데는 다 계획이 있으시다. 그런 하나님의 계획을 신뢰하지 못하고 연약해졌던 나를 회개했다.

나는 이떤 상황에서도 실망하지 않아야 한다는 사실을 깨달았다. 내가 마음이 약해지고 어려운 것은 상황이 안 좋은 것이 아니라 내 믿음이 약했기 때문임을 알았다.

남편은 마음이 참 깊은 사람이다. 몸은 약한데 공부를 해야 했고 교회 일도 많았다. 사택 안에 서재가 있고 안방이 있었는데, 남편은 항상 출근하는 마음으로 와이셔츠를 입은 채 공부했다. 집이니 편안하게 입고 공부하시라고 해도 "내가 사택에 있지만 여기가 내 근무지이니 이것은 출퇴근과 똑같다"며 항상 정장 차림을 하고 있었다.

남편은 아이들에게도 늘 그런 모습을 보였고, 단 한 번도 흐트러진 모습을 보인 적이 없다. 남편은 표면적으로는 자녀 교육에 깊이 관여하지 않았다. 애들에게 큰소리친 적도 없다. 그 당장은 섭섭하기도 했다. 아이들이 잘못하면 아빠가 혼내기도 해야 하는데 나 혼자 야단치고 나 혼자 혼내다 보니 은혜가 떨어지기도 했다. 그러나 나중에 알고 보니 내가 있을 때는 아무 말 안 하지만 내가 없을 때 아이들과 늘 대화를 했던 것 같다. 지혜로운 사람이다. 만일 내가 나무라는 데 아빠가 함께 나무라면 아이들이 설 곳이 없었을 것이다.

성장 과정에서 상처받거나 마음이 아팠던 게 무엇인지 나중에 아이들에게 물어봤다. 아이들은 없다고 했다. 큰애가 초등학생이었을 때 선생님들이 아이들에게 부모님이 많이 싸우느냐고 물었던 적이 있었다. 친구들 엄마 아빠는 많이 싸운다고 했다는데 너는 뭐라고 했느냐고 아이에게 물었다. 그러자 큰애가 대답했다.

"엄마 아빠 안 싸우잖아."

부부가 살면서 어디 작은 갈등도 안 겪었겠는가? 하지만 우리는 어떤 갈등이 있을지라도 애들이 없는 데서만 논쟁을 했다. 그러니 아이들은 알 수도 없었을 테고, 우리 부모는 안 싸운다고 생각할 수밖에 없었을 것이다.

목회자의 길을 걷는 둘째 아들이 청년들 앞에서 참 감사한 간증을 했다. 자신이 가장 존경하는 분이 아버지라고. 감사한 일이다. 잘못 키우진 않았다는 생각을 했다. 남편은 말을 앞세우지 않았지만 아이들이 잘 성장하도록 모범으로 교육을 했다. 교육자로 치면 말보다는 직접 삶으로 보여 준 좋은 교사이다.

남편은 정말 과묵하다. 밖에 나가면 말을 하지만 집에서는 입을 다물고 있으니 나 혼자 말을 많이 하게 된다. 남편은 단지 대답만 할 뿐이다. 늘 나만 양보한다고 생각하면 화가 나고 짜증 나기도 하는데, 내가 화를 내고 짜증 내봐야 나만 손해였다. 남편은 묵묵히 기다리기만 하기 때문이다. 그러면 그것이 더 짜증 날 때도 있었다. 함께 소리라도 지르고 함께 짜증을 내면 차라리 나을 것 같은데 남편은 그렇게 하지 않았다. 나 혼자 하다가 결국 내가 지쳐서 그만둔다.

처음엔 그게 스트레스였는데 나중엔 괜찮았다. 누군가를 고치려고 하는 게 힘든 것이지 내려놓으면 모든 게 편안해진다는 것을 깨달았다. 내가 누군가를 고치려고 하는 게 교만임도 깨달았다. 내가 할 말이 많아지면 남편이 어렵고, 남편이 어려워지면 교회가 어려워진다. 내가 할 말이 많으면 그 할 말 보따리를 다 하나님 앞에 풀어놓으면 된다. 그러면 하나님께서 마음을 위로하시니 내가 평안해지고 남편이 평안해지고, 남편이 평안하면 교회가 평안해진다.

지금은 모든 게 다 내려놓아졌다. 나는 남편을 위해 세 가지 기도를 했다. 무엇보다 우선한 것이 건강을 위한 기도였다. 하나님은 기도한 것은 꼭 이뤄 주신다고 확신한다. 그러니 기도밖에 없다. 둘째는 자녀들을 위한 기도를 했다. 목사의 아이들은 알게 모르게 아버지께 상처를 받기도 한다. 그러니 아이들이 상처받지 않도록 기도했다. 끝으로 교인들이 아들에 대해 스트레스 주지 않도록 기도했다. 목사 아들이라고 해서 목사와 믿음이 같을 수는 없다. 아이들은 각기 다른 인격체이고 아이들 신앙은 아이들 신앙이다. 그들이 스스로 하나님을 만나야 한다. 그러니 목사 아들이라는 이유로 아이들 마음에 부담이 안 생기길 기도했다.

아이들 둘 다 목회자 길을 갔으면 싶었다. 그러나 첫째는 결국 목회자의 길을 걷지 않았다. 둘째는 일반 대학을 먼저 갔다. 일반 학과를 전공한 다음에 신학을 하겠다고 했다. 그러나 대학을 졸업하더니 대학원을 가겠다고 했다. 그래서 너 신학 공부하기로 하지 않았느냐고 묻자 대학원을 졸업하고 하겠다고 했다. 아무래도 마음에 부담이 있었던 것이다.

둘째가 대학원에 합격하고 곧 학기가 시작될 무렵이었다. 교인들과 함께 우리 교회 최초로 성지순례를 가게 되었다. 둘째도 그 여행에 합류했다. 실은 둘째가 하나님을 좀 더 느꼈으면 좋겠다 싶어서

복이 될지라

일부러 데리고 간 것이다. 다행스럽게도 성지순례를 하면서 성서 현장을 직접 보고 느끼더니 둘째가 깊은 은혜를 받았다.

성지순례를 다녀온 뒤, 금요일 철야 예배 때 성지순례 팀이 찬양을 하기로 했다. 철야 기도회에 온 둘째는 자기 의지와 상관없이 주체할 수 없는 눈물을 흘렸다. 그날 저녁, 둘째는 하나님의 종이 되겠노라고 다짐했다. 철야 기도 다녀오더니 방에 들어와서 무릎을 꿇고 할 말이 있다고 했다. 그래서 무엇이냐고 하니 신학을 하겠다고 했다.

그때부터 둘째가 신학 공부를 했는데, 하나님이 그를 이끌고 있음을 느낄 수 있었다. 처음 6개월은 집에서 공부하다가 나중에 장신대 대학원 근처 고시원에서 공부했다. 아이가 도무지 나오질 않으니 사람이 죽었나 싶어서 고시원 관리인이 한 번씩 문을 열어 봤다고 한다. 하나님께 사로잡히니 그렇게 열심히 공부를 했던 것이다.

전에 없이 공부를 열심히 하더니 좋은 성적으로 신대원에 합격했다. 힘들 때는 늘 전화를 해서 자기 멘토는 어머니와 아버지라고 고백하곤 했다. 나는 아들이 아버지의 신앙만 따라 다닌 것이 아니라 스스로 하나님의 소명을 받았다는 게 참 뿌듯하다.

우리 교회는 1985년, 1990년, 2004년 이렇게 세 번을 건축했다. 그 짧은 기간에 어떻게 그렇게 건축할 수 있었느냐고들 한다. 돌이켜 보면 그것이 어떻게 인간의 노력으로 가능한 일인가 싶다. 모든 것은 하나님이 이룬 역사다.

교회 건축을 할 때 아주 말이 없었던 것도 아니다. 두 번째 건축을 할 때가 1990년으로 IMF 구제금융 사태 직전이었다. 형편도 어려운데 왜 또 교회를 짓느냐고 하는 사람도 없잖아 있었다. 그러나 남편은 사람들의 일시적인 불만이나 일회적 의견에 좌우되지 않았다. 스스로 기도해 보고 기도할 때 주신 마음으로 신실한 신자들을 설득하고 뜻을 합하여 결정한다. 만일 그때 교회를 짓지 않았다면 오늘날도 여전히 그 교회에 머물러 있을 것이다.

남편은 집에서도 분쟁하지 않았고 교회에서도 분쟁하지 않았다. 언제나 분쟁하지 않는 삶을 몸소 보여 주었다. 우리가 분쟁을 하지 않고 기도하면 하나님은 그 상황을 가장 좋은 방법으로 해결하심을 믿는 사람이다. 어려움이나 문제를 해결하는 길은 기도밖에 없다. 사람이 풀려고 하면 더 얽히고설키는데 하나님께 맡기고 기도하면 풀린다.

평생을 살아오면서 내가 할 수 있는 것은 기도밖에 없었다. 내가 할 일도 기도밖에 없었다. 나는 가진 것도 없고 능력도 없으니 하나님밖에 바라볼 게 없었다. 하나님만 바라보는 것이 바로 기도다. 내가 기도할 때 일은 하나님이 하시니까. 그래서 기도가 나의 능력이요 나의 힘이 되었다.

나도 사람이니 가장 힘들 때는 사람에게 가서 토해 놓을 수도 있다. 하지만 사람에게 토하는 것은 그때뿐이지 시간이 지나면 오히려 구설수가 된다. 그러나 하나님께 기도하면 하나님이 그 모든 것을 들어주시고 해결해 주신다. 내 마음에 정말 억울한 마음이 들어올 때 하나님을 원망할 때도 있었다. 정말 힘들 때면 "하나님, 제가 언제 사모 된다고 했습니까? 전 안 된다고 했는데 하나님이 저를 데려다가

복이 될지라

이렇게 사용하셨잖아요?" 이렇게 원망도 해보곤 했다. 뭐든 어렵고 힘들 때는 사람이 아니라 먼저 하나님을 찾았는데, 하나님이 그 점을 기뻐하셨을 것 같다.

인생에 답이 어디 있는가? 오직 하나님의 말씀만이 답이 아니겠는가? 한동안 나는 허리도 안 좋고 위장도 안 좋았는데 예언적인 말씀을 받으면서 치유가 되기도 했다. 하나님 은혜로 몸도 좋아지고 영적으로도 회복되었다.

어느 날 새벽 기도를 다녀와서 잠깐 누워 있던 중에 아주 독특한 체험을 했다. 나는 누워 있는데 내 영이 내 몸에서 나가더니 하늘이건 바다건 날아다니는 것이다. 처음엔 이게 뭐지 싶었는데 성령 체험을 한 사람들 중에서 그런 일을 경험한 사람들이 꽤나 있다고 한다.

그런 과정에서 많은 치유와 회복이 임했다. 나 홀로 하나님과 꾸준히 교제하면서 하나님과 친밀해지고, 그분께 가까이 가면서 하나님을 깊이 체험했다. 그때 내가 많이 성장할 수 있었고 성장하는 나를 느끼면서 참 즐거웠다. 다른 어떤 것과 비교되지 않는 기쁨이었다. 그때의 체험들은 내가 매일 기도로 하나님과 친밀해졌기 때문에 그분께서 주신 선물이 아닌가 한다. 기도는 힘이요 능력이다.

남편은 폐 질환을 겪은 후론 병원에 한 번도 가지를 않았다. 건강검진도 받지 않았다. 그런데 2012년 12월에 속이 심히 답답하다고 하여 위장 검사를 받으러 병원에 갔다가 곧장 응급차에 실려 전남대병원으로 옮겨졌다. 겉으로는 멀쩡해 보이지만 삼십 분 안에도 죽을 수 있는 매우 시급한 상황이었다. 그 길로 인공혈관 시술을 했다. 수술 후 2년 안에 재발할 수도 있으나 2년이 넘으면 괜찮다고 했다. 이제 2년이 지났으니 안심이다.

그때 정말이지 마음이 어려웠다. 참으로 살아난 게 기적이다. 병원에 잘 안 가던 사람이 병원에 간 것도 하나님의 은혜다. 하나님이 남편의 마음을 움직여서 살아나게 하셨다.

나는 남편이 사무엘처럼 다윗처럼 요셉처럼 다니엘처럼, 또 바울처럼 인생을 살아가길 원한다. 그것은 고생하라는 말일 수도 있다. 하지만 세상적인 지위보다도 하나님께 쓰임받는 남편이 되기를 구했다. 그것이 가족과 가문 대대로 천하 만민에게 복이 되는 우리 가족이 되는 길이기 때문이다.

남편 건강이 안 좋으니까 무엇보다 남편의 건강을 위한 기도를 더 많이 했다. 내가 할 수 있는 간호사로서의 역할은 하나님이 하시는 데에 털끝 만큼도 못 미치기 때문이다. 우리에게 닥친 문제는 하나님께서 기도하라고 주신 제목이다. 그러니 그 문제에 감사해야 한다. 하나님이 시키는 일을 하는 이상, 그것은 하나님의 일이니 하나님께서 보호해 주실 것이다.

교회에서 사모의 역할은 참 애매하다. 사모는 평생 살얼음을 걸어야 하므로 친한 사람도 조심해서 만나야 한다. 그러다 보니 때론 섭섭할 때도 있다. 그러나 나이가 들면서 성숙해지고 깨달은 게 있다. 사모인 내가 앞에 나서지 않은 게 잘한 일이다. 내가 만일 재능이 있다면 그것을 들고 내가 해버리려고 막무가내로 나설 것이다. 그래서 나는 재능 없는 것이 감사하다. 교인들이 재능을 발휘하게 도와드리고 그런 분을 추켜세우고 칭찬하고 높이는 일이 오히려 사모가 할 일

복이 될지라

이다. 드러나는 자리는 교인들이 차지하고 사모는 조용히 섬기는 일을 해야 한다. 내가 보이지 않게 섬기는 것이 교회와 남편을 위해 할 일이다.

옛날에는 남편이 주일에 설교하고 월요일에 쉬었다. 그러면 나도 덩달아 쉬었다. 그러던 어느 날, 남편은 월요일에 쉬더라도 나는 기도를 쉬지 말자고 마음먹었다. 내게 특별한 재능을 주시지 않은 이유가 하나님과 가장 가까운 자리로 갈 수 있는 '기도자'가 되라는 하나님의 뜻임을 안다.

오늘날 남편이 이렇게 된 것은 어디까지나 시어머니의 기도 덕분이다. 시어머니는 참으로 겸손한 분이었다. 그분은 항상 며느리인 내 손을 잡고 우리 아들이 많이 부족하니 잘 부탁한다고 말씀하셨다. 그 어머니의 기도가 없었다면 오늘의 남편이 없었을 것이다. 나는 어머니의 기도는 결코 땅에 떨어지지 않는다고 생각한다. 그래서 모든 어머니는 자녀를 위해 열심히 기도해야 한다.

이쯤에서 우스갯소리 하나 하고자 한다. 남편은 그 누구보다 정보 통신 분야에서 앞서갔다. 새로운 것에 대해 개방적 태도를 취하는 남편 덕에 나는 컴퓨터 과부가 되었다. 남편은 폐가 안 좋으니 종이 냄새를 맡는 것도 건강에 나쁘거니와 글을 쓰기 위해 허리를 굽히는 것도 힘든 사람이다. 따라서 타이프를 할 수 있는 기계가 남편에게 도움이 되었다. 컴퓨터가 나오기 전에 타자기를 사드렸다. 돈이 없어 내 결혼반지를 팔아 15만 원 정도에 사드린 것으로 기억한다. 그 후 워드 프로세서가 나왔고 그다음에 컴퓨터가 나왔다. 그런 기계가 나올 때마다 가장 먼저 기기를 구입했다. 요즘 말로 얼리어답터인 셈이다. 그 덕에 나는 컴퓨터 과부가 되었다.

남편은 자신의 재산 목록 1호가 컴퓨터라고 할 만큼 새로운 메커니즘을 잘 받아들였다. 그래서 본향교회 예배는 다른 어떤 교회에 뒤지지 않을 만큼 혁신적이고 개방적이다. 남편이 얼리어답터가 된 덕에 오히려 교회가 더욱 성장하게 된 것이니 이 또한 감사하다.

그런데 하나님은 왜 남편을 목회자로 세우시고 총회장의 자리에까지 세우셨을까? 건강이 안 좋은 상황에서도 여기까지 쉬지 않고 달려온 남편을 통해 이루고자 하는 하나님의 계획이 있을 것이다. 모세에게 민족을 인도하라고 하고 기드온에게 전쟁을 하라고 했듯이 남편을 부르신 뜻이 있을 것이다.

아내인 내가 볼 때도 남편은 참 인격적인 사람이다. 교인이 되기 전에 먼저 사람이 되라는 말이 있다. 남편은 정말로 좋은 사람이다. 주변 사람들이나 교인들도 목사님처럼 인격적이고 겸손한 분이 없다고 평가한다. 아내여서 남편을 더 추켜세우려고 하는 말이 아니다.

목사님 사모님들 사이에 우스갯말이 있다. 설교 강단에서 살고 싶다는 말이다. 목사님들이 설교를 할 때는 아주 훌륭하신데 현실로 내려와서는 사모님들을 매우 피곤하게 한다는 뜻이다. 그러나 남편은 말씀과 삶을 병행해 왔다. 설교 후 내려와서 다른 사람처럼 행동했다면 내가 남편을 존경할 수 없었을 것이다. 아마 "당신이나 잘하시오." 이렇게 말했을 것이다. 만일 설교와 삶이 따로였으면 나도 남편과 반목하고 갈등하는 삶을 살았을 것이다.

남편은 자신이 강단에 전한 말씀처럼 살아온 사람이다. 내가 내 남편을 칭찬하는 게 참 두려운 일이지만, 남편은 그동안 살아온 삶

으로나 인격으로나 본이 되는 목회자다.

교회가 성장하자 남편을 시기하는 목회자들도 있었다. 우리가 처음 극락교회에 왔을 때만 해도 18평 교회였으나 광주에서 대표적인 교회 중 하나로 성장했으니, 아무래도 주변의 질시를 받기도 했던 것이다. 그럴 때마다 남편은 다른 목회자들을 잘 섬기려고 했다. 우리 교회 4대 목표가 화평하고 성결하고 성장하고 섬기는 교회가 되는 것이다. 남편과 우리 교회에 안 좋은 감정을 가진 분일수록 더욱 더 잘 섬겨 드리면서 그분들과 협력자가 되었다.

아무리 재능이 있고 능력이 있고 재력이 있어도 혼자서는 아무것도 할 수 없다. 협력자가 있어야 한다. 남편은 항상 누군가를 섬기고 사람들과 화합하려 한다. 교인들도 섬기고 이웃 목회자도 섬기고 지역 사회도 섬긴다. 다른 교회건 사회건 우리 교회를 향해 섬김을 기대하면 우리 교회는 거절한 적이 한 번도 없다. 항상 '예예' 해서 우리 교인들도 이제는 훈련이 되었다. 지역 행사, 교회나 노회 행사 등 많은 행사가 우리 교회에서 치러진다.

그 작은 교회가 이 큰 교회로 바뀔 줄은 하나님 외에는 아무도 몰랐다. 남편이 창세기 12장 2절 "내가 너로 큰 민족을 이루고 네게 복을 주어 네 이름을 창대하게 하리니 너는 복이 될지라"는 말씀을 비전 삼아 지금까지 기도하고 달려오다 보니 오늘의 교회가 되었다.

경제적으로 어려움을 겪는 중에도 남편이 학업을 계속했으므로 친정에서 도움을 받은 적도 있다. 한번은 등록금이 없어 교장이던 큰 오빠에게 남편의 등록금을 빌렸다. 등록금을 나중에 갚는다고 약속은 했으나 갚을 길이 없었다. 그래서 내가 염치없는 기도를 했다.

"하나님, 오빠가 우리를 한 번 도와준 것으로 하면 좋겠습니다. 오빠에게 그런 마음을 주세요."

이렇게 기도를 한 뒤 오빠에게 전화를 했다. 전화를 하니까 올케 언니가 정말로 그렇게 말을 했다. 내가 등록금 한 번 대줬다고 생각하리고.

남편은 그 누구보다 하나님 앞에 헌신되고 물질에 깨끗한 사람이다. 남편은 1990년에 교회를 지을 때 2년 분의 월급을 고스란히 내놓았다. 집에는 정말 돈이 없었다. 언젠가 남편이 처음으로 부흥 집회 강사로 갔다가 사례비를 받았다. 교회 월급 외에 처음 생기는 돈이니 혹시 내 옷이라도 한 벌 사다 줄까 하는 은근한 기대를 했다. 그런데 남편은 그 돈을 가난한 학생에게 장학금으로 줘버렸다. 그 뒤로는 더 자주 강사로 불려 갔으나 사례비가 들어올 때마다 선교비로 내버렸다. 신학교에 강사로 나가기 시작하면서 나온 강의료는 헌금을 했다. 그러니 나는 우리 교회에서 주는 사례비 외에는 받은 적이 없는 셈이다.

그럼에도 우리의 작은 신음에도 응답하시고 우리가 어디에 있든지 결코 우리를 버리지 않으시는 하나님께서 그때그때 우리의 필요를 채워 주셨다.

이렇게 말하면 마치 교회를 우리 가족이 다 지은 것처럼 보일지 모른다. 하지만 그것은 목회자 혼자 할 수 있는 일이 아니다. 성도들과 함께할 때만 가능한 일이다.

참으로 감사한 것은 35년 목회 기간 동안 우리 교회가 정말로 화평했다는 사실이다. 요즘 생각보다 많은 교회가 분열을 하고 말도 많

다. 그럼에도 우리 교회는 참으로 평화롭고 조화롭다. 교회가 화평한 것은 큰 복이다.

우리가 처음 왔을 때 김홍철 장로님이 계셨다. 경찰 출신으로 굉장히 성격이 급한 분이었는데도 아들 또래인 남편을 참으로 잘 섬겼다. 남편에게 한 번도 화를 낸 적이 없다. 장로님이 항상 목회자의 뜻을 받드니 다음 장로님들도 모두 목사님을 잘 섬긴다. 교회는 목사 혼자 좌지우지하지 못한다. 중직자들과 교인 모두의 협력이 가장 큰 힘이다. 그런데 교회가 화평하니 사모인 내가 크게 힘든 일이 있을 수가 없다.

남편은 하나님 외에 아무것도 보지 않는 우직한 사람이며 교회를 화평케 하고 섬김이 몸에 밴 사람이다. 그래서 하나님이 남편을 화해의 적임자로 이 시대에 부르신 것이 아닐까 한다. 한평생을 함께 해온 사람이며 가장 가까이서 살펴본 가족의 눈으로 볼 때도 남편은 서로 협력하고 화해하는 자리에 참 어울리는 사람이다.

예전에 나는 전도를 많이 다녔다. 전도를 처음 나섰을 때는 발걸음을 떼기가 정말 어려웠다. 어떻게 말을 꺼내야 할지 상대가 어떻게 나올지 몰라서 망설이느라 결국 대문 앞에서 돌아 나온 적도 있다. 2인 1조로 전도를 가는데 함께 간 집사님이 "사모님 먼저 들어가세요" 이렇게 말하면 그 집사님이 너무 야속했다. 그래서 나도 "집사님이 먼저 들어가세요" 이렇게 떠밀었다. 그렇게 망설일 때 가장 고마운 일은 개가 짖어 주는 것이다. 짖는 개를 핑계로 그 집에 안 가도 되니까. 그러나 전도를 하다 보니 차츰 용기가 생겨서 전도에 나선 첫 해에는 28명을 전도하고, 두 번째 해에는 34명을 전도해서 전도왕 상을 받았고 세 번째 해에는 31명을 등록시켰다.

자녀들을 전도하면 부모들을 전도하기 쉬웠다. 그래서 자녀들을 먼저 전도하여 부모를 구원했다. 우리가 전도할 때는 빈손으로 못 가니 과자라도 사 들고 갔다. 열매 맺는 기쁨이 얼마나 큰지 모른다. 갑이라는 사람을 전도해서 실패하면 묘하게도 을이라는 사람이 교회에 나왔다. 내가 전도를 하면 하나님이 그 열매를 이루시는 것이다.

그런데 아파트가 들어서면서는 교인들과 전도하는 지역이 겹치기도 했다. 교인이 전도할 곳을 내가 하면 안 되니까 나는 차츰 전도에서 발을 빼고 기도의 후원자로 나섰다. 이래저래 시간들이 나자 나 혼자 보낼 시간도 늘어서 상담 공부를 하기도 했다.

교회 앞을 조금 걸어 나가면 공원이 있다. 이 지역이 개발되며 조성된 공원이다. 나는 시간이 날 때면 운동 삼아 공원을 걷기도 하고 생각을 정리하느라 걷기도 한다. 날씨가 따뜻해지면 들꽃도 피고 산들바람도 분다. 하늘에 형형색색의 물이 드는 노을이라도 질 때면 공원은 그 어느 곳과 비교해도 뒤지지 않을 아름다운 정원으로 바뀐다. 햇살이 아름다운 어느 날 산책을 하는데 문득 이런 생각이 들었다. '이 정원이 고계옥을 위해 하나님이 준 정원이구나.'

걷다 보면 "참 아름다워라 주님의 세계는" 이런 찬송이 절로 입에서 나온다. 나는 하나님이 주신 나의 정원을 마음껏 즐기고 거닐며 기도도 하고 하나님을 만끽하기도 한다. 그럴 때면 내 평생에 나에게 주신 하나님의 그 크신 은혜, 그 한량없는 사랑과 은혜가 감사해서 눈물을 흘리기도 한다.

나의 가장 큰 소망은 자녀들이 계속 신앙의 혈통을 이어 가는 것이다. 자손 대대로 목회자가 끊이지 않는 집안이 되게 해달라고 기도한다. 목회자는 세상 어느 일보다 힘들지만 그 무엇보다 가치 있는 삶이다. 하나님이 함께하셔서 목회자로서 대가 끊이지 않기를 바란다. 내 후손들이 복음을 통해서 천하 만민을 복되게 하는 화목한 자들이 되길 바란다. 사람과 사람이 서로에게 복이 되는 삶이 된다면 이 세상이 곧 천국이 될 것이다.

어딘가에서 공개적으로 나를 드러내 본 것은 이 글이 사실상 처음이다. 나는 내가 드러나는 것을 정말이지 좋아하지 않으며 결코 나를 드러내고 싶지도 않다. 하지만 지금 내가 이 글을 쓰는 것은 하나님 나라를 위해 필요한 도구로 쓰일 때라고 생각했기 때문이다.

나더러 누군가 간증을 하라고 했다. 그 좋은 직업 버리고 가난한 신학생 따라나서서 오늘 이 자리까지 왔으니 간증을 하라고 한다. 그러나 나는 간증을 할 생각이 없다. 그래도 정히 간증을 하라고 한다면 나는 단 5초 이내에 이 한 마디를 하는 것으로 끝내고 싶다.

"이 모든 것은 하나님이 하셨습니다."

진실로 그렇다. 이 모든 것을 하나님이 하셨다.

존경하고 사랑하는 내 아버지   채정명 (채영남 목사 차남)

아버지는 하루 한 번은 꼭 우리와 대화를 했다. 단 5분이라도 이야기를 나누려 했다. 적은 이야기를 하더라도 피가 되고 살이 되는 이야기가 있고, 많은 이야기를 하더라도 잔소리로 들리는 말이 있다. 아버지는 잔소리꾼이 아니었다. 아버지가 하는 말씀 한 마디 한 마디는 늘 깊이가 있었고 진실했으며 사람을 움직이는 힘이 있었다.

어렸을 적 우리 동네는 개발되지 않은 지역의 구석에 있는 한적한 시골 분위기가 나는 동네였다. 초등학교도 딱 하나만 있었다. 초등학교 시절, 정말 친한 친구들을 제외하면 대다수 친구들은 나를 '목사 아들'이라고 불렀다. 교회가 얼마 없었던 동네라 그런지 목사 아들이 신기했던 모양이다.

어느 날 집으로 가는 통학버스를 기다리고 있는데 아이들 대여섯 명이 내게 오더니 "목사 아들! 하나님이 어디 있는지 증명해 봐" 하며 시비를 걸었다. 어린 마음에 나는 울컥했고 하나님은 진짜 계신다는 말만 반복하다 울면서 집에 왔다. 아버지에게 이런 일이 있었노라고 이야기하며 내가 어떻게 대답했어야 했냐고 여쭈어 보았다.

아버지는 미소 짓는 얼굴로 나를 바라보시더니, 손을 내 가슴에

대며 나 자신을 보라고 했다. 나 자신이 바로 하나님이 살아 계신 증거라고 했다. 나를 하나님께서 만드시고 예수 그리스도를 통해 구원하셨다고 했다. 그렇게 말씀하는데 머리가 맑아지고 마음이 참으로 평안해짐을 느꼈다. 하나님께서 '나'를 만드셨다는 사실이 그렇게 든든하고 감사할 수 없었다. 앞으로 누가 하나님이 계심을 증명해 보라고 하더라도 담대히 말할 수 있을 것 같았다. 아버지는 나에게 육의 아버지이면서 하나님이 누구인지 가르쳐 준 영적 목자였다.

아버지는 늘 신사였다. 집에서도 늘 와이셔츠를 입은 단정한 차림이었다. 단 한 번도 흐트러진 모습을 보이지 않았다. 외모만이 아니라 인격적으로도 흐트러진 적이 없다.

부모님은 자식이 보는 앞에서 단 한 번도 언성을 높이거나 부부 싸움을 한 적이 없다. 어쩌면 우리가 보지 않을 때에 다퉜을지도 모르지만 우리 앞에서는 한 번도 싸우지 않았다. 그것이 나에게 참 훌륭한 자녀 교육의 본이 되었다.

여러 측면에서 아버지는 좋은 교육의 모본이 되었다. 아버지는 자식들을 감정적으로 대하는 법이 없었고, 거친 말이나 감정 상할 만한 말은 한 번도 하지 않았다. 집에 들어올 때는 부드러운 미소로 우리를 포옹해 주곤 했다.

아버지는 밖에서나 가정에서나 언제나 한결같은 분이었다. 부모가 집에서와 밖에서의 행실이 다르고 일관성이 없으면 자녀에게 오히려 악영향을 끼칠 것이다. 목사로서 강단에서 은혜로운 말씀을 선포한다 할지라도 본인이 그 말씀대로 살지 못하면 타인들에게는 존경받을지언정 자녀에게는 존경받을 수가 없다. 아버지는 언제나 말씀대로 살고자 노력하는 분이었다. 그래서 나는 목사인 아버지를 존경하고 아버지인 아버지를 존경한다.

아버지는 하루 한 번은 꼭 우리와 대화를 했다. 단 5분이라도 이야기를 나누려 했다. 적은 이야기를 하더라도 피가 되고 살이 되는 이야기가 있고, 많은 이야기를 하더라도 잔소리로 들리는 말이 있다. 아버지는 잔소리꾼이 아니었다. 아버지가 하는 말씀 한 마디 한 마디는 늘 깊이가 있었고 진실했으며 사람을 움직이는 힘이 있었다.

아버지는 대화를 할 때마다 우리를 격려했다. 내가 자신이 없고 두려워할 때마다 아버지는 나를 격려해 주었다. "넌 할 수 있다. 너는 충분한 자격이 있고, 무슨 일이든 잘해 낼 수 있다." 아버지의 칭찬과 격려는 아들에게 커다란 힘이 된다. 아버지의 꾸준한 인정이 내 자존감을 높여 주었다. 아버지는 또 "하나님께서 너와 함께하시니 너는 능치 못할 일이 없다. 두려워하지 말고 걱정하지 말라!"고 격려하셨다.

아버지는 우리 형제가 자연스레 하나님을 알아 가도록 환경을 만들었다. 어렸을 때부터 하나님의 말씀과 가까워지고 책과도 친숙해지도록 내 방에 성경 만화, 성경 그림책, 이야기 성경책 등 성경과 관련된 책들을 많이 놓아 주었다. 또 성우들이 녹음한 성경 이야기 테이프도 있었다. 하나님께서 삼손에게 놀라운 힘을 주시고 블레셋 군사들을 물리친 이야기, 물맷돌로 골리앗을 무너뜨린 소년 다윗의 이야기, 천사와 씨름하여 이긴 야곱의 이야기 등, 성경 이야기가 너무 재미있어서 테이프가 늘어지도록 들었다. 어려서부터 접한 성경 말씀들은 나를 주님과 친밀하게 했고, 언제나 나를 주님께로 이끄는

복이 될지라

빛이 되었다.

우리 가정은 일주일에 두 번씩은 '징검다리'라는 교재로 가정 예배를 드렸다. 아버지가 말씀을 전하고 가족들이 돌아가면서 기도를 드렸다. 가정 예배는 자칫 잔소리 예배가 되거나 하나님의 이름을 빙자해 부모의 욕망을 드러내는 시간이 되기 십상이다. 그러나 우리 집의 가정 예배는 말 그대로 '예배'였고 나에게는 그 시간이 하나님께 더 가까이 가는 시간이었다.

아버지는 이런 과정을 통해 나에게 "복이 되는 사람이 되라"는 소명을 일깨워 주었다. 아버지는 창세기 1장 2절 말씀으로 비전을 받았다고 했다. "너는 복이 될지라"는 말씀이다. 복이 되라는 것은 아브라함만이 아니라 믿는 자에게 부여된 지상 명령이다. 아버지는 받은 비전대로 늘 복이 되는 삶을 살고자 노력했다. 자신만 복을 누리는 것이 아니라 받은 복을 나누고 흘려보내기 위하여 최선을 다했다. 아브라함과 이삭과 야곱에게 그러하신 것처럼 나에게도 하나님의 크신 뜻과 계획이 있다고 아버지는 말씀했다. 아버지께서 복이 되듯, 나도 복이 되고 후손 대대로 복이 되며 복을 나누는 사람이 되는 것이 우리 가문의 비전이다. 아버지의 소명이 나의 소명이고 나의 소명이 아버지의 소명이다.

한 살 터울인 형님과 나는 어려서부터 친구처럼 자랐다. 어렸을 적에 부모님은 교회 일로 바빠서 집을 비울 때가 많았다. 형님과 나는 서로에게 의지할 수 있는 최고의 친구였다. 그럼에도 남자 아이 둘이 집에 있다 보니 다툴 때도 참 많았다. 그런데 고등학교를 졸업하고 나서부터는 아버지께서 형님에게 존댓말을 쓰라고 했다. 친구처럼 자란 연년생 형제를 그렇게 존대하는 것이 사실 쉬운 일이 아니다. 태어나서 20년을 친구처럼 지낸 형에게 존댓말을 쓰기란 참 어색했다. 그러나 존댓말을 쓰면서 변화가 일어났다. 어려서는 둘이 참 많이 다투며 자랐는데 존댓말을 하고 나서부터는 한 번도 다투거나 감정 상하는 일이 없었다. 형님은 참 우직하다. 맡은 일에 늘 최선을 다하고 인간관계가 좋아 친구들도 많다. 멀리서 목회하는 아우를 응원해 주는 형님의 말 한마디는 늘 큰 힘이 된다. 사랑 많고 배려심도 깊은 참 듬직한 형님이다.

아버지는 정보 통신에 관하여는 젊은 사람들을 앞서가는 신세대 목회자다. 1990년대 초반, 내가 초등학생이던 시절에는 아직 멀티미디어 시대가 활짝 열리기 전이었고 컴퓨터도 일상에 보급되기 전이었다. 아버지는 일찍이 컴퓨터를 배워서 그것을 목회에 활용했다. 지금은 누구나 스마트폰을 사용하는 시대이다. 아버지는 목회나 설교에 도움이 되는 어플이 있으면 늘 한발 앞서 적극적으로 활용하며 아들인 나에게도 유익한 정보를 알려 주곤 한다.

지금은 어느 교회에서나 영상으로 예배를 드린다. 그런데 1990년대 초반에는 거의 찾아볼 수 없는 광경이었다. 아버지는 멀티미디어 예배를 시도했고 정착시켰다. 방송실을 만들고 음향, 영상 시스템을 구축하여 더욱 생동감 있는 예배를 드렸다. 뮤지컬, 워십, 스킷드라마 등 다양한 요소들을 예배에 접목시키기도 했다.

아버지는 늘 예배를 귀하게 여기고 예배에 정성을 쏟았다. 예배가 살아야 모든 것이 산다고 한다. 하나님 보시기에 늘 최선의 예배를

복이 될지라

올려드려야 한다는 것이다. 버크하르트(John E. Burkhart)는 예배란 하나님께서 하신 것, 하고 계신 것, 그리고 하시기로 약속하신 것에 대한 인간의 홍겨운 응답이라고 하였다. 본향교회는 이러한 하나님의 크신 은혜에 대하여 최선의 홍겨운 응답을 위해 주일 전 토요일에는 모든 예배 위원들이 모여서 기도하고 리허설을 한다.

특히 본향교회에서 매달 드리는 헌신 예배가 참 인상적이다. 각 부서와 기관이 콘셉트, 대본, 의상, 음악 등을 자체적으로 준비하여 하나님께 예배를 올려드린다. 성도들은 이 한 번의 예배를 위해 자신들의 달란트를 마음껏 발휘하여 하나님께 영광을 올려드리고 성도 간의 관계는 더욱 친밀해지며 정성스럽게 준비한 예배에서 은혜와 감격을 누린다.

본향교회 교인들은 참 좋은 성도들이다. 좋은 교회는 좋은 성도들이 만든다. 그래서 본향교회는 참 좋은 교회다. 본향교회는 무엇보다 섬기는 가운데 성장하는 교회이다. 일찍이 경로잔치와 불우이웃 돕기, 청소년을 위한 공부방 개설 등 지역 사회와 함께 존재했다. "너는 복이 될지라"라는 아버지의 일관성 있는 목회 철학으로 성도들은 언제나 복이 되기 위해서 섬기는 훈련을 잘 받았다. 그래서 본향교회 성도들은 광주에서 잘 섬기기로 소문이 나 있다.

아버지에게 배운 목회 중 하나는 성도 한 사람 한 사람이 얼마나 귀한지를 아는 것이다. 아버지는 성도들을 혈육보다 귀하게 생각했다. 그러다 보니 아버지가 성도의 가족이 되었고 성도들은 본향교회의 가족이 되어 늘 화목한 교회가 되었다. 본향교회는 목회자의 말씀에 순종하고 다툼과 분열이 없으며 행복 지수가 참 높은 교회다.

본향교회는 내 아버지의 인생과 함께한 교회이기도 하며 내 고향이고 고향 집이고 고향 교회다. 내가 태어나고 먹고 마시고 자라고 배운 곳이며 믿음을 키워 온 교회다. 나는 본향교회에 빚을 졌다. 지금도 나를 위해 기도해 주시는 분들이 계시다는 이야기를 들을 때면 참 감사하다.

나는 힘들고 어려운 일이 있을 때마다 부모님께 기도를 부탁드린다. 내가 약해질 때마다 부모님의 기도는 참 위로가 되고 내 마음을 다잡게 하는 원동력이 된다. 부모님은 내가 포기하고 싶을 정도로 힘든 일을 당할 때마다 하나님의 훈련과 연단의 때를 잘 견디어 내라고 늘 말씀한다. 나는 힘이 들어 괴로운데, 하나님께서 길을 열어 주실 때까지 기다리고 견디어 내며 이겨 내야 한다고 말씀하는 부모님이 내심 서운할 때도 있었다. 그러나 시간이 지나고 나면 그때 말씀대로 견디지 못하고 포기했더라면 참 후회할 뻔한 일이 많다. 우리 아버지와 어머니는 나를 아버지의 아들이자 어머니의 아들이기 전에 철저하게 '하나님의 아들'로 키우기를 원했다.

무엇보다 어머니는 참 알뜰한 분이다. 시집올 때 가져온 다리미를 아직도 사용하신다. 예쁘고 사용하기 좋은 최신 다리미가 있는데도 36년 동안이나 마르고 닳도록 옛날 것을 사용하고 있다. 이제 그만 버리라고 하여도 그러지 않는다. 새 성전으로 이사올 때 교인들이 어머니 몰래 그릇들을 버리기도 했다. 어머니가 알면 하나도 버리지 않고 가져올 것 같아서 그렇게 하였다고 한다.

어머니는 어린 우리에게 좋은 경제관념을 가르쳐 주기도 했다. 컴

퓨터라든지 우리가 원하는 것을 사줄 때에는 거저 주는 것이 아니라 아르바이트 급여나 용돈을 모아서 나중에 그 값을 다 지불해야 하는 식으로 훈련시키셨다. 거저 얻는 것을 당연하게 생각하는 것이 아니라 늘 정당한 노력과 대가가 함께 따라야 한다는 것을 가르친 것이다. 그렇게 노동을 하여 마련하면 물건도 아끼고 돈도 절약하는 습관을 갖게 된다. 또 토큰을 활용해서 용돈을 줬다. 청소를 하면 토큰 몇 개, 아버지 구두를 닦으면 토큰 몇 개 이런 식으로 토큰에 해당되는 금액을 취합해서 용돈을 줬다. 넉넉하지 않은 용돈이었지만 작은 돈 하나라도 그것의 가치와 땀의 의미를 가르쳐 주려 했던 어머니의 지혜로운 교육 방법이었다.

나는 강원도 양구의 최전방 부대로 배정이 되어 육체적으로는 참 힘든 군 생활을 했다. 보통 부모님들은 아들이 편한 곳 가도록 기도할 텐데 어머니는 전방에서 가장 힘든 부대로 아들을 보내 달라는 기도를 했다고 한다. 어머니는 내가 군대에서 인내를 배우기를 바랐던 것이다. 그러고 보면 하나님은 우리 어머니 기도를 참 잘 들어주시는 것 같다.

인내는 목회자에게 아주 중요한 덕목이다. 어머니 기도대로 나는 군대에서 인내를 배웠다. 육체의 고통에 대한 인내뿐만 아니라 나 자신과의 싸움과 인간관계에 대한 인내를 배웠다. 인내심 없던 나를 훈련시키기 위해 하나님이 나를 힘든 군부대로 보낸 것 같다. 가뜩이나 방황하던 시기에 군대마저 편한 곳에 갔다면 나는 인내를 배우지 못했을 것이다.

나는 마음이 어렵고 힘들 때면 어머니께 전화를 한다. 어머니는 새벽마다 자녀를 위한 기도를 빼놓지 않는다고 한다. 어렸을 적부터 장년이 된 지금도 마찬가지이다. 어렸을 때는 특별 새벽 기도회 기간 동안 하루도 빠지지 않고 우리 형제를 데리고 다녔다. 가족끼리 맨 앞자리에 앉아서 기도하고 나올 때면 출석 스티커를 받는 기쁨이 참 컸다. 너무 졸려서 늘 반쯤 눈이 감긴 상태로 교회를 나왔다. 어머니는 졸아도 교회 나와서 졸라고 했다. 스스로가 기도의 본이 되었던 어머니는 우리가 어렸을 때부터 늘 기도를 강조했다. 집에 있지 않으면 교인 심방을 가거나 기도하러 간 것이었다.

어머니의 기도의 위력은 놀라웠다. 결혼한 지 4년 동안 아내는 임신을 하지 못했다. 어머니는 무엇인가 문제가 있으면 문제를 제거해 주시고, 출산의 좋은 환경을 만들어 달라고 기도했다. 2014년 말, 아내의 임신이 어려웠던 원인을 알게 되었다. 감사하게도 하나님께서는 문제까지 제거해 주셨고, 올해 초 소중한 생명의 선물을 우리 부부에게 안겨 주셨다. 하나님은 정말로 우리 어머니의 기도를 잘 들어주신다는 사실을 다시 한 번 확인한 순간이었다.

지금보다 젊은 시절에 나는 방황을 많이 했다. 이제 생각해 보면 잘못한 일도 참 많다. 내 모든 것을 알고 있었을 텐데도 어머니는 내가 다시 돌아오기만을 기다리고 있었다. 방황이 끝나기를, 하나님께서 돌이켜 주시기를 늘 뒤에서 기도해 주었다.

내가 방황할 때 부모님은 내가 본인들의 자녀이기 전에 하나님의 자녀임을 알고 계셨다. 그래서 하나님께서 나를 바른 길로 지도해 주실 것을 믿었다. 낙오자가 될 뻔한 내 인생을 회복시켜 주신 하나님의 크신 은혜와 섭리 가운데, 우리 부모님의 담대한 믿음과 기다림이

복이 될지라

있었다는 사실을 깨달았다.

나는 어렸을 적부터 아버지를 존경했고 아버지처럼 목사가 되고 싶었다. 그러나 시간이 지날수록 목사가 되고자 하는 마음이 약해졌고 두려워졌다. 사춘기에 접어들고 나서는 아버지처럼 목회를 잘하지 못할 것 같다는 두려움이 앞섰기에 나는 다른 길로 가고 있었다. 어느덧 부모님께서도 내가 목회를 하지 않으리라는 사실을 알게 되셨지만 아무 말씀도 하지 않았다. 지금 생각해 보면 묵묵히 기도하며 주님께 모든 것을 맡기고 기다렸던 것 같다.

2007년 초, 본향교회에서 성지순례를 떠난다고 했다. 아버지는 자녀에게 무엇을 강요하는 성격이 아니다. 그런데 그때는 아버지가 성지순례를 같이 가자고 했다. 처음에는 가고 싶지 않았다. 그런데 아버지는 평소와는 달리 꼭 함께 갔으면 한다고 거듭 권면했다. 아버지의 권면을 더 이상 거절할 수가 없어서, 이번에 마지막으로 아버지 말씀에 순종하고 이제 내 갈 길을 가야겠다고 마음을 먹었다. 성지순례에 가서 모세가 소명 받은 곳, 엘리야가 누웠던 로뎀나무, 세례요한이 기도하던 곳, 복음을 전하다 바울이 갇힌 곳, 예수님께서 눈물을 흘리며 기도하시던 겟세마네 동산, 주님이 십자가를 지시고 걸어가신 비아 돌로로사를 지나는 동안, 하나님께서 "네가 어디를 가든 너와 함께한다"는 말씀을 주셨다.

내가 너와 함께 있어 네가 어디로 가든지 너를 지키며 너를 이끌어 이 땅으로 돌아오게 할지라 내가 네게 허락한 것을 다 이루기까지 너를 떠나지 아니하리라 하신지라(창 28:15).

성지순례를 하면서 지금까지 나와 함께하신 임마누엘의 하나님을 묵상했다. 그리고 돌아와서 금요 철야 기도회에 참여했다. 성지순례 팀이 특송을 했다. 그런데 특송 중에 하염없이 눈물이 흘렀다. 방황하던 날들을 보낸 나의 모습이 하나님 앞에 너무나 부끄럽고 죄송스러웠다. 그럼에도 불구하고 변함없이 "너를 사랑한단다" 말씀하시는 주님의 마음이 느껴져서 너무 마음이 아팠다. 어렸을 때부터 자연스럽게 목사의 꿈을 키워 왔지만 언제부터인가 다른 길로 가겠다고 다짐했다. 하지만 그 무엇을 해도 기쁘지가 않고 주님이 원하시는 길이 아닌 것처럼 느껴졌다. 계속해서 마음속에 불편함이 있었다. 내가 가야 할 길이 정말 목회자의 길인가? 그동안 나의 기도 제목은 이것이었다. "주님, 확신과 믿음을 주시면 이 길을 가겠습니다."

특송이 끝나고 기도하던 중 이런 음성이 들렸다. "목회는 네가 하는 것이 아니다. 내가 하는 것이다!" 기도할 때 확신이 왔다. 그동안의 불안과 두려움으로 가득 찼던 마음은 어느 때도 느낄 수 없었던 평안함으로 채워졌다. 하나님께서 함께하심이 느껴졌다. 하나님께서 모든 것을 책임져 주실 것이라는 확신이 왔다. 그 길로 아버지와 어머니 앞에 가서 무릎 꿇고 신학을 하겠다고 말씀드렸다.

사실 나는 고등학교 때 성적이 썩 좋지 않았다. 대학도 재수를 해서 갔다. 그런데 신대원 입시를 준비할 때는 공부에 맛을 들이기 시작했다. 열심히 기도했고 최선을 다해 공부했다. 장신대 입시를 준비하는 모 스터디에서 실시한 모의고사에서 1등을 했다. 당시에 수험생 이름을 아이디로 적었는데, 스터디 인터넷 카페에 가서 결과를 확인해 보니 1등에 내 아이디가 있었다. 그 순간 하나님께 영광과 감사

를 올려드렸다.

그 어렵다는 장신대에도 한 번에 상위권의 성적으로 입학했다. 특히 말씀을 공부하는 것이 정말 재미있었고, 말씀 전하는 일이 최고의 행복이 되었다. 동기가 강하게 작용했던 것이다. 공부 못하는 것이 문제가 아니라 목표가 없는 것이 문제다. 목표가 확실하다면 누구나 최선을 다할 수밖에 없다. 하나님께서 부르셨다는 그 소명감이 나를 끈기와 열정으로 이끌어 주었다. 아버지와 성지순례를 가지 않았다면 나는 더 먼 길을 돌아왔을지도 모른다. 아버지께 감사드린다.

얼마 전 고향에 내려간 나는 아버지와 운동을 갔다. 당시 아버지는 심장이 좋지 않아서 음식 조절을 하고 운동도 해야 했다. 교회 가까운 곳에 공원이 잘 조성되어 있어서 산책을 나갔다. 모처럼 아버지와 많은 이야기를 나눌 수 있었다. 아버지는 늘 하는 말씀대로 우리가 많은 복을 받았으니 그 복을 나누며 살아야 한다고 했다.

아버지는 목회는 취미처럼 해야 한다는 말씀도 했다. 취미는 즐거운 것이며 즐기면서 하는 것이다. 목회를 일로 생각하면 참 어렵고 힘들고 기쁨도 덜할 것이다. 하지만 목회를 취미처럼 즐기면서 하면 목회가 힘들지 않고 어렵지 않고 참으로 즐겁고 행복한 일이 될 거라고 했다.

아버지가 심장인공혈관 수술을 마친 지 얼마 되지 않은 때라 다시 위기의 순간이 오면 어떡하나 나는 늘 긴장했다. 그래도 한편으로는 아버지 젊은 시절에 이미 한 번 잃을 뻔했던 생명을 살려 주신 하나님께서 아직 우리 아버지를 통해 하실 일이 많으실 텐데 믿음 없이 무슨 걱정을 하나 생각을 하니 마음이 편안해졌다.

아버지는 나의 최고의 멘토이고 내가 가장 닮고 싶은 분이고 내가 가장 존경하는 분이다. 나는 아들로서 내 아버지를 자랑하려는 게 아니라 아버지와 함께하시고 아버지를 통해 역사하신 예수 그리스도를 자랑하고 싶다. 주님의 종으로 매인 바 되어 살아온 아버지를 자랑하는 것이 곧 그리스도를 자랑하는 것이라고 생각한다.

아버지의 좌우명은 "나는 자신을 위하여는 아무것도 원치 않는다. 그러나 주님을 위하여는 모든 것을 원한다"이다. 아버지가 오직 예수님을 위해 사셨더니 주님이 우리 아버지를 귀하게 사용하셨다.

나에게 이르시기를 내 은혜가 네게 족하도다 이는 내 능력이 약한 데서 온전하여짐이라 하신지라 그러므로 도리어 크게 기뻐함으로 나의 여러 약한 것들에 대하여 자랑하리니 이는 그리스도의 능력이 내게 머물게 하려 함이라(고후 12:9).

하나님께서 아버지에게 교회와 지역 사회와 지역 간의 화합과 총회를 섬기는 많은 일들을 맡겨 주셨다. 그리고 이제는 100회 총회장까지 맡겨 주셨다. 시골의 보잘것없던 한 청년을 이렇게 귀하게 사용하신 이유가 무엇일까. 그것은 아버지가 한 영혼을 살리기 위해 생명을 걸었기 때문이 아닐까.

하나님을 존귀히 여기는 사람을 하나님께서도 존귀히 여기신다. 복음을 위해 자기 생명도 아끼지 않는 사람을 하나님께서는 시대의 일꾼으로 사용하신다는 사실을 아버지의 삶을 통해서 보고 배웠다.

복이 될지라

지금도 나는 너무나 부족한 것이 많지만 아버지를 닮기 위해, 그리고 아버지 같은 목회자가 되기 위해, 복이 되는 인생이 되기 위해 도전하고 있다.

아버지는 섬기는 습관이 몸에 배신 분이다. 한국 교회를 화평케 하며 한국 교회의 회복과 민족의 복음화를 위해, 하나님이 더욱 기뻐하시는 종으로 아버지가 쓰임 받기를 간절히 기도한다. 나를 위해서는 아무것도 바라지 않고 하나님을 위해서는 모든 것을 하는 믿음으로 살기를 결단하는 모든 이들에게 도전을 주고, 아직 주님을 알지 못하는 많은 이들에게 복의 통로가 되는 하나님의 종이 되기를 기도한다.

지역의 독거 노인들에게 연탄을 배달한 뒤 함께 기도하는 모습.

'한마음 체육대회' 때 교우들과 환담하는 모습.

채영남 목사와 본향교회는 그들이 내딛는 걸음마다 죽은 나사로가 깨어나고 엘리야 선지자의 환상처럼 마른 뼈가 살아나며 모세가 홍해를 가르고 여호수아가 요단강을 가르던 기적과 축제의 현장이 되기를 소망한다. 그리고 그들은 오늘 이 순간도 그 부르심에 응하기 위해 한 걸음씩, 쉬지 않고 전진한다.

2009년 대한예수교장로회 통합 교단 94기 부총회장 선거에서 패배한 채영남 목사는 지나온 삶을 잠시 돌아보았다. 돌이켜 보면 그의 인생에서 아주 잘된 일은 그리 많지 않았다. 고등학교 때는 방황하느라 공부를 하지 않았고, 대학도 겨우 갔고, 평생 몸이 허약했고, 광주 동노회 부노회장 선거에서도 두 번이나 떨어졌다. 자신의 인생에서 성공이랄 것은 거의 없었다. 하지만 채영남 목사가 한 가지 분명히 알고 있는 사실, 그 무엇과도 바꿀 수 없는 감사한 사실이 있다. 하나님은 그의 편이며 채영남은 하나님 편이라는 사실이다. 또 본인이 지금까지 하나님께 위임받아 목양을 해온 본향교회는 늘 그의 편에 있다는 사실이다.

IMF 직후 두 자녀와 힘겹게 살아가던 한 여인이 직장에서 퇴출

당하고 살기가 어려워지자 자녀들과 함께 집단 자살을 기도한 사건이 있었다. 자녀들은 죽고 자신만 살아난 비극적 사건이었다. 뉴스에서 그 사건을 접한 채영남 목사는 그 여인의 집 현관문에 모 교회의 교패가 붙어 있는 걸 발견했다. 성도가 자녀들과 자살을 하는 상황이 될 때까지 교회가 그 사실을 몰랐다는 것이 가슴 아팠다.

목회자로 살아오는 동안 초지일관 '복이 되는 목회'를 해왔지만 이 뉴스를 계기로 많은 생각을 하게 되었다. 혹시 본향교회에는 저런 성도가 없는지, 또 우리 지역에서 저런 상황에 처한 사람은 어떻게 돌봐야 하는지, 또 소외된 자들을 위해 헌신해야 할 부분은 무엇인지에 대해 더욱더 적극적인 관심을 갖게 되었다.

교회는 어려운 사람을 방관하면 안 된다. 목회자 혼자 힘으로 해내기 어려운 일을 조직은 해낼 수 있고, 개교회에서 처리하기 어려운 일을 교단이 움직이면 충분히 감당할 수 있다. 이런 측면에서 노회 일이나 총회 일 혹은 사회적으로 필요한 부분에서 사명감을 가져야 한다. 위정자들이 지역이나 국가 경영을 통해 다스림을 실천하듯이 목회자도 지경을 넓혀서 복을 나누는 패러다임을 키워야 한다.

야고보서 2장 15-16절은 이렇게 말한다.

만일 형제나 자매가 헐벗고 일용할 양식이 없는데 너희 중에 누구든지 그에게 이르되 평안히 가라, 덥게 하라, 배부르게 하라 하며 그 몸에 쓸 것을 주지 아니하면 무슨 유익이 있으리요.

교회는 소외된 자들의 신음 소리를 들어야 한다. 그리고 교회가 선한 사마리아 사람이 되어 그들을 도와야 한다. 무엇보다도 예수님을 전하여 삶에 희망을 갖게 하고, 용기를 가지고 인내하며 살아가도록 위로의 메시지를 전해야 한다. 말로만 도울 것이 아니라 물질적으로도 도와야 한다.

이런 점에서 채영남 목사와 본향교회는 할 수 있는 한 최대한 섬긴 게 아니라, 할 수 없어도 부족해도 자신들이 굶주리더라도 이웃을 섬기려고 노력했다.

본향교회는 매월 마지막 주일을 '실직자를 위한 사랑의 주일'로 정하고 봉급 나누기 운동을 전개했다. 특정한 주일에는 택시를 타고 교회에 와서 거스름돈은 받지 않고, 택시 기사들에게 선물을 나눠주기도 했다. 한국 교회가 다 복을 나누는 운동을 전개할 수 있다면, 수많은 이웃을 육신의 죽음에서 건질 뿐만 아니라 침체되어 있던 선교의 장도 활짝 열리리라는 믿음이 본향교회를 섬기는 교회로 거듭나게 했다.

교회가 사랑을 전하는 곳이라면 모든 사람들에게 열린 공간이어야 한다. 한국 개신교 선교 초기, 교회는 지역 주민의 공공 교육기관이자 사랑방이었다. 오늘날도 그런 아름다운 전통을 이어갈 때 교회가 소금과 빛의 역할을 감당한다.

오늘날 많은 교회가 말씀으로, 경제적으로, 성도의 숫자로, 선교로 이름을 날린다. 그 외에도 성령 운동이나 치유로 이름을 날리기도 한다. 그러나 사랑으로 이름을 날리는 교회는 참 드물다. 본향교회와 채영남 목사가 지향하는 바는 다름 아닌 '사랑'으로 이름을 날리는 교회다. 소문나기 위해 사랑하는 교회가 아니라 사랑해서 소문난 교회, 사랑 자체인 교회를 만들기 위해 일관되게 "너는 복이 될지라"를 외치는 자가 채영남 목사다.

채영남은 항상 조용히 뒤에 서 있을 뿐 말이 없다. 그러나 행동은 그 누구보다 빠르다. 의견은 난무하나 실천은 없는 세상에서 채영남은 묵묵히 바라보다가 누구보다 빠르게 실천의 본을 보이는 사람이다. 말은 적게 하고 겸손한 자세로 임하면서 복을 주는 행동에 앞장선다. 채영남이 열심히 섬기다 보니 자연스레 수많은 '자리'에 앉게 되었다.

채영남의 주요 이력

- 대한예수교장로회(통합) 제100회 총회장
- 광주동노회 노회장(12회기, 2008)
- 총회 농어촌 선교 연구소 이사장(현)
- 총회 예배학교 교장(현)
- 총회 100주년기념 예배 목회 매뉴얼 집필 위원장(현)
- 총회 훈련원 원장(전)
- 광주 장로교회협의회 대표회장(전)
- (사)라이즈업코리아 운동 본부 대표회장(현)
- 호남신학대학교 객원교수 및 신학교육자문위원(현)
- 모스크바 장로회신학대학교 객원교수 및 이사(현)
- (사)해피 광주 및 광주 성시화 운동 본부 대표회장(현)
- CTS 광주방송 이사장(전)

- 한국기독교군선교연합회 광주지회장(현)
- 넬슨 만델라 광주 추모 행사 준비 위원장(2013년)

그러나 그 많은 것들 중 어느 하나도 영광받고 대접받는 직함은 없다. 하다 못해 밥 한 그릇이라도 더 내야 하고 물 한 잔이라도 더 대접해야 하는 섬김의 자리다. 광주 성시화 운동이나 농어촌 교회 돕기 등 모든 자리가 다 섬겨야 하는 자리였다.

채영남 목사는 '자리'가 아니라 '복이 되는 일'을 하는 데에 관심이 있다. 그가 노회장이 되고 총회장이 되고자 했던 것은 그 자리를 통해 더 크고 효율적으로 복을 나눌 수 있기 때문이었다.

채영남 목사는 2008년에 광주 동노회 노회장이 되었다. 노회장이 되기까지 에피소드가 있다. 채영남 목사가 열심히 일을 하니까 임원도 되고 서기도 되었다. 아직 젊은 나이임에도 주변 목사들의 적극적인 천거로 부노회장에 출마했다. 예장 통합 교단은 부총회장 선거에 당선되면 그 한 해 부총회장을 거쳐 이듬해에 총회장을 승계한다. 노회장도 마찬가지 과정을 거친다. 부노회장에 당선되면 다음 해에 노회장을 승계한다.

주변에서는 채 목사를 적극 후원하겠노라고 했고, 그렇게 말한 분들만 표를 주어도 자동적으로 노회장이 될 만큼 많은 분들이 채영남을 지지했다. 마침내 선거전이 시작되었다. 채영남 목사는 자신이 하고자 해서 나온 자리도 아니고 일하라고 해서 나온 자리니까 선거 운동을 할 이유가 없었고 하고 싶지도 않았다. 그런데 개척 교회를 하는 선배 목사 한 분이 열심히 선거 운동을 해서 당선되었고 채영남 목사는 고배를 마셨다. 다음 해에도 똑같은 과정을 거쳐 부노회장에 출마했다. 지난번에 떨어지기도 했으니 이번에는 당연히 채영남 목사가 당선되리라 여겼지만 이번에도 다른 출마자가 열심히 선거 운동을 한 결과 노회장이 되었다. 채영남 목사는 그렇게 두 번의 고배를 들어야 했다.

연달아 선거에서 졌으니 인간적으로 채영남 목사의 실망은 상당했을 것이다. 이런 경우 많은 사람들이 이솝 우화의 여우와 신포도 이야기처럼 '더러워서' 그 자리엔 안 간다고 할 수 있다. 아니면 더 이상 노회 활동을 안 할 수도 있다. 노회 활동을 하건 안 하건 교회는 이미 성장했고 채영남 목사의 입지는 굳어졌다. 노회가 알아주지 않는다 해서 채영남 목사가 목회를 못 할 것도 아니다. 그러니 노회건 뭐건 다 때려치울 수도 있는 상황이었다.

그러나 채영남은 그렇게 하지 않았다. 그럴수록 더 낮아졌다. 자신의 행동거지를 더욱 가다듬고 하나님 앞에 더 가까이 가는 기회로 삼았다. 자신의 안에 조금이라도 들어 있을 교만이나 욕심을 버리고 더 많이 비우는 계기로 삼았다. 세 번째 도전에서 노회장이 되자 바로 부총회장 후보가 되도록 주변에서 여러모로 도와주었다. 그러나 노회장 선거에서도 두 번을 떨어졌듯 총회장 선거에서도 쓴잔을 받아야 했다.

모세가 홍해를 건널 때 비바람이 몰아치고 험난한 파도 소리가 천지를 울리고 거대한 물의 절벽은 곧 쏟아질 듯했고 뒤에서는 바로의 병거들이 쏜살같이 쫓아오고 있었다. 상황만을 두고 본다면 모세는 겁에 질려 그 자리에 주저앉거나 뒤로 물러서야 했다. 그러나 모세는 하나님이 주신 사명이 있었기에 오직 앞으로 나갔다.

　채영남 목사도 멈추지 않았다. 수많은 직함을 가졌다고 누군가는 뒤에서 수군거리기도 했을 것이고, 노회장 총회장에 낙선되고서도 재도전하는 그를 흠잡으려는 사람도 있었을 것이다. 그러나 만일 그것이 명예욕이나 개인의 영달을 위한 일이었으면 채영남은 결코 한 걸음도 나서지 않았을 것이다. 그 자리가 모두 섬길 수 있는 자리, 더 크게 섬길 수 있는 자리, 하나님의 나라를 더 확장할 수 있는 자리이기에 두려워하지도 염려하지도 않고 앞으로 나아갔던 것이다.

　목사들이 노회장이나 총회장 자리에 오지 않는 이유가 있다. 가장 근본적으로는 하나님의 인도하심이 없어서 이 자리에 안 오는 것이다. 또 정치적인 일이라는 선입견 때문에 이 자리에 오지 않는다. 그러다 보니 교회와 주변 여건이 허락을 하지 않으므로 올 수 없다. 바꿔 말하면 소명과 비전 없이는 이 자리에 오지 못한다.

　많은 경우 교회 밖의 일을 정치적인 일로 생각을 한다. 목사는 오직 개교회 목회만 힘써야지 왜 노회나 총회 일을 하느냐고 한다. 그러나 과연 목사가 하지 않으면 누가 할 것인지 역으로 물어볼 일이다. 총회장도 사회 구제도 해외 선교도 모두 목사가 나서서 할 일이다. 아니 목사가 나서야만 하는 일이다. 하나님은 그런 역할을 하라고 목사를 세웠다. 군사들이 대오를 짜서 전진할 때 힘이 있듯이 목사들이 이처럼 연합해서 일을 하고 누군가 나서서 리더가 될 때 교회에 힘이 생기고 하나님 나라도 확장된다.

　채영남 목사가 총회 일을 하겠다고 할 때 처음에는 장로들이 만류했다. “목사님, 편안하게 목회나 하시지 왜 힘들게 총회 일까지 하시려 합니까" 하고 물었다. 그러나 이제는 총회 일이 채영남 목사와 본향교회의 비전이 되었다. 한 교회 당회장을 하면 교회에만 복이 미치지만, 노회와 총회 일을 하면 노회와 총회에 속한 모든 교회에 복이 된다.

여러 가지 사역 중에서 '광주 성시화 운동'은 교회적으로도 사회적으로도 참 중요한 일이다. 교회가 교회의 영역에만 머무르지 않고 하나님 나라를 사회까지 확장하여 우리가 사는 곳을 하나님의 거룩한 땅으로 만들어 가야 한다. 건강한 시민, 행복한 시민, 건강한 성도가 되자는 취지의 평신도 선교 운동이 성시화 운동이며 세계적인 운동이다.

성시화 운동의 효시는 종교 개혁자 칼빈이 스위스 제네바에서 일으킨 운동이며, 18세기에 영국의 존 웨슬리가 시카고 성시화 운동을 함으로써 사회적 운동으로 구체화되었다. 한국에서는 1972년 춘천을 시작으로 38개 시도 및 해외까지 이 운동이 점차 확산되고 있다.

성시화 운동은 본래 초교파적인 평신도 운동이므로 7년 동안 장로들을 중심으로 이어져 왔다. 그러나 평신도만으로 꾸려 가는 운동에는 여러 가지 한계가 노출되었다. 그리하여 목회자를 회장으로 추대하기로 결정했다. 광주 지역에서 성시화 운동의 정신과 활동을 이어 갈 적임자가 누구인지 논의한 결과 채영남 목사가 회장으로 추대되었다.

광주를 영적이고 거룩한 도시로 만들자는 좋은 뜻에도 종교 편향에 대한 사회적 반발 기류가 만만치 않았다. 그런 사회적 거부감을 줄이기 위해 '해피 광주'라는 사단법인을 만들었다. 사회와 교회의 화합과 화해를 위한 노력의 일환이었다.

또한 한국 사회에서 가장 큰 갈등이 지역 갈등이니 이 갈등의 해소를 위해 부단히 노력했다. 그 열매로 영·호남 화합을 위한 성시화 대회를 8년째 했고 2015년에 9회째 대회가 열릴 예정이다.

영·호남 화합을 하려고 보니 광주 사람들에게 가장 크게 걸리는 부분이 5·18 민주화 운동에 대한 사회적 화해의 문제였다. 세월이 흐르는 동안 진상 규명에 대한 목소리는 높았지만 실제적인 진상규명에는 미흡한 점이 있다. 피해자는 많은데 누가 사망했는지도 정확히 모르고, 가해자는 누구인지 명시적으로 밝혀지지 않았을 뿐더러 책임을 지는 사람도 없다.

가해자 측에서 활동하다가 후일 목사가 된 분이 있는데, 그분은 자신들도 피해자라고 주장한다. 그 당시에 군인들은 위에서 명령한 대로 따르지 않을 수가 없었다. 명령에 따라 움직였을 뿐인데 결과적으로는 장군이 이등병이 되고 훈장도 반납하고 연금도 못 받게 된 사람이 많다고 한다. 명령 체계에 따른 군인들도 피해자다. 이렇게 보면 시민들은 물론 당시 군인들 중에서도 상당한 피해자가 있었던 셈이다. 따라서 이 문제를 누군가는 해결해야 한다.

가해자였던 목사가 고민 끝에 동서 화합을 위해 5·18 갈등 해결의 역할을 감당하자고 광주 성시화 운동 본부에 제안을 했다. 이 문제를 해결하는 것은 우리 사회의 화해와 화합에 매우 중요한 문제임을 인식하고 서로 노력하기로 약속을 했다.

화해를 위해 필요한 요건으로 두 가지를 걸었다. 첫째는 피해자의 수용이 중요했다. 5·18 관련 5개 단체들도 이 문제가 어서 깨끗하게 매듭지어지길 원하고 있다. 오늘날까지 문제 해결이 되지 않아서 상처받는 그들도 괴로우니까 문제가 깨끗하게 해결되기를 바라고 있다. 그러나 가해 세력이나 그들에게 동조하는 자들은 지금까지도 걸핏하면 북한 괴뢰군이 주동을 했다고 하면서 상처를 안겨 주고 있다. 따라서 피해자가 수용할 만한 해결책을 모색하기로 했다. 둘째는 첫째 조건에 부합하게 하기 위해서 5·18 당시 권력 핵심부에 있던 누군가가 사과를 해야 했다. 헤아릴 수 없는 피해자에 대해 가해자 측에서 용서를 빌어야 용서를 하든 말든 할 것이다. 잘못한 사람이 와서 잘못했다고 하면 5·18 단체들도 수용하기로 하고 날짜와 장소를 정했다.

광주 성시화 운동 본부의 노력 끝에 신군부 핵심 인물 중 하나였던 정호용 씨가 와서 사과를 하는 것으로 하고 5·18 단체도 이 제안을 수용했다. 2013년에 프레스센터에 자리를 잡고 양쪽이 만나도록 약속을 잡았는데, 정호용 씨가 당일에 나타나지 않는 바람에 화해는 무산되었다.

결국 가해자들은 영원히 사과하지 않고 피해자들만 손가락질 받는 모양새로 세월이 흘러가고 있다. 어차피 책임자는 오지 않을 것 같으니 한없이 책임자를 기다릴 수도 없는 상황이었다. 5·18 단체들은 두 가지 조건을 내걸었다. 첫째는 '임을 위한 행진곡'을 부르게 해달라는 것이고, 둘째는 지금은 비어 있는 광주 국군통합병원 자리를 5·18 피해자들의 치유 센터로 사용하게 해달라는 것이다. 정신적으로 상당한 트라우마를 안고 사는 피해자들에게는 치유받을 곳이 필요하다. 이 문제를 청와대에 건의한 결과 긍정적으로 검토하겠다는 답변을 받았다.

광주 성시화 운동 본부는 이처럼 무너지고 허물어진 사회를 새롭게 건설하는 일도 한다. 그 누구도 하기 어려운 일을 하나님의 자녀로 모인 기독교인들이 해결해 나간다. 바로 이런 것이 천하 만민을 복이 되게 하리라는 하나님의 지상 명령을 실천하는 길이다.

채영남 목사가 개교회를 넘어 광주 지역은 물론 총회 일까지 맡아 하게 된 데는 무엇보다 든든한 힘이 있다. 채영남 목사는 '목사의 힘은 교회'라고 말한다. 채영남 목사는 가진 것도 없고 건강도 없으니 모든 것을 하나님께 맡긴 채 기도했다. 기도를 하면 하나님께서 앞장서서 이뤄 주셨고 교회가 힘이 되어 주었다. 사실 부총회장 선거에 두 번 나오기란 거의 불가능하고 한 번 나오기도 쉽지가 않다.

부총회장 선거는 전국을 5개 권역으로 나눠서 5년마다 돌아가며 부총회장을 뽑고, 당선된 부총회장이 익년에 총회장을 승계한다. 부총회장을 출마하기까지만 해도 보통 일이 아니다. 출마자 자신이 갖출 것들을 제대로 갖춰야 하지만, 무엇보다 교회가 뒷받침되지 않으면 불가능하다. 교회가 한마음이 되어 물심양면 후원을 해야 한다. 또 본인이 속한 노회와 지역에서 지지를 해야 한다. 그러나 교회와 주변이 지지를 한다 해도 본인에게 비전이 없거나 이 헌신을 정치적인 일로 치부하면 출마할 수 없다. 따라서 설령 총회장이 되려는 꿈을 꾸더라도 후보가 되는 것은 아주 어렵다.

부총회장 선거가 워낙 전국 단위이다 보니 선거 과정도 만만치가 않다. 선거를 치르다 보면 목회에 허술해질 수도 있다. 교회가 목사의 힘인데 자기 교회 목회가 허술해지면 결국 힘을 잃게 된다. 채영남 목사는 부총회장 선거를 치르면서도 본향교회의 목회에 최선을 다했다. 해외에 나가거나 하는 피치 못한 사정이 아니면 어떻게든 예배를 인도했고 성도들 심방도 소홀히 여기지 않았다. 총회와 교회 모두 그의 소명이니까 그 소명을 따르는 데 최선을 다한 것이다.

본향교회 성도들과 중직자들은 채영남 목사의 비전에 동참했고, 하나님의 소명을 이루는 든든한 동역자가 되어 주었다. 유럽의 많은 성전들이 세월의 무게를 견디지 못한 채 허물어졌다. 이스탄불의 성소피아성당은 지금 이슬람 성전이 되었다. 예루살렘의 성전도 폐허가 된 곳이 있다. 성전 건축은 세월이 지나면 허물어지게 마련이다. 그러나 사람을 하나 세우는 것은 성전 건축보다 더 큰 일이다.

우리 한국 교회사에 큰 족적을 남긴 인물 중에 김제 금산교회의 이자익 목사가 있다. 이분은 세 차례나 총회장을 한 역사적인 인물이다. 금산교회는 'ㄱ자 교회'로도 널리 알려져 있는데, 이 교회가 바로 테이트 선교사가 복음의 씨앗을 뿌린 곳이다. 이자익은 경남 남해에서 태어났으나 6세에 부모님을 여의고 고아가 되어 유리걸식하며 김제까지 온다. 그는 조덕삼이라는 부자의 집에 들어가 머슴살이를 하던 중 테이트 선교사를 통해 복음을 알게 되었다. 조덕삼은 자기 집 사랑채를 교회로 사용했으며 이자익의 혼례도 치러 주었다. 교회가 커지자 장로를 선출하는 투표를 했다. 모두가 조덕삼이 될 줄 알았으나 의외로 이자익이 장로가 되었다. 교회가 술렁거리자 조덕삼이 일어나서 "이 모든 것은 하나님의 뜻이니 이자익 장로를 잘 받들어 섬기겠다"고 선포했다. 그리하여 교회에서 조덕삼은 이자익을 '장로님'

으로 받들어 섬기고, 집에서는 이자익이 조덕삼을 '주인님'으로 섬겼다. 1년 후 장로로 피택된 조덕삼은 자기 땅을 내어 교회를 건축했다. 그 이후 조덕삼은 이자익을 평양신학교로 보내어 목사를 만들었고, 신학을 마친 이자익은 세 차례에 거쳐 총회장이 된다.

조덕삼이 지은 교회가 오늘날 문화재로 지정된 'ㄱ자 교회'다. 그러나 이자익 목사가 없었다면 그 교회가 오늘날 이렇게까지 회자되진 않을 것이다. 조덕삼이 세운 이자익이라는 인물 때문에 금산교회는 사라지지 않을 이야기를 남겼고 조덕삼 자신도 위대한 인물로 남게 되었다. 이런 면에서 사람 하나를 세우는 것은 성전을 세우는 것보다 나은 일이다.

본향교회는 광주에 있는 제법 규모 있는 교회다. 이 교회는 섬김과 헌신으로 이름난 교회다. 그리고 사랑의 실천으로 이름난 교회다. 그러나 본향교회가 채영남 목사를 총회장으로 세운 것은 교회를 세운 것보다 가치 있는 일일 것이다. 채영남 목사를 세움으로 인해 본향교회도 사역의 영역이 넓어지고 더 큰 영향력을 가질 수 있으며 하나님 나라를 확장하기에 더 좋은 위치에 서게 되었다.

채영남 목사는 미자립교회 교역자 지원 사업, 해외 선교, 군 선교 등 하나님 나라를 전파하여 사람에게 복이 되는 데에 쓰일 수만 있다면 그 일이 무엇이든 전심전력으로 섬겼다. 채영남 목사는 이렇게 말한다.

"오늘 이 순간 나의 나 된 것은 순전히 하나님의 은혜입니다. 앞으로도 이 은혜를 잊지 않고, 섬기며 나누는 일에 최선을 다하는 목회자가 되도록 기도하고 노력할 것입니다. 결국 주님의 이름으로 섬기는 것 외에 남는 것이 무엇입니까?"

채영남 자신의 이름이나 본향교회의 이름으로 섬기는 게 아니라 주님의 이름으로 섬기는 것이 그의 인생의 목표이고 지상 과제다. 하나님께서 아브라함에게 준 "너는 복의 근원이 될지라"라는 말씀을 교회의 평생 표어로 삼은 까닭도 바로 여기에 있다.

본향교회는 교회 사정이 어떠하든 그들이 해야 할 일을 게을리하지 않았다. 예수님이 이 땅에 섬기러 오셨듯 주님의 몸 된 교회로서 지역 사람들을 섬겨야 마땅하기에 주부대학과 노인대학을 설립했고 평생교육원도 개원했다. 교도소, 경찰, 독거장애인, 독거노인 돕기, 소년소녀가장 돕기 등 사회 전반에 섬김의 손을 뻗고 있다. 또한 영·호남 화합을 위해 부산시 금곡성문교회와 매년 한 차례 동서 화합 기도회를 개최하고 있다.

한편 복이 되는 영역을 국내에만 국한하지 않고 해외까지 지경을 넓히고 있다. 필리핀 마닐라, 러시아 루시바, 미국 로스앤젤레스에 본향교회를 개척했다. 그뿐만 아니라 모스크바 장로회신학대학을 비롯하여 10여 곳의 해외 선교지를 지원하고 있다.

헌신과 섬김, 복을 주는 교회, 총회장의 교회, 선교와 봉사, 사회와의 경계 허물기 등은 본향교회 하면 떠오르는 단어들이다. 그러나 이런 것들이 채영남 목사가 강조하는 핵심 가치는 아니다. 본향교회의 핵심 가치는 '예배'다.

채영남 목사는 사람에게 지치거나 일에 지치면 누워서 잠을 잔다. 잠을 자면 회복이 된다. 사람이 지쳐 있을 때 말을 하면 실수를 하고 행동을 하면 수습하기 어려워진다. 따라서 지칠 때는 잠을 자 버린다. 잠이 그를 회복시킨다. 잠언 3장 24절에 "네가 누울 때에 두려워하지 아니하겠고 네가 누운즉 네 잠이 달리로다"는 말씀이 있다. 하나님을 사랑하는 자에게 단잠을 주신다는 말씀대로 채영남 목사는 아무리 힘든 일이 있어도 누우면 곧장 잠이 들고 잠을 자고 나면 회복이 된다.

그러나 예배는 잠보다 더 강하고 빠른 회복을 준다. 채영남 목사는 이렇게 말한다.

"예배를 드릴 때 예수님이 임재하면 모든 문제가 해결된다. 예수님의 임재는 상한 마음도 치유하고 병도 고치고 지친 마음도 회복시켜서 독수리가 날개 쳐 하늘로 날아오르듯 강렬한 회복을 경험하게 한다. 예배야말로 모든 믿는 이의 본질이며 하나님을 만나는 가장 강력한 통로다."

채영남 목사는 예배에서 하나님을 만나야 함을 대단히 강조한다. 예배에서 하나님을 만나야 한다는 것은 아주 당위적인 말이다. 하지만 현실은 그렇지 않다. 예배 시간에 조는 자도 있고 자는 자도 있고 잡념에 빠지거나 사람의 눈을 의식하는 자도 있다. 또 하나님께 예배 드리는 게 아니라 자기 위로에 급급하거나 이른바 은혜받는 일에만 집중하기도 한다. 하나님을 경배하기보다 자아도취에 빠지기도 한다.

그러나 예배는 하나님을 만나는 것이 목적이므로 하나님을 만나지 못하면 그것은 실패다. 예배는 하나님을 만나는 유일한 수단이며 최고의 복이다. 하나님은 예배하는 곳을 찾으시고 예배하는 자를 찾으신다. 하나님을 찾고 싶다면 하나님을 간절히 보고 싶어 해야 하나

복이 될지라

님도 예배자를 만나 주신다.

하나님을 만나는 것이 예배인데 하나님이 만나 주지 않는다면 그 것은 예배일 수가 없다. 하나님을 만나기 위해서는 오직 하나님의 영광을 생각하고 하나님께만 집중해야 한다. 예배자는 모두 연기자이고, 관객은 오직 하나님 한 분이다. 모든 연기자가 관객을 감동시켜야 하듯이 모든 예배자는 하나님을 감동시켜야 한다. 목사건 성가대원이건 기도자건 예배 준비자이건 그 누구라도 하나님 한 분에 집중해야 한다. 예배의 대상이 사람이 아니므로 사람을 의식해선 안 된다. 설교자들이나 찬양 대원들이 무대에서 내려온 다음의 태도가 달라진다면 그건 회중을 의식하는 것이다. 예배의 전부가 하나님을 감동시키기 위해 바쳐져야 한다.

11세기 영국의 카뉴트 왕이, 대관식 때 왕관을 씌워 주자 "나 같은 죄인이 어떻게 왕관을 쓸 수 있겠는가. 오직 예수님만 왕관을 쓸 수 있다"며 평생 왕관을 쓰지 않았다고 한다. 예배란 예수님께, 하나님께 왕관을 씌워 드리고 인간은 그 앞에 엎드리는 것이다. 그런데 인간이 자꾸 왕관을 쓰려고 하니 하나님이 임재할 수가 없다. 마음을 다하고 생명을 다하고 뜻을 다해서 주 하나님을 높여 드릴 때에 주님의 임재가 이뤄진다.

실로 본향교회의 예배는 하나님 중심으로 설계되어 있다. 본향교회는 하나님을 왕으로 모시기 위한 세밀한 준비를 하므로 굳이 '설계'라는 말을 사용했다. 왕이 등장할 때는 모든 의전을 완벽하게 갖추어 왕을 맞이한다. 예배도 마찬가지로 하나님을 맞이하기 위한 의전을 해야 한다. 하나님을 최고의 자리에 모시기 위해 본향교회는 예배 리허설을 할 만큼 예배 준비를 위해 최선을 다한다.

1985년 50평짜리 가건물 교회일 때 본당에서 드럼과 기타를 연주했다. 당시로서는 매우 파격적인 일이었고 전국적으로도 혁신적인 도입이었다. 그런가 하면 1996년 광주시에서는 처음으로 영상 예배를 도입했다. 멀티미디어 시대를 맞아 예배 갱신을 시도한 것이다. 교회는 강대상 뒤에 스크린을 설치하고 예배 시간에 채 목사의 메시지에 맞는 동영상과 이미지 영상을 내보냈다. 예배가 생동감으로 넘쳐 흘렀고 축제 같은 예배를 진행했다. 예배자로 살았던 다윗이 사람들의 눈치를 보지 않았던 것처럼 세상이 어떻게 평가하고 사람들이 어떻게 바라보느냐는 채영남 목사의 관심사가 아니었다.

본향교회 성도들은 이렇게 고백한다.

"예배는 하나님을 만나는 시간이자 기적의 현장이 되어야 한다며 담임목사님이 영상 예배를 도입했다. 영상 예배를 시작한 후 예배가 더 뜨거워졌고 은혜도 넘쳤다. 우리 성도들은 우리 교회에 예배에 대단히 만족하고 있다."

본향교회의 강단에는 의자가 없다. 예배 인도자 한 사람 외에는 강단에 아무도 오르지 않는다. 영광 받을 분은 오직 하나님 한 분이므로 설교자의 자리도 치워 버린 것이다. 설교자의 자리는 성도석 맨 앞줄에 마련되어 있는데, 그것도 설교자가 앞으로 나가야 하니까 맨 앞에 둔 것이다.

성가대석도 따로 없다. 성가대원들이 회중을 마주 보고 있으면 자칫 그들이 영광을 받을 수 있다. 성가대원도 회중석에 앉았다가 순서가 있을 때만 올라간다. 기도자도 강단에 오르지 않는다. 회중석 맨 앞으로 나와서 기도하되 강대상을 향해서 기도한다. 다른 교회와 특별히 다른 점은 설교 후 결단 기도에 이어 주님이 가르친 기도를 한다는 점이다. 광고 등 하나님을 경배하는 내용 외의 순서는 목사의 축도 이후에 진행한다.

채영남 목사의 이러한 예배 철학은 본향교회의 찬송가에도 드러난다. 채영남 목사가 평생토록 가장 사랑하는 찬송가는 94장 '주 예수보다 더 귀한 것은 없네'이다. 그런데 본향교회에서는 "주 예수보다 더 귀한 것은 없네" 이렇게 부르지 않고 "주 예수님보다 귀한 것은 없네"라고 부른다. 이 세상의 높임 받는 자들에게는 모두 '님'자를 붙이는데 어떻게 예수님에게만 '예수'라고 하느냐, 예수님께 '님'을 붙여야 한다는 게 채영남 목사의 주장이다. 그래서 본향교회에서는 찬송가에서 '예수'라는 단어가 나오면 반드시 '님'을 붙여서 '예수님'이라고 고쳐 부른다.

아주 작은 부분이지만 성도들 마음에서 변화가 일어났다. 주님을 생각만 해도 가슴이 뛰게 된 것이다. 그만큼 채영남 목사는 절대자인 예수님을 진정한 절대자로 받들어 모신다. 그러한 신앙관이 예배를 최고의 가치로 두게 만든 것이다.

본향교회의 성찬식은 매우 특별하게 진행된다. 성찬식 때 교회는 떡을 마련한다. 기도 후 성찬이 진행되면 세례 교인 전원이 맨 앞으로 한 명씩 나와서 떡을 뗀다. 그리고 각 성도는 "이 잔은 그리스도의 피요, 이 떡은 그리스도의 살입니다" 이렇게 기도하면서 떡과 잔을 받는다.

세례식도 특별하다. 세례가 선포된 후 채영남 목사가 직접 세족식을 한다. 채영남 목사는 과거의 폐결핵 흔적으로 등을 잘 굽히지 못한다. 이로 인해 거만하다는 오해도 받는다. 그러나 만나는 사람들에게 일일이 병 때문에 그렇다는 사실을 설명할 수는 없는 노릇이다. 거만하다는 오해를 살 정도로 허리를 굽히지 못하는 채영남 목사가 직접 허리를 굽혀 세족식을 한다. 남들에게는 어렵지 않은 일이지만 채영남 목사로선 굉장히 힘든 일이다. 그러나 그렇게 힘을 들여 엎드려서 세례 받는 자들의 발을 일일이 씻어 준다.

세례식이 끝나면 사람들 모두 앞에 나와서 꽃다발이나 선물을 증정하면서 축복을 해준다. 전교인이 축복송을 부르는 가운데 마치 축제 현장처럼 된다. 세례식뿐만이 아니다. 본향교회는 예배 자체가 축제와 같다. 특히 각종 헌신 예배는 공연장을 방불케 한다. 하나님과 함께하는 모든 예배가 축제다. 삶이 예배이면 삶이 축제여야 한다. 섬김이 예배면 섬김이 축제가 되어야 하고, 헌신이 예배면 헌신이 축제가 되어야 한다.

영어 조이(JOY)는 '기쁨'이라는 뜻이다. 이 단어의 어원은 쪼에(ZOE)인데 헬라어로 '생명'이라는 뜻이다. 기쁨이란 생명 곧 살아 있음을 의미한다. 살아 있으면 기뻐야 한다. 예배가 기쁘지 않으면 살아 있는 것이 아니요, 기쁘지 않으면 살아 있는 것이 아니다. 하나님이 생명의 근원이시니 하나님이 기쁨이다. 하나님이 세우신 본향교회가 살아 있으니 교회가 기쁘고, 그 기쁨이 전파되어 천하 만민이 기쁘게 될 것이다.

1만 명 예배, 1백만 명 전도, 300개 교회 개척이라는 본향교회의 '113 비전'은 본향교회가 온전한 예배자로 살 때 자연스레 이루어질 것이다. 본향교회와 채영남 목사는 천하 만민에게 복의 통로가 되기 위해 이 땅에 부름받았다. 하나님은 복이 되라고 본향교회를 채영남 목사에게 위임했다.

채영남 목사와 본향교회는 그들이 내딛는 걸음마다 죽은 나사로가 깨어나고 엘리야 선지자의 환상처럼 마른 뼈가 살아나며 모세가 홍해를 가르고 여호수아가 요단강을 가르던 기적과 축제의 현장이 되기를 소망한다. 그리고 그들은 오늘 이 순간도 그 부르심에 응하기 위해 한 걸음씩, 쉬지 않고 전진한다.

행함으로

행함으로

부르심의 통로

강기호 (분당 드림교회 담임목사)

채영남 목사님이 소명으로 받아 그토록 강조한 '복이 되는 삶'을 사는 가장 좋은 방법은 다음 세대에게 하나님을 물려주는 것이다. 하나님을 물려주는 것보다 더 큰 복은 없다.

좋은 만남이 사람을 변화시킨다는 말이 있는데 내 삶에 특별한 변화를 가져다 준 좋은 만남이 셋이 있다. 그리스도인이 되고, 교회의 지도자가 되기까지 나를 이끌어 세워 준 목사님들이다. 목회자로서 기틀을 잡아 주었던 박종순 목사님, 설교자로서 견고하게 세워 주었던 곽선희 목사님. 이 두 분은 내가 목회자로 바로 서도록 가르침을 준 분들이다. 끝으로, 아니 처음으로 내가 만난 분은 채영남 목사님이다. 채영남 목사님은 나를 목회자의 길로 인도하신 분이다.

나는 목회자로 살아가는 것이 참 행복하다. 하나님의 말씀을 성도들과 나누고, 다음 세대의 아이들과 소통하면서 하나님을 소개하는 이 삶은 다시 태어나도 또 걷고 싶은 길이다. 이 길을 걷도록 나를 초대해 준 분이 채영남 목사님이다.

중학교 2학년 때 내가 살던 섬마을에 전도사님 한 분이 부임했다. 키가 크고 피부가 백인처럼 하얗고 잘생긴 청년이었는데 그분이 채영남 전도사님이었다. 전도사님은 '텐 스텝'이라는 10단계 CCC 훈련 교재로 우리를 훈련시켰다. 질문에서 요구하는 성경 말씀을 찾아 메모지에 기록한 후 갈피에 끼워 넣으며 공부했다. 내 서재에는 그때 공부했던 책이 아직도 남아 있다. 가끔 그 책을 꺼내 갈피를 넘기며 그 시절을 떠올려 보기도 한다.

중학교 3학년이던 1974년, '엑스플로 74' 전도 집회가 여의도에서 열렸다. 당시 서울에 가는 것은 요즘에 미국 가는 것보다 더 어려운 일이었기에 감히 서울에서 열리는 집회에 갈 생각은 하지도 못했다. 우리 집은 끼니를 때우는 것조차 어려운 형편이었으니 서울에 갈 차비를 마련하는 것조차 언감생심이었다. 하지만 전도사님이 하도 강권해서 빚까지 얻어 집회에 참여했다. 경제적으로 엄청난 무리였지만 그 비용을 들여서 돈과는 바꿀 수 없는 하나님의 은혜를 체험했다. 채영남 전도사님이 아니었으면 그날 그 자리에 내가 있진 않았을 것이다.

예상하지 못했던 많은 인파가 몰려 기차는 연착이 되고 객차가 덧붙여지면서 25시간 만에 영등포역에 도착했다. 여의도 모래밭에 텐트를 치고 성경 공부도 하고 집회도 참석했는데 배식이 제대로 되지 않아 텐트 1동 숙소에 있었던 우리는 이틀이나 굶어야 했다. 식사가 제대로 공급되지 않았지만 그래도 말씀을 공부하고 저녁 집회에 참석하던 그 시간은 참 행복했다.

훈련을 마치고, 마포대교를 넘어 (후에 알고 보니) 동부이촌동으로 전도 실습을 갔다. 용산초등학교 앞의 상가에서 열심히 사영리 전도를 했다. 네 개의 영적 진리를 소개한 후 예수 믿으라고, 예수님이 구름 타고 우리를 다시 데리러 오신다고 말했더니 듣고 있던 아저씨가 그런 이야기가 성경 어디에 있는지 물었다. 성경 지식이 짧았던 나는 순간 너무나 당황했다. 세월이 흐른 다음에 안 사실이지만, 그곳은 내가 처음으로 전임 사역자가 되었던 충신교회에서 그리 멀지 않은 상가였다. 하나님은 참 오묘하고 유쾌한 분이다. 십여 년 후에 내가 가야 할 곳을 미리 가보게도 하시고, 앞으로 할 일을 미리 경험하게도 했다.

채영남 목사님은 입이 참 무거운 분이다. 여의도에서 돌아오자마자 그다음 날 채영남 전도사님이 우리 교회를 떠난다고 했다. 부임한 지 딱 일 년 동안 그 마을에 복음의 불꽃이 타오르게 한 전도사님의 갑작스런 이별은 모두에게 충격이었다. 전도사님은 떠날 것을 미리 알고 있었음에도 불구하고 여의도 집회의 은혜가 떨어질까 봐 입을 꾹 다물고 있었던 것이다. 삽시간에 교회가 완전히 울음바다가 되었다. 연륜이 쌓여도 그런 말을 참기가 힘들었을 텐데 불과 스물두 살이던 채영남 전도사님은 그때부터 남다른 인격을 갖고 있었다.

중학교를 졸업한 다음 나는, 가난한 형편 때문에 고등학교에 진학하는 대신 배를 탔다. 내가 탄 배는 FP 207이라는 경비정(이제는 폐선이 된 어로 지도선)으로 도청 수산과에 소속되어 불법 어업을 단속하는 일을 했다. 우리 어선들의 불법 조업도 단속하러 다녔지만 중국 선박들도 단속하러 다녔다.

우리 배는 남해안 전역을 돌아다녔는데, 가끔 내 고향 거문도에 들어가는 일이 있었다. 고향에 갈 때면 참 설레고 반가웠다. 대부분의 시간을 객지에 머물다 고향 섬에 정박하는 날이 오면 그리운 친구들을 만날 생각에 기대감이 앞섰다. 특히 어머니를 비롯한 가족을 만난다는 설렘으로 시간이 금방 지나갔다.

그날도 내가 타던 경비정이 고향 섬에 정박하게 되어 시골집에 갔다가 뜻밖에 채 전도사님을 만났다. 군대 가면서 시골 교회를 사임하고 떠났는데, 군대에서 결핵을 얻어 의병 제대를 한 이후 우리 교회에 다시 부임한 것이다. 알고 보니 병들어 요양을 하고 있던 전도사님을 우리 모친이 찾아가 요양도 할 겸 교회를 돌봐 달라고 부탁을 했다고 한다. 전도사님은 여러 번 사양을 하다가 간곡한 부탁을 거절하지 못하여 다시 우리 교회로 왔다. 사택도 없던 터라 우리 집 작은 방에 기거하면서 목회를 계속하고 있었다.

전도사님께 반갑게 인사를 했더니 좀 들어오라 해서 마주 앉았다. 전도사님은 오랜만에 만난 나에게 뜬금없는 질문을 던졌다.

"신앙이 무언지 아니?"

내가 대답을 망설이자 다시 입을 열었다.

"신앙은 모험을 하는 것이다."

초등학교 다닐 적에 선생님이 부모님과 상의하여 장래 희망을 써 오라고 숙제를 내준 적이 있었다. 어머니는 내가 어부들을 관리하는 선장이 되기를 원했다. 그날 밤 나는 꽤 오랜 시간 고민하다가 '목사'라고 써냈다. 그 사실을 알고 있던 전도사님이 진지하게 내게 말했다.

"이대로 살면 고깃배 선장밖에 더하겠냐? 네가 어렸을 때 생각했던 목사가 되고 싶으면 모험을 해야 한다."

전도사님과 아쉬운 작별을 한 뒤 배에 올랐으나 전도사님의 그

복이 될지라

말이 내 마음에서 떠나질 않았다. 우리 배는 거문도를 떠나 남해안을 둘러보고 목포항에 입항했다. 항해하는 동안 계속 전도사님의 말씀을 생각했다. 신앙은 모험을 하는 것이다! 목포항에 도착했을 때 나는 선장에게 이번 항해를 끝으로 그만두겠다고 말씀드렸다.

왜 있잖은가?

예수께서 이르시되 나를 따라오너라 내가 너희를 사람을 낚는 어부가 되게 하리라 그들이 곧 그물을 버려두고 예수를 따라가니라(막 1:17, 18).

채영남 전도사님을 통해 예수님의 부르심을 받은 나도 '곧' 그물을 버려 두고 예수님을 따라나섰다.

고향으로 돌아와 보니 전도사님은 예배 인도하는 일 외에는 거의 방 안에 누워 있었다. 어머니를 도와 몸이 아픈 전도사님에게 좋다는 것은 전부 구해 와 대접해 드렸다. 나는 지금도 제일 싫어하는 것이 뱀이다. 비 온 다음 밭에 일하러 가다가 길가에서 몸을 말리는 뱀을 만나는 경우가 있다. 그럴 때면 정말 온몸이 굳어서 앞으로 걸어 나가기가 어려웠다. 그만큼 뱀을 무서워하고 싫어했는데 전도사님 몸에 좋다고 해서 뱀을 잡아다가 끓여 드리곤 했다.

가끔 전도사님 방문을 열어 안부를 물었다. "전도사님! 뭐 하세요?"라고 물으면 "응, 충전중이다!"라고 대답했다. 몸이 건강하지 않으니까 누워서 쉬는 시간이 많았다. 그때 충전이 잘되었던 것인지 지금도 건강에 별 어려움 없이 활동하시는 것을 보면 그저 신통하다.

최종 학력이 중졸이었던 나는 스무 살이었던 그때부터 공부를 시작했다. 그러니까 나는 채 목사님을 통해 부르심을 들은 셈이다. 나는 1980년대 초 한국의 정치적 상황을 경험하면서 교육에 열정을 쏟아야겠다고 마음먹었던 터라 장로회신학대학 기독교교육과 진학했다.

대학생 때는 방학을 맞아 목사님께 인사를 드리러 광주에 종종 가곤 했다. 그때는 목사님이 결혼을 하여 신명, 정명 코흘리개 아들을 두었다. 잠시 머물고 나오기도 했고, 하룻밤을 지내고 나오기도 했다. 떠날 때 교통비나 학비에 보태라고 항상 내 손에 얼마라도 쥐어 주었다. 당시 목사님 월급이 7만 원이었다. 어린아이들을 키우며 계속 공부를 해야 했으니 경제적으로 쪼들렸을 텐데도 본인의 어려움은 뒤로한 채 늘 베풀었던 것이다. 비록 큰 돈은 아니었으나, 목사님의 사랑은 돈과는 비교할 수 없는 크기였다. 목사님 부부가 보여 줬던 베푸는 삶, 축복의 통로가 되는 삶이 결코 쉬운 일이 아님을 어른이 되고 생활인이 된 다음 새삼스레 느꼈다.

지금도 목사님을 만나면 빼놓지 않고 해주시는 말씀이 있다. '축복의 통로'가 되자는 말씀이다. 하나님께서 주신 복과 은혜가 우리를 통해 다른 사람에게 흘러가야 하는데 그렇게 되지 못하여 동맥경화가 일어나는 일 없도록 유통자로서의 삶을 끝까지 잘 살아가자고 권면한다. 조금이라도 더 가지기 위해 혈안이 되어 살아가지 않고 주는 삶을 사는 것은 확실히 세상과는 다른 삶이요, 하나님의 자녀 된 모습일 것이다. 채 목사님이 항상 입에 달고 사는 말씀이 있다.

복이 될지라

여호와께서 아브람에게 이르시되 너는 너의 고향과 친척과 아버지의 집을 떠나 내가 네게 보여 줄 땅으로 가라 내가 너로 큰 민족을 이루고 네게 복을 주어 네 이름을 창대하게 하리니 너는 복이 될지라(창 12:1-2).

채 목사님은 이 말씀을 입에만 달고 사는 게 아니라 그 말씀대로 실천하며 한평생을 살았다.

하루에 한 번 여객선이 들어오는 외딴 섬에 하나님께서 채 목사님을 보내 나를 부르셨다. 그분은 내가 가장 잘하는 분야에서 축복의 통로가 되게 하셨다. 나를 '교회의 신앙 교육'에 사용하신 것이다.

이미 언급한 대로 나는 충신교회, 소망교회를 거쳐 지금은 분당에서 드림교회를 담임하고 있다. 기독교교육을 전공한 덕분에 성경 공부 교재를 집필하는 일과 다음 세대를 길러 내는 일을 하고 있다. 중·고등학생들이 세상의 빛이 되고 교회의 지도자가 될 수 있도록 대안학교를 세워 운영하고 있다. 성인 그리스도인들이 자녀들을 믿음으로 양육하는 데 실패한 오늘날, 나는 하나님의 사자로서 기독교 교육에 전념하는 매우 귀중한 일을 감당해 내고 있다.

오늘날 신앙 교육이 무너진 근본적인 원인은 교회의 지도자들인 우리에게 있다. 노회 교육부에 배정되어 일하면서 매우 안타까웠던 것은 다음 세대가 믿음으로 성장하도록 돕는 일에 지도자들이 별다른 관심을 갖지 않는다는 것이었다. 말은 하지만 진정성 있는 대안을 마련하지 못하고 있었다. 나는 이 분야에서 축복의 통로가 되고자 한다.

채영남 목사님이 소명으로 받아 그토록 강조한 '복이 되는 삶'을 사는 가장 좋은 방법은 다음 세대에게 하나님을 물려주는 것이다. 하나님을 물려주는 것보다 더 큰 복은 없다. 그런 면에서 내가 다음 세대를 하나님의 자녀로 교육하는 일과 성경 공부 교재를 집필하며 교회 교육에 힘쓰는 일은 천하 만민에 복이 되는 중요한 방법이다.

내가 이 길, 신앙 교육에 전념하고 다음 세대를 양육하고 청소년 지도자를 만들어 나가는 그것이 채영남 목사님을 통해 받은 사랑을 갚는 길이다. 나아가 이 길이 하나님의 은혜에 감사하고 하나님 나라를 확장해 나가는 길이다.

목회자의 사표

김훈중 (비아교회 장로)

"목사가 손을 쥐면 다 잃고, 놓으면 모두 목사를 돕습니다." 이런 주장대로 목사님은 물질에 마음이 없는 분이다. 부흥 강사로 초빙되면 채 목사님은 사례비를 고스란히 그 교회에 헌금 했다. 그러고 나면 채 목사님에게 남는 것은 아무것도 없었다.

나는 광주 비아교회 시무장로다. 비아교회는 광주 북서 지역에 위치한 성도 약 400명 규모의 교회이며 담임은 박승현 목사님이다.

나는 영광 중앙교회에서 41세에 장립을 받았다. 영광에서 공무원 생활을 했다. 내가 공직에서 쌓은 행정 경험으로 총회에서도 감사 위원이 되어 총회 행정과 재무회계 분야를 맡고 있다.

우리 친척 가운데는 내가 최초의 신앙인이다. 그런데 나는 한때 하나님을 떠났고 무교회주의 운동 같은 것을 생각했다. 교회는 안 다니고 하나님과의 관계만 맺으면 된다는 어설픈 생각을 했고, 신앙 보다 철학에 더 매력을 느꼈다.

하지만 세월이 흐르면서 신앙은 혼자 설 수 없는 것임을 깨달았다. 콩나물이 서기 위해서는 주변에 콩나물이 있어야 하고 대나무도 꼿꼿이 자라려면 대숲 가운데 있어야 한다. 모닥불도 혼자 탈 수 없고 장작 하나가 홀로 타기는 아주 어렵다. 함께 타들어 갈 때 불꽃이 생기고 숯불로 타오른다. 교회 생활이란 바로 그런 것임을 알지 못하던 시기의 방황이었다.

1981년에 결혼 후 삶을 바꾸고 싶어서 하나님 앞으로 돌아왔다. 교회를 나가기 시작한 이후에는 직장에서의 불이익을 감수하고라도 교회 일에 매진했다. 그러다 보니 비교적 빨리 안수집사와 장로가 되었다. 군청 신우회를 조직하고 시 신우회 회장도 세 번을 했다. 영광군 직장선교 연합회도 조성해서 초대회장을 하면서 선교 활동도 했다. 그러다 보니 2005년부터 총회의 총대로 활동했다.

2007년에 광주 동노회 장로 회장과 남선교회 연합회장을 하던 중 2008년에 채영남 목사님이 우리 노회장이 되었다. 그때부터 채영남 목사님과 관계가 깊어졌다.

나는 초등학교 5학년 무렵 심각한 열병에 걸려 죽을 고비를 맞게 되었는데, 약도 제대로 쓰지 못했음에도 기적적으로 살아났다. 이제 와서 보면 교회와 노회, 총회, 그리고 광주 지역의 여러 가지 선교사역을 감당하라고 하나님께서 나를 살려주신 것 아닌가 생각한다.

나는 광주 성시화 운동 본부 사무총장이고 총회 감사위원이며 노회에서는 재판부와 규칙부 실행위원을 역임하고 있다. 노회에서는 감사위원장도 했고 재정부장도 했고 서기도 했다. 또 광주 기독교 교단 협의회에서도 회계를 3년 했고 부회장도 3년 했다. 이렇게 활동을 하다 보니 광주에서 대외적인 활동을 하는 많은 목사님들과 관계가 긴밀하다.

성시화 운동은 해당 도시를 하나님의 거룩한 도시로 만들자는 세계적인 평신도 운동이다. 십여 년 전에 광주에서도 성시화 운동이 시작됐다. 그러나 평신도들끼리 이 운동을 하다 보니 사역의 확장성이나 활동에 한계가 있었다. 아무래도 목사님들이 동역을 해야 이 운동이 살아나겠다고 판단했다.

2012년에 목사님들 중 한 분을 대표 회장으로 모시자고 중지를 모았다. 논의 결과 채영남 목사님이 가장 적임자라고 판단하여 채 목사님을 찾아뵙고 회장직을 수락해 달라고 삼고초려 하다시피 요청했다. 채 목사님은 광주 교계에서 인품이나 사역 과정으로도 가장 인정받는 목사님이다. 그러자 채 목사님이 수락 조건이 하나 있다고 하며 김훈중 장로를 사무총장으로 해주면 수락하겠다고 했다. 나 같은 부족한 사람을 채 목사님이 인정해 준 것이다. 그래서 내가 첫 해에는 회계를 하고 그다음 해부터 사무총장을 했다.

바깥일을 하다 보니 본향교회 선임장로인 이성기 장로를 알게 되었고 아주 절친한 사이가 되었다. 이제는 우리 서로 호형호제 한다. 바로 그 이성기 장로가 채 목사님을 굉장히 존경한다. 이성기 장로는 누구보다 채 목사님과 지근거리에 있다. 그런데 수십 년 전부터 지켜본 장로가 담임목사를 존경한다고 말하는 걸 보면 그보다 대단한 것은 없다.

실상 한국 교회의 장로와 목회자의 관계를 보면 파트너십을 발휘하기보다는 긴장과 견제를 더 많이 한다. 그러다 보니 담임목사님에 대해 어느 정도의 부정적이거나 객관적 시각을 갖게 마련이다. 그런데 이성기 장로는 채 목사님을 진심으로 존경한다. 이성기 장로는 채 목사님이 물질에 욕심이 없다는 말을 했다. 부흥회나 사경회에 강사로 가서 사례비를 받아도 채 목사님은 얼마를 받는지 모를 거라고 했다. 까닭은 교회에서 밀봉한 채 준 그대로 헌금을 해버리는 것이다. 이런 모습이 교인들에게 감동을 주지 않을 수 없다.

채 목사님은 늘 그런 말씀을 한다.

"목사가 손을 쥐면 다 잃고, 놓으면 모두 목사를 돕습니다."

이런 주장대로 목사님은 물질에 마음이 없는 분이다. 부흥 강사로 초빙되면 채 목사님은 사례비를 고스란히 그 교회에 헌금했다. 그러고 나면 채 목사님에게 남는 것은 아무것도 없었다.

단언컨대 채 목사님은 오늘날 목회자들의 사표다. 한국의 많은 교회와 목회자가 문제가 되는 것은 물질욕 때문이고 그로 인해 비판도 받는다. 교회 내부적으로도 목회자의 물질욕이 신뢰를 떨어뜨리고 존경심을 앗아 간다. 그런데 채 목사님은 정말 물질욕이 없다. 늘 어려운 가정이나 독거노인들을 돕는다. 형편 어려운 사람을 보면 얼마라도 주고 가고 후배 목사님들 어려울 때 도와준다는 소문을 들었다. 소문을 듣고 실제로 내가 같이 일을 해보니까 채 목사님은 소문보다 더 금욕적으로 사는 분이었다.

채 목사님이 얼마나 물질에 깨끗하게 살았는지 단적인 일화가 있다. 채 목사님의 둘째 아들 채정명 목사가 잠실제일교회 전임전도사로 부임할 때 교회에서 사택을 마련해 주지 않으니까 사택을 구해야 했다. 주변에서는 채영남 목사님더러 방을 좀 구해 주지 그러냐고 했다. 그러나 채 목사님이 내놓을 수 있는 전액이 1,600만 원이었다. 이 돈으로는 서울에서 월세를 구하기도 어려운 형편이었다. 한데 그 돈조차 채정명 목사 결혼식 때 나온 축의금이었다. 채 목사님 개인 재산은 하나도 없다는 말이다. 총회장까지 된 목사님이 설마 그럴까, 믿지 않을 수도 있다. 믿지 않는다 해도 진실은 변하지 않는다. 이 일만 보더라도 채 목사님이 얼마나 깨끗하게 살았는지 능히 짐작할 수 있다.

채 목사님 가족 이야기가 나온 마당에 사모님에 대해 언급하고 싶다. 사모님의 큰오빠가 사모님께 이렇게 말했다고 한다.

"너는 집에서는 사모고 일단 교회로 나가면 교인의 아내다. 이렇게 알고 행동해라. 교인들 앞에서 너무 사모 역할 하지 마라."

이런 이야기를 했다고 한다. 이런 오빠를 두어서인지 사모님 인품이 아주 훌륭하다. 오늘날 채 목사님이 있기까지 사모님의 역할이 아주 컸다고 해도 과언이 아니다.

나는 본향교회 교인이 아님에도 본향교회 협동 장로라고 말할 만큼 깊게 교제를 했다. 본향교회에 가서 보면 담임목사님 사모님은 물론 부목사님 사모님들까지 찬양대로 활동한다. 채 목사님 사모님은 무슨 행사가 있으면 주방에 가서 손수 일하는 등 담임목사 사모라고 한자리 차지하는 데는 결코 서지 않는다.

목사님 혼자 깨끗하려고 해도 사모님이 물질을 밝히면 목사님도 넘어가게 되어 있다. 가정을 꾸리고 있으니 물질 밝히는 사모님을 둔 목사님은 깨끗하게 사역할 방법이 없다. 사모님이 하나님 앞에서 기도자로 살아가기 때문에 오늘날 채 목사님도 존재하는 것이다.

채 목사님의 외모는 아주 유약해 보인다. 하지만 일단 목표를 설정하면 어떤 장애물에도 구애받지 않는 단단한 분이다. 시간이 얼마

행함으로

가 걸리든지 그 목표를 향해 달려간다. 그야말로 외유내강 형이다.

부총회장 선거는 국회의원이나 시장보다 어려운 선거다. 지역적으로도 전국을 돌며 유세를 해야 하는데 1,500명의 총대가 마치 1,500만 명인 듯 여겨질 정도다. 또 정치에서는 여론조사를 통해 유불리를 판단할 수 있지만, 총회 선기에서는 판세 분석이 안 된다. 정말이지 하나님밖에 모르는 일이다. 총대들이 누구를 지지한다는 말도 하지 않기에 투표장에서 찍은 것이 그날의 표이다.

그럼에도 두 번 도전해서 당선이 되었다. 본향교회는 광주에선 큰 교회지만 전국으로 볼 때 중형교회인데, 그런 교회에서 두 번씩 출마해서 마침내 총회장이 된 것이 참 대단하다. 선거 과정만 봐도 설정한 목표를 향한 열정과 채 목사님의 의지가 얼마나 대단한지 능히 알 수 있다.

그러나 교회의 도움 없이 결코 총회장이 될 수는 없다. 그런데 본향교회 교인들은 채 목사님이 일할 수 있도록 물심양면 지원을 한다. 그것은 목사님이 대외적인 일만 하는 게 아니라 교회에서 철저하게 목회를 하기 때문에 가능하다. 교회 전체 역사가 반세기도 안 되고 목사님이 18평 시골 교회로 부임한 지도 35년밖에 안 되었다. 그 짧은 역사에서 총회장을 배출하는 것은 하나의 기록이다. 우리 노회도 창립 20년 만에 총회장을 배출한 것이 영광이다.

그동안 총회장님들은 아주 유명한 교회 목사님이었다. 이번에도 유명한 목사님들이 많이 있음에도 채영남 목사님이 100회 총회장이 된 데는 하나님의 계획이 있다고 생각한다. 채 목사님은 미래 한국 교회를 위한 비전과 구체적인 구상을 갖고 있다. 채 목사님이 총회장

복이 될지라

이 된 것은 교단과 한국 교회와 한국 사회를 위해 매우 바람직한 일이다.

요즘 들어 개신교의 사회적 신뢰가 천주교와 불교보다 떨어진다고 한다. 그 이유 중 하나는 창구가 단일화되지 않고 교파나 교리 싸움으로 분열되어 갈등하는 모습을 보이는 데 있다. 교회만이 아니라 우리 사회 전체가 갈등으로 골머리를 앓고 있다. 지역 갈등, 세대 갈등, 노사 갈등, 이념 갈등 등 정부 발표에 따르면 갈등 비용이 300조에 육박한다고 한다. 이는 우리나라 1년 예산과도 맞먹는 금액이다. 채 목사님은 우리 사회의 갈등 문제를 매우 심각하게 받아들이고 있으며 이 갈등 해소를 위한 계획들을 세우고 있다.

성시화 운동은 채 목사님이 성시화 운동 대표를 하기 전에도 다른 교단과 활발한 교류를 함은 물론 갈등 해소에 부단한 노력을 해 왔다. 채 목사님이 성시화 운동 회장을 하기 전인 8년 전부터 동서 화합을 위하여 영호남 8개 지부가 한마음 성시화 대회를 하고 있다. 채 목사님이 회장이 된 이후에도 갈등 해소에 지속적인 관심을 쏟고 있다. 모두가 아는 대로 우리나라의 여러 갈등 중 영호남 갈등이 가장 심각하기 때문에 이 문제를 풀고자 하는 것이다.

채영남 목사님이 선거에 두 번이나 출마한 것에 대해 정치적인 인물이라는 눈으로 보는 사람들도 있다. 또 채 목사님이 명예를 탐한다는 눈초리도 있다. 그런 눈으로 보자면 총회장은 물론 노회장도 하지 말아야 하고 심지어 목사도 하지 말아야 한다. 교회가 마련한 자리는 명예를 위해 있는 자리가 아니라 하나님의 나라를 건설하기 위한 자리다. 그런데 목회자들부터 이 자리가 명예를 위한 자리라고 색안경을 낀다면 세상은 교회를 어떻게 볼 것인가? 또 그런 관점이라면 총회와 노회나 교회도 모두 없애 버려야 할 것이다.

이런 자리들이 명예로운 자리인 것은 사실이다. 그렇다고 해서 그 자리에 앉은 분들이 명예욕이나 채우는 거라고 보는 눈이 위험한 것 아닌가 싶다. 누군가 한국 교회와 교단을 위해서도 일을 해야 한다. 그런 사람들을 정치적이라는 색깔을 씌워서 다 끌어내리면 한국 교회의 일은 아무도 할 수가 없을 것이다.

'정치적'이라는 말을 부정적 언어로 많이들 사용한다. 권모술수를 의미하기도 하고, 하나님의 신실한 사역보다 인간의 것으로 흘러가는 것을 의미할 것이다. 그런 경우라면 정치적인 성향은 좋지 않다.

그러나 정치는 매우 중요한 행위이다. 총회장은 정말로 정치를 잘해야 한다. 정치를 문화의 꽃이라고 하는 것은 정치가 그만큼 소중하다는 말이다. 부부간에도 소통을 잘하는 것이 정치를 잘하는 것이고, 가족 간에도 관계를 잘하는 것이 정치이고, 교회에서도 관계를 잘하는 것이 정치다. 순기능을 잘 사용하면 정치는 매우 중요하다.

이런 원래적인 의미에서 정치를 전제할 때 나는 채영남 목사님이 정치를 아주 잘할 것이라고 생각한다. 정치력이란 상대방을 포용하고 수용하면서 어떤 상황에서도 상대를 이해하고, 인내심을 갖고 반대편을 설득하고, 옳지 않은 것은 바른 길로 이끌어 가려고 하는 능력이다. 이런 정치력이 있어야 총회도 잘되고 모든 연합이 잘될 수 있다. 이런 면에서 채 목사님은 당연히 정치적이어야 한다. 채 목사님은 그런 순기능 측면에서 다분히 정치적이고 정치력이 있다. 그런 면이 내가 알고 있는 채 목사님의 가장 큰 장점이다.

　100회 총회장인 채영남 목사님을 중심으로 총회는 두 가지 사안에 특별히 많은 관심을 갖고 있다. 첫째는 다음 세대를 기독교적으로 양육하는 것이다. 그동안 한국 교회가 성장한 배경에는 주일학교가 있다. 오늘날의 대형교회가 개교회의 전도의 힘으로 탄생된 것 같으나 실상은 그렇지가 않다. 농촌 인구의 급격한 이동이 도시 교회를 탄생시킨 사회적 배경이다. 도시로 온 농촌 사람들 상당수가 시골 교회의 주일학교에서 예수님을 만나고 신앙 교육을 받았던 사람들이다. 오늘날의 도시 교회가 전도도 하고 복음 전파도 했으나 실제 성도의 폭발적 증가는 시골 교회 주일학교에 기반을 두고 있는 것이다. 그때는 장년 성도가 오십 명이면 주일학교 성도는 백 명이 넘었다. 그러나 오늘날은 전교인이 천 명이 넘는데도 주일학교 예배가 없는 곳도 있다.

　다음 세대 교육은 사회에서만 중요한 게 아니다. 교회에서도 가장 중요한 목표가 되어야 한다. 내가 몸담고 있는 비아교회는 비아동 주민 중 출산을 한 분들에게 6만 원 상당의 신생아 물품을 선물한다. 동사무소에 이 선물들을 비치해 두었다가 산모가 출생신고를 할 때 전해 주게 한다. 선물과 함께 따뜻한 메시지가 적힌 축하 카드도 남긴다. 모든 교회에서 다음 세대를 향한 마음을 품어야만 한다.

　둘째는 '화해'와 '소통'이다. 한 가지를 잘하는 것보다 중요한 게 소통이고 옳고 그름을 따지는 것보다 소중한 것이 포용이다. 교회가 사회와 소통하지 않고 화해하지 않으면 세상에 보여 줄 것이 없다. 하나님만 바라보고 세상을 보지 않으면 조선시대의 사찰처럼 교회가 세상과 멀어질 수밖에 없다.

사회와의 소통 이전에 먼저 교회가 소통하고 화해해야 한다. 사회봉사를 하기 전에 교회 공동체가 아름다운 공동체가 되는 것이 우선이다. 교회가 아름다운 공동체를 이루면서 편협하지 않게 사회에 손을 내밀어야 한다.

비아교회는 동사무소에 등록되어 있는 기초생활 수급자들이 생일이 되면 라면 한 상자를 선물한다. 그 대상이 점쟁이인지 불교신자인지 무신론자인지 천주교나 기독교 신자인지 알 길은 없다. 그러나 우리가 조용히 베풀면 그들이 비아교회에 대해 호감을 가질 것이고 그렇게 되면 하나님 나라에 한 걸음 접근하는 것이다.

채 목사님이 100회 총회 주제로 '주여, 우리로 화해하게 하소서'를 택했다. 화해의 3대 덕목의 첫째는 하나님과의 화해, 두 번째는 이웃과의 화해, 세 번째는 자연과의 화해다. 두 번째 덕목인 이웃과의 화해에는 교인들끼리의 화해 또 교회들끼리 교회나 총회의 화해, 교파 간의 화해 그리고 사회와의 화해, 북한과의 화해를 포괄한다. 채 목사님이 이 주제에 걸맞게 한국 사회의 각종 갈등을 줄이고 포용해 나가도록 하나님께서 함께하실 줄 믿는다.

복이 될지라

인격적 목회자의 표상 손석호 (신영교회 담임목사)

채 목사님은 인간적으로 볼 때 신사였다. 예나 지금이나 말씀과 태도가 참으로 깔끔하다. 부드러우면서도 힘이 있는 분이었다. 누군가를 다스리려고도 하지 않았다. 그래서 내 발로 목사님을 찾아가서 내 멘토가 되어 달라고 부탁드렸다.

우리 신영교회는 1994년 10월 23일에 개척했다. 처음 아주 작은 공간에서 우리 부부와 장모님, 이렇게 세 명으로 시작하여 9년 6개월 후에 지금의 교회 규모를 갖췄으니 비교적 잘 성장한 교회다.

교회를 세울 때 몇 가지 지침을 정했다. 그중 가장 기본이요 핵심이 예수님처럼 개혁적 제자를 양육하는 것이다. 지구촌에 초대교회를 닮은 교회를 만드는 것이 목표다. 비록 출발은 미약했지만 작아도 영향력 있는 교회가 되겠다는 꿈을 꿨고, 이제는 어느 정도 그 비전을 이뤄 가고 있다.

내가 채영남 목사님과 인연을 맺은 것은 1994년 10월, 지하에서 개척교회를 시작하기 직전이었다. 그전에도 노회원으로 안면은 있었으나 개인적인 인연은 없었다. 그런데 개척하기 전에 내가 채 목사님을 찾아가서 인연을 만들었고, 목사님을 개척 예배 순서에 모시면서 좀 더 깊은 관계가 시작됐다.

내가 채 목사님께 순서를 부탁드린 데는 이유가 있다. 내가 직접은 겪지 못했지만 광주 지역에서 풍문으로 듣고 확인한 바 존경하는 목사님들이 세 분 정도 있었다. 그 세 분 중 가장 작고 변두리에 있는 교회의 담임이 채영남 목사님이었다. 그 당시는 채 목사님을 구체적으로 알지도 못했다. 그러나 표면적으로 보더라도 채 목사님은 인간적으로 볼 때 신사였다. 예나 지금이나 말씀과 태도가 참으로 깔끔하다. 부드러우면서도 힘이 있는 분이었다. 누군가를 다스리려고도 하지 않았다. 그래서 내 발로 목사님을 찾아가서 내 멘토가 되어 달라고 부탁드렸다. 그게 인연이 되어 지금까지 호형호제하는 두터운 신뢰를 쌓고 있다.

내가 채영남 목사님과 깊은 관계를 쌓은 데는 여러 이유가 있다. 목사님과 나는 개인적인 체험이나 성향, 목회 철학, 인간으로서의 성품 등 다양한 측면에서 공통점이 있고, 그런 공통점들이 서로를 더 돈독하게 해주었다.

중병에서 살아난 적이 있는 채 목사님의 경험도 나와 같다. 나 역시 죽을병에 걸렸는데 하나님께서 그 병을 고쳐 주셨다. 나는 대학에 들어가자마자 '척추 추간판 탈출증'이라는 병에 걸렸다. 제약회사 사장인 친형을 통해 어떤 약을 써 보아도 통증이 가라앉지 않았다.

사진을 찍어 보면 척추가 틀어져서 꼭 쏟아져 나올 것 같았다. 하반신 마비가 왔고, 저녁이면 통증이 너무 심해서 입에 헝겊을 문 채 통증을 견디려고 뱅뱅 돌았다. 몸이 너무 아프니 나중엔 정신까지 돌 것 같았다. 금침도 떠보고, 고양도 몇 마리 먹어 보고, 독사주도 마시고…. 하도 통증이 심하니까 무언지 모르지만 진통을 위해 마약 비슷한 것까지 복용했다. 족히 집 몇 채 값을 약값으로 썼다.

그때 나는 예수를 믿고 있었는데, 예수님보다 당장 내 고통이 더 중했다. 승려가 와서 이런 방법 쓰면 낫는다고 하면 그 방법까지도 서슴없이 동원했다. 2년 6개월째, 내 살은 썩어 들었다. 언젠가는 내가 몸을 한번 틀다가 내 엄지손가락이 엉덩이에 눌렸는데 엉덩이 부분 살이 썩은 곳으로 내 손가락이 들어갔다. 내 몸에서 썩은 시체 냄새가 났다. 스물한 살부터 스물세 살 사이, 그 싱싱한 나이에 나는 죽어 가고 있었다.

두 번이나 자살을 생각하던 끝에 '그럴 용기가 있으면 한번 살아봐야 되지 않나. 그래 살아 보자' 싶어서 마음을 바꿨다. 여전히 몸은 움직일 수 없었는데 기도원 가서 금식 기도하면 낫는다고 해서 기도원에 올라갔다. 기도하면서 내내 하나님께 불평불만을 쏟았다.

그러다 박덕진 목사님이 시무하는 서울 보문동 벧엘교회에 찾아가니 예배당 제일 앞의 강단 앞에 나를 눕혀 놓았다. 성가대원들이 다 쳐다보니 정말 창피했다. 한여름인데도 두터운 이불을 뒤집어쓰고 있으니 사람들이 지나가면서 "쯧쯧쯧" 불쌍하다고 혀를 찼다. 그 교회에서 9개월 만에 조금씩 조금씩 나아 갔다. 다른 거 없었다. 그냥 거기서 죽은 나사로처럼 이불 뒤집어쓰고 누워서 예배드린 게 전부였는데 병이 낫고 정신적으로도 회복이 되었다.

당시 살던 집은 목포시 무안군 삼향읍 왕산리였다. 벧엘교회에서 목포 집까지 열 시간 넘게 버스 타고 오면서 손 한 번 안 내리고 찬송을 부르면서 집으로 돌아왔다. 죽을 줄 안 아이가 살아서 오니까 다들 놀랐다. 동네에서 막걸리 마시고 있는 형님들한테 가서 "주 예수님을 믿으라"고 복음을 전했다.

원래 나는 이성적인 사람이었다. 그런데 이 시기에 영적인 찬양을 알았고, 성령이 이끄는 삶이 무엇인지 깨달았다. 그 뒤로 신학을 해서 여기까지 왔다. 내가 이런 간증을 하면 사람들이 나를 무슨 신 내린 사람처럼 본다. 알고 보면 신 내림이 맞다. 나는 잡신이나 귀신이 아니라 '성령의 신 내림'을 받은 사람이다.

병 고침을 받으려고 오랜 기간 기도로 준비한 게 아니다. 그냥 불과 몇 초 사이에 불이 확 붙은 것이다. 그게 하나님의 은혜다. 내 살아 있는 육신이 곧 하나님이 살아 계신 증거다. 성경의 말씀을 굳이 인용하지 않더라도 내 몸이 곧 하나님의 말씀이 된 것이다.

그 뒤로 내 가슴에는 계속 불이 타오르고 있다. 정말이지 이 불은 꺼지지 않는 불이다. 나는 설교도 찬양도 팔딱팔딱 뛰면서 하고 싶다. 그것이 내 스타일이다. 30대 때는 아주 악을 쓰면서 설교도 했는데 요즘은 많이 자제한다.

나와 채 목사님은 죽을병에 걸려 본 사람들이고, 그 병을 통해 성령에 붙들림을 받은 사람들이다. 목사님과 나는 스타일도 비슷하다. 나는 매너를 참 중시한다. 그런데 채 목사님은 참 신사적인 분이다. 서로 기대지 않고 배려할 줄 안다.

나는 채 목사님과 인연을 맺은 후로 꾸준하게 만남을 가져 왔다. 채 목사님 하면 '의리'라는 말이 떠오른다. 보통은 서로 관계를 맺고 있다가도 좀 마음이 상하면 단번에 관계를 깨버린다. 그것은 목사들 사회도 마찬가지다. 그런데 채 목사님과 나는 그런 관계가 아니라 서로 의리를 지켜 왔다. 만일 우리가 서로 이해관계에 기댔으면 곧 관계가 깨졌을지 모른다. 그러나 나는 목사님과 이해관계가 아니라 영적인 이해, 오직 주님을 향해 가는 선배와 후배, 보이지 않는 가치, 영적 형제로서의 관계를 유지하며 오늘까지 왔다.

채 목사님이 언젠가 그런 말을 했다.

"자네와 나는 투병 생활도 같이했고, 어머니들도 권사고, 우리 형님은 약사였다가 목사가 되었고 자네 형님은 한국 최고의 제약회사를 하니 형은 둘 다 '약장사'인 셈이고, 우리는 둘 다 키가 크고 예의범절을 중시하고 장신대에서 박사학위 한 것도 같고 외국에서 공부한 것도 같고…. 참으로 비슷한 점이 많네."

그렇다. 채 목사님과 나는 비슷한 점이 정말 많다. 차이점이 있다면 채 목사님은 한국 교회를 섬기고자 총회장이 되는 것이고 나는 영혼 구원에만 전념하겠다는 생각이다. 그러나 채 목사님 본인이 노회장이나 총회장을 하고 싶어 했다거나, 자리를 욕심 내서 출마한 것이 아니다. 교회와 목회자들을 섬기다 보니 노회장이 되었고, 또 노회를 섬기다 보니 총회장까지 간 것이다. 그분이 조직의 장이 된 것은 어디까지나 섬기는 데 목적이 있음을 나는 누구보다 잘 안다.

채 목사님의 지론은 이렇다. 행정 지도자, 사회 지도자로서 지역사회를 섬기면 모든 교단과 교파, 그리고 한국 사회에 긍정적인 영향을 끼칠 수 있다는 것이다. 혼자 힘으로 하기 어려운 일을 교회의 힘으로 일할 수 있고, 하나님 나라의 확장에 기여할 수 있다는 주장이다. 나는 영혼 구원에 전념하겠다는 내 방향이 틀렸다고 생각하진 않지만, 채 목사님이 감당하려는 사명은 매우 중요한 것이고 당연히 교회 지도자가 해야 할 역할이라고 믿는다.

목사님과 나는 친형제처럼 지내 왔지만 한때는 나도 목사님께 섭섭함을 느낀 적이 있었다. 어떤 직접적인 사건이 있는 게 아니라 '은근히 섭섭했다'는 말이 맞을 것이다. 목사님은 언뜻 보기에 꼭 황제 같다. 내게는 왕자병이 있는데 목사님은 황제병이 있다. 내가 존경하는 분이 주변 사람에게도 좀 따뜻해 보이면 좋을 텐데, 그렇지가 않다. 목사님의 따뜻함을 알기 위해서는 꽤 오랜 시간이 필요하며, 아주 가깝게 지내 봐야만 한다. 목사님의 키가 훤칠한 데다 피부가 하얗기 때문에 굉장히 차갑게 느껴진다. 차갑다 못해 매정하게 느껴지는 경우도 있다.

나도 초기에는 그런 면이 섭섭했다. '이분이 나를 무시하나' 이런 생각이 들 때도 있었던 게 사실이다. 그러나 그 모든 게 오해임을 알게 된 계기가 있었고, 오해가 풀리면서 섭섭함도 사라졌다. 그 이후 나는 목사님과 완전히 형제가 되었다.

목사님이 예전에 노회장 선거에서 두 번 떨어졌다. 그때 보다 못한 내가 옆에서 충고를 했다.

"형님, 우리 인사할 때 고개를 30도만 숙입시다. 형님이 고개를 숙일수록 표가 우르르 들어옵니다."

목사님은 어디 가서 인사할 때 허리를 깊이 숙이지 않는다. 키는 크지 피부는 하얗지 게다가 교회까지 화려하지…. 사람들이 볼 때는 교회 잘되니까 거만하다고 생각하기 딱 알맞다. 그러니 형님 앞에 가면 다들 한풀 죽게 되어 있다고, 열등감 생기기 딱 좋다고, 그러니 표를 주겠느냐고 했다.

선거에서 떨어진 얼마 후 목사님이 나더러 함께 산책을 가자고 했다. 약간 낮은 산이었는데 조금 걸으니 목사님이 더 이상 잘 걷지 못했다. 아차, 내가 깜빡 잊은 게 있다. 목사님은 등이 기울어 있고, 호흡이 차서 잘 걷지를 못한다. 그것은 목사님이 폐결핵이 걸려서 죽음 직전까지 갔다 살아남았기 때문이다. 결핵은 다 나았으나 아직도 운동을 잘 하지 못한다. 그리고 등뼈가 굳어서 몸을 앞으로 숙이는 것도 어려워한다. 그러니 고개를 숙여 인사를 할 수가 없다.

그 사실을 새삼 깨달은 내가 목사님께 말이라도 좀 따뜻하게 하자고 다시 조언을 했다. 흔히 부정적인 의미로 노회장이니 총회장이니 하는 자리가 정치적인 자리라고들 한다. 그런데 채 목사님은 정치를 하나도 모른다. 자기 표 더 얻으려고 원래의 모습을 바꾸는 사람이 아니다. 그러나 주변 사람들에게 내가 폐가 안 좋아서 인사를 공손하게 못한다고 일일이 설명할 수는 없는 노릇이다. 목사 체육대회를 해도 목사님은 구경만 하지 동참할 수가 없다. 그러면 또 거만하다고 생각한다. 그래서 말이라도 따뜻하게 해야 한다고 재삼 강조했다. 목사님이 이번에는 수긍을 하고 받아들였다.

채 목사님은 마음속 이야기를 정말로 안 하는 분이다. 그러나 나에게 한번씩 주는 조언들은 보배같은 말들이었다. 10여 년 전 목사님이 나에게 이런 말을 했다.

"권리를 많이 쓰면 나중에 쓸 권리가 없으니 아껴서 쓰게."

이를 풀어 말하면 성도들이 무언가를 해준다고 덥석덥석 받아먹지 않아야 한다는 말이다. 성지순례니 자동차니 하는 것 등 교인들이 해주는 것을 쉽게 받지 말라는 것이다. 나는 목사님의 그 말씀을 따라 15년 동안 자동차를 바꾸지 않았다. 그러자 교인들이 2년 전에 새 자동차를 사줬다. 그러나 반품했다. 그런데 이번에 집사님 세 분이 추렴해서 또 새 차를 사왔다. 그래서 이번엔 받았다. 내가 만일 채 목사님 말씀을 안 들었으면 처음에 차를 바꿔 줄 때 덥석 받았을 것이다. 교회 좀 성장했다고 해외 나가고 비싼 자동차 타고 다녔으면 지금처럼 행복하고 편안한 목회가 안 됐을 것이다.

또 하나 나에게 아주 커다란 보탬이 된 말씀이 있다. 노회에서 발언하지 말라는 것이다. 내가 발언하지 말고 남이 발언하게 만드는 사람이 되라고 했다. 내가 조금만 참으면 내가 하고 싶은 말을 다른 사람이 다 하니까 발언하고 싶을 때 참으라는 것이다. 내가 말하지 않아도 내 뜻대로 움직이게 하는 사람이 되라고 충고했다. 속되게 말하면 내 칼에 피를 묻히지 않고서 내 뜻을 관철시키는, 고수만이 할 수 있는 한 수를 나에게 가르쳐 준 것이다.

더욱 중요한 말씀도 했는데 그 말이 뼈에 박혔다.

"내 교회가 목사의 힘이네."

목회자의 입장에서 보면 그 말은 참으로 진리다. 이 말을 새기면 내가 힘을 갖기 위해서라도 스스로 교회에 최선을 다할 것이다. 내가 열심히 목회를 하면 그 교회가 나에게 힘이 되어 주는 것이니 목사는 교회에 최선을 다할 수밖에 없다. 자신이 무엇을 가지지 않아도 교회가 성장하고, 교회가 많은 것을 가지면 그것이 곧 목회자의 힘이 된다.

이미지가 재산보다 귀하다는 말씀도 해주었다. 내가 목사님과 아주 절친해져서 목욕탕에도 함께 가는 사이가 되기 전에는 목사님의 흐트러진 모습을 단 한 번도 본 적이 없다. 그러니 목사님 곁에 쉬 범접하기 어려웠다. 까다롭다기보다는 우러러보게 된다는 말이다.

목사님은 주옥같은 말들을 입으로만 한 게 아니라 실천적으로 보여 주었다. 본인 스스로 검소하게 살고 함부로 말하지 않았다. 그리고 교회를 위해 불철주야 뛰었다.

상대가 자기 이야기를 하지 않으면 이쪽에서도 선뜻 다 보여 줄 수가 없다. 내가 마음을 연 만큼 상대도 열어야 더 가까워질 수 있다. 목사님은 자기 관리가 철저하다 보니 오랫동안 깊은 이야기는 하지 않았다. 요즘은 좀 편안하고 친밀한 이야기들을 많이 나눈다. 때로는 고민을 나누기도 한다.

우리가 알게 된 지 16년쯤 되었을 때 우리 교회 안수 집사가 교회를 떠난 일이 있다. 내가 속이 상해서 그 이야기를 꺼내자 목사님 본인이 겪은 이야기를 해주었다. 설날 아침 새벽에 안수집사 부부가 "목사님, 좀 뵐게요" 하기에 목양실로 들어오라고 했다. 목사님 생각에는 설날 아침이니까 선물이라도 주려고 찾아왔나 보다 했다. 그런데 그 부부가 "목사님, 저희 교회 떠날랍니다" 하고 갔다는 것이다.

"그때 참 어이가 없대. 선물 주려나 보다 생각했던 내 자신도 참 웃겼네. 자네 안수집사 나간 거 많이 속상하지?"

이렇게 말했다. 남의 이야기나 성도들 흉이라고는 평생 가야 보지 않을 것 같은 분이 이런 이야기 나누는 것을 들으면서 목사님이 나를 많이 신뢰한다는 걸 느꼈다. 참 고마웠다.

그 이후 목사님은 나에게 점점 마음을 열었다. 마음 여는 데 16년이 걸렸다. 그만큼 심사숙고하는 분이다. 나는 그렇게 신중한 목사님을 보면서 '저게 힘이구나' 느낀다. 목사님은 너무 냉철해서 절대 흔들리지 않을 것 같지만 그렇지 않다.

목사님은 겉으론 냉정해 보이고 매정해 보이지만 안에는 엄청나게 뜨거운 심장을 숨겨 놓고 있다. 본향교회에서 백 명을 전도하는 이른바 전도왕이 근치의 다른 교회로 가버렸다고 했다. 그래서 마음이 너무 안 좋다면서 목회를 그만두고 싶다고 했다. 그 당시 천 명 교회 담임목사가 성도 하나 간 것 때문에 목회할 맛이 안 난다는 말을 듣고서 '아 이분도 사람이구나, 아파하는구나' 그러면서 많은 위로를 받았다. 사람이 들고 날 때 마음이 흔들리는 게 인지상정이라는 위로가 된 것이다.

나는 목사님을 만나면서 물질적 가치를 얻은 게 아니다. 물질적 가치와는 비교도 되지 않은 것들을 얻었다. 바로 이런 게 외유내강이구나. 누가 봐도 곧 쓰러질 것처럼 흐물거리는데 하나님 보시기에 기뻐할 만큼 자기 절제를 하는 그 모습이 바로 외유내강이다.

앞서 말했듯 목사님은 노회장 선거에서 두 번이나 떨어졌다. 노회장 출마도 본인이 원해서 했던 것은 아니었다. 목사님이 일을 열심히 하니까 주변에서 출마하라고 강권했다. 출마만 하면 찍어줄 테니 출마만 하라고 했다. 그리하여 출마했더니 예상과는 전혀 다른 결과가 나왔다. 본인을 밀어주겠다는 사람들만 밀어줬어도 당선이 되었을 텐데 결과는 전혀 달랐다. 앞에서는 약속하고 뒤에선 약속을 저버린 분들이 있었던 것이다.

선거 결과가 발표된 뒤 식사 시간이 되었다. 시찰별로 사람들이 착석할 때 목사님이 나더러 본인 앞에 와서 앉으라고 했다. 나는 다른 시찰인데도 말이다. 그때 굳이 나를 부른 것은 누군가의 얼굴을 마주한 채 밥 먹기 민망해서 그랬을 것이다. 선거 시작 전에 목사님이 당선될 거라고 천하가 예상했다고 해도 과언이 아닌 상황이었다. 그럼에도 떨어졌으니 인간적 섭섭함이란 이루 말할 수 없었을 것이다. 곁에서 다른 사람들이 말하길 누구 때문에 떨어졌다, 누가 운동 안 해줘서 떨어졌다 등 말들이 많았다. 여기저기서 부정적인 원망도 많이 했지만, 정작 떨어진 당사자인 목사님은 일언반구 하지 않았다.

그리고 그날 더 이상 얼굴을 보이지 않았다. 나는 끝난 뒤에 따로 조촐하게 식사라도 하고 맺힌 이야기들 좀 하면서 속이라도 풀길 바랐으나 목사님이 먼저 어딘가로 사라져 버렸다. 원래 속이 깊은 분이니 조용히 갔나 보다 했다. 그 속이 어쩌랴 싶어서 나도 묻지도 못한 채 서너 달이 지난 다음에 목욕을 하면서 물었다. 그날 뭐 하셨냐고. 그랬더니 "가서 잤네" 이렇게 대답했다. 목양실 가서 잤다고 한다. 집에 간 것도 아니고 교회에서 혼자 잤단다. 그래도 그런 날은 혼자 지내지 말고 나 같은 사람이라도 만나 저녁이라도 먹으면서 좀 풀어야 하는 것 아니냐고 하자 이렇게 대답했다.

"내가 기분이 나쁠 때 누굴 만나면 그 기분이 반드시 내 입에서 흘러나오네. 나쁜 말을 할 것 같으면 사람을 안 만나는 게 낫네."

"아, 화도 나고 성질도 나고 속에서 올라오는 것이 있을 텐데 잠이 오십디까?"

"나는 하나님께 감사한 게, 누우면 바로 잠이 온다는 것이네."

이게 보통 인격으로 될 일이 아니다. 나는 이 일을 통해 목사님의 인격과 영성에 감복했다. 입으로 불평할 말이 있으면 교회 가서 혼자 잠을 청하는 이분의 영적 내공을 내가 우러러보지 않을 수 없다.

나는 채 목사님이 총각 전도사 때, 거문도에서 다 죽어 가는 폐병 환자를 전도하다가 자신이 폐병을 앓게 되어 죽음의 위기를 겪었다는 사실조차 아주 최근에 알았다. 그것도 본인 입으로 말한 게 아니라 다른 사람의 간증을 통해 들었다. 목사들이라면 자신이 그렇게 된 것을 자랑할 만도 한데 채 목사님은 단 한 번도 본인 입으로 그런 말을 하지 않았다. 그 간증을 들은 후에 나는 이해할 수 있었다. 하나님이 채 목사님을 얼마나 기뻐하셨을까. 목사님 스스로 한 영혼을 사랑해서, 그 영혼을 구하려 했던 진심. 자칫 자기가 죽을 수도 있을 텐데 목숨 걸고 한 영혼을 구하려 했던 그 마음이 하나님을 감동시켰을 것이다. 그 감동으로 인해 하나님이 목사님을 총회장으로까지 세웠을 것이다. 그 진심 하나로 인해 모든 것을 용서하시고 그를 축복하고 사용하시려고 작정하셨을 것임을 확신한다.

사실 목사님이 얼마나 자기 관리가 철저한지 아는 사람은 다 안다. 목사님들끼리 밥을 먹다가 어느 목사님이 교회에 바쁜 일이 있다면서 자리를 뜨려고 하면 밥 먹고 가라고 끝까지 권한다. 그러나 본인의 교회에 일이 있을 때는 태도가 다르다. 밥 시켜 놓고 기다리다가 밥이 늦게 나오면 칼같이 일어서서 "나 먼저 가네" 하고는 떠난다. 그다음에 또 밥 먹을 기회가 있어서 다른 목사님이 금요 기도회 있으니 가야 한다고 하면, "아, 이 사람아 형님이 밥 먹는데 어딜 가려고 해" 하고 붙잡는다. "아, 형님 금요 기도회 가야 해서" 그러면 "이 사람아 밥 먹고 가" 이런다. 다른 사람은 몰라도 나는 목사님이 그렇게 붙들 때 단호하게 일어선다. "형님, 저 갑니다" 이렇게 말하고 일

복이 될지라

어서 버린다. 내가 목사님께 배웠기 때문이다. 목사님은 철저히 목양 중심이다. 본질과 비본질을 명백하게 구분한다.

그런가 하면 본향교회의 예배 의식은 그 어떤 교회보다 혁신적이다. 뛰어난 본인 절제는 물론 믿음에 대한 철저한 보수주의가 목사님의 한 날개라면 무제한적인 개혁이 다른 한 날개다. 결코 한 자리에 고이지 않고, 받아들일 수 있는 것은 다 받아들이는 개방성을 가졌다. 이런 점은 정말로 예수님의 성품을 닮았다.

나는 신영교회 담임목사다. 내가 목사님과 이런 관계를 유지해 온 것도 어쩌면 그동안 신영교회가 잘 발전했기 때문일 수도 있다. 만일 교회가 정체되고 내가 기를 못 펴고 있었으면 채 목사님이나 나 둘 중 하나가 건강한 관계를 포기했을 수도 있다.

따라서 나는 신영교회도 계속 앞으로 나가는 교회가 되기를 바란다. 지금까지 질적인 성장을 위해 많은 노력을 했다. 나와 부교역자들이 먼저 제자가 되도록 노력했고, 성도들도 역시 제자가 되도록 양육했다. 덕분에 우리 교회는 갈등이 없고 행복하다.

나는 최근에 미국 유타주에 교환 목회를 하러 다녀왔고 인도 단기선교도 다녀왔다. 이런 경험을 쌓으면서 느낀 점은 더 많은 일을 하기 위해 더 힘이 생겨야 한다는 것이다. 교회가 목회자의 힘이라는 말대로 교회가 한층 더 성장해야 더욱 많은 일을 할 수가 있다는 사실을 절감했다. 그래서 야고보서 2장 22-26절을 근거로 제자학교에 '행동'이라는 단어를 붙여서 이제는 '행동하는 제자학교'라고 바꿨다. 채 목사님이 한결같이 주장하는 복이 되는 목회가 신영교회와도 닿아 있다.

나도 채 목사님처럼 구설수 없이 목회하길 바란다. 채 목사님만이 아니라 재정 사고 안 내고 이성 문제 없이 은퇴한 목사님들 모두가 존경스럽다. 내 개인적인 바람은 목사님과 은퇴 후까지 잘 지내는 것이다.

나는 채 목사님께 할 말은 한다. 아주 가끔이나마 내가 말을 하면 다 들어준다. 만일 이야기가 길어지면 "가세. 기네" 이렇게 말하고 끝이다.

채 목사님은 큰 산이다. 큰 산은 그림자가 길다. 내가 채 목사님과 가까이 지내는 덕분에 은덕을 입는 부분이 많다. 목사님들 사이에서는 내가 채 목사님과 가깝다는 사실을 모두 알고 있다. 그런데 채 목사님이 어른이 되었으니 그 후광이 나에게도 미친다. 앞으로도 더 많은 덕을 얻고 싶다. 내 영욕을 위한 후광이 아니라 함께 하나님 나라를 이뤄 가는 후광 말이다.

새 시대를 열 적임자

송태승 (대구 창신교회 담임목사)

그는 하나님 나라의 전파를 위해서라면 무엇이든 흡수해 내는 선구적 자세를 가졌다.

채영남 목사는 시대를 앞서가는 지도자다. 목사들은 영적 지도자라는 측면에서 시대 조류를 부정적으로 생각하거나 뒤늦게 따라가는 경우가 많다. 그러나 그는 하나님 나라의 전파를 위해서라면 무엇이든 흡수해 내는 선구적 자세를 가졌다.

가령 목사들은 속칭 컴맹인 경우가 많다. 그러나 채영남 목사는 이 분야에서도 누구보다 앞서 왔고 설교를 할 때 '씽크와이즈'를 사용한다. 씽크와이즈는 일종의 마인드맵인데 이를 이용하여 설교를 작성하면 시공간을 초월하여 말씀을 전할 수 있다. 누구든지 여행 중이라도 스마트폰으로 설교를 다운받을 수 있게 하는 것이다.

본향교회는 그 어느 교회보다 영상을 예배에 잘 활용한다. 좋은 영상물을 선정하여 설교와 연결시키는 능력이 탁월하다. 강대상에 메인 컴퓨터를 관리할 수 있는 장치가 설치되어서 목회자가 직접 영상을 활용할 수 있도록 해두었다.

나는 총회 전도학교에서 인터넷 전도를 세계 최초로 도입했고 대학에서 최초로 사이버 선교를 선택 과목으로 강의했다. 세상이 빠른 속도로 바뀌어 가는 가운데 오직 오프라인에서만 하던 일들이 이제는 온라인에서 더 많이 일어나고 있다. 그동안 일방적이던 소통이 양방향으로 이뤄지면서 온라인에서 오프라인보다 더 많은 일들이 일어나고 있다. 이런 공간을 버려 두는 건 마치 하늘이 텅 비어 있으니 국토로 인정하지 않겠다는 태도나 마찬가지다. 사이버 공간의 중요성을 인식하고 사이버 공간을 잘 활용하는 측면에서 채영남 목사와 나는 손발이 잘 맞는다.

사도 바울이 살아 있다면 가장 먼저 사이버를 활용했을 가능성이 높다. 그는 진취적이었기 때문이다. 그리스도인은 옛날을 강조할 게 아니라 미래를 선택해야 한다. 채영남 목사도 진취적이며 과거를 보기보단 미래를 바라본다.

오늘날 제2의 국토를 인터넷 상에 건설한다는 취지로 국가의 정책을 끊임없이 개발하고 있다. 국가만이 아니라 무역과 거래가 사이버를 통해 더 많이 일어난다. 눈에 보이지 않는다고 해서 교육을 하지 않으면 국가의 미래가 어두운 것처럼, 사이버가 눈에 보이지 않는다고 해서 방치해 둔다면 한국 기독교의 미래도 어두워질 수 있다.

채영남 목사는 청년 때 뜨거운 심장을 품고 낙도에 가서 복음을 전했다. 그래서 낙도나 오지에서 일하는 사역자들의 어려움을 깊이 이해하고 있다. 총회가 서울에서 세미나나 전도학교를 열면 낙도나 오지 목회자들은 참여할 수가 없다. 경비도 많이 들거니와 서울을 오고 가려면 교회를 늘 비워야 하기 때문이다. 그런 경우 사이버공간에 콘텐츠를 올려놓으면 얼마든지 교육이 가능하다. 낙도나 오지에 찾아올 수 없는 유명한 강사들의 강의도 사이버 상에서는 얼마든지 들을 수 있다. 그 강의 자료를 활용하여 새신자 양육도 하고 기존 성도들을 교육할 수도 있으며 목회자 자신의 재교육도 가능하다.

그렇게 하면 총회와 전혀 소통이 없던 오지의 교회도 양방향 소통을 통해 총회와 의견 교환을 할 수 있다. 총회가 권위적이고 무겁다는 인식에서 벗어나 교회와 함께 움직이는 총회로 탈바꿈할 수 있다. 이렇게 하면 전국의 한국 교회가 목회에 도움도 받고 선교도 함께하는 양방향으로 목회가 가능하다. 교회와 총회가 계급적 서열이 아니라 동반자적 관계가 될 수 있다.

채영남 목사는 바로 이런 꿈을 꾸고 있다. 이로 보아 100회 총회장으로 채영남 목사를 들어 사용한 하나님의 분명한 계획이 있음을 알 수 있다. 새 시대를 맞아 새로운 세계를 만들라는 소명을 주신 것이다.

나는 채영남 목사와 총회 일을 통해 만났다. 뒤늦게 만났지만 같은 목회자 입장에서 보더라도 채영남 목사는 전형적인 목회자의 품성을 가진 분이다. 결코 남에게 상처를 주지 않고 대접하길 좋아한다. 남에게 야단을 치거나 상처를 주는 사람이 아니다.

그는 참 겸손하다. 상대가 누구든 자신에게 말하면 배우는 자세로 듣는다. 부총회장 선거에서 느낀 점이 무엇이냐고 물었더니 선생이 참 많다는 말을 한 적이 있다. 그런데 그 많은 선생들의 이야기를 고스란히 다 듣고 가슴에 담았다.

그의 성품을 단적으로 보여 주는 일화가 있다. 채 목사가 부총회장에 나서겠다고 했더니 사모님 염려가 깊었다.

"세상에 날고뛰는 사람이 많아서 전쟁터 같을 텐데 당신이 어떻게 하겠어요?"

이렇게 묻자 채영남 목사가 대답했다.

"나는 날고뛰진 못하지만 납작 엎드릴 수가 있잖소."

말로만 그런 게 아님을 채영남 목사와 관계해 본 사람들은 인정한다. 선거 과정에서도 채영남 목사의 이런 성품이 선거인단을 감동시켰다. 당연한 말이지만 사람만 감동한 게 아니라 하나님께서도 기뻐하셨을 것이다.

선거에서는 으레 돈이 오간다. 교회 선거에도 그런 일은 있다. 돈이 움직이면 표도 움직인다. 그런데 채영남 목사는 처음부터 끝까지 페어플레이를 했다. 선거가 치열해지면 돈을 쓰고 싶은 유혹이 생긴다. 그러나 채영남 목사는 그 유혹을 뿌리치고 철저히 정책 선거를 했기 때문에 실비만 들었다고 해도 과언이 아니다. 그러다 보니 돈을 원하던 선거 세력들도 스스로 떨어져 나갔다. 속된 말로 콩고물도 나오지 않으니 실망했던 것이다. 마지막 5분 스피치를 할 때도 오직 정책 발표만 했다. 그 짧은 시간에 모든 것을 말할 순 없으나 핵심 정책을 발표했다. 총회장 자리가 명예직이 아니라 일하는 자리임을 보여준 좋은 본보기가 되었다.

100회 총회의 주제는 채영남 목사의 성품과 딱 들어맞는 '화해'다. 단순히 관계가 껄끄러운 자들을 화합시키는 것만 화해가 아니다. 그는 화해의 대상을 5개 영역으로 나누었다. 하나님과의 화해, 교회와의 화해, 사람과의 화해, 이웃과의 화해, 자연과의 화해라는 큰 영

복이 될지라

역을 설정하고 구체적인 영역과 방법론을 제시했다.

모든 영역 중 특히 교회와의 화해 영역은 교회 운영과 목회자들에게 매우 중요하다. 여기에는 두 가지 특징이 있다. 하나는 사이버 총회 구축의 기반을 다지는 것이고, 또 하나는 총회가 교회를 돕는 것이다. 채영남 목사는 총회장 임기 동안 자신의 이름을 드러내는 일에 관심을 갖기보다, 한국 교회의 100년을 준비하는 작업을 위해 투자하고 있다. 자료를 체계화하고 조직화하여 교육 자료로 삼고 개교회가 성장할 수 있도록 도와서 총회 산하의 교회가 서로 연대감을 갖고 힘을 얻으며 하나님 나라를 공동체적으로 확장해 갈 수 있도록 하겠다는 의지를 보여 주고 있다.

한국 교회의 자료를 보면 모든 게 다 하향세다. 성도도 줄고 특히 미래 세대도 줄고 있으며 선교사 파송도 줄고 있다. 이런 상황을 개선하기 위해 화해와 단결을 해야 한다. 지난 100년을 돌아보고 새로운 비전을 제시하자는 뜻에서 준비위원을 선정했고 준비위원들은 적극적으로 한국 교회 발전 모델을 연구하고 있다. 채영남 목사가 총회장이 된 것은 단지 시작에 불과하다. 채영남 목사가 이정표가 되어 총회와 교단에 새바람이 일어날 것으로 기대한다.

총회 일을 하면서 채 목사와 몇 군데를 동행한 적이 있다. 팔공산 온천, 보성 녹차밭, 담양 가마골 등을 함께 다녔다. 특히 기억에 나는 곳은 문준경 전도사의 순교 유적지인 증도 여행이다. 증도에 가니 슬로시티가 있었다. 느리게 걸으며 이런저런 이야기도 하고 서로를 알 수 있는 시간이었다. 목회자들이 다들 그렇지만 채영남 목사는 특별히 순교자들을 존경했다. 그래서 함께 기념사진을 찍자고 하고 기도

하자고 했다. 어딜 가도 하나님 중심이다. 목사들끼리 만나면 다들 목사니까 좀 풀어지기도 한다. 그런데 함께 다니면 진정 이분이 목사고 나머지 목사들이 성도가 되는 것 같다.

목사들이 교회 규모에 따라 목사를 평가한다면 세상의 눈과 하등 다를 바가 없다. 그러나 현실적으로 많은 목사들이 그와 같은 평가를 한다. 그러나 채영남 목사는 본인이 큰 교회 목사라고 해서 작은 교회 목사들을 낮게 생각하지 않는다. 본인이 함께 낮아져서 낮은 자리에 어울린다. 대형교회 목사들은 대형교회 목사 대우를 받고 싶어 하는 경우가 많다. 그러나 채 목사는 그런 자랑이나 내색을 하는 법이 없다. 이런 면을 보더라도 채영남 목사가 얼마나 화해에 적합한 인물인지를 알 수 있다.

본래 나는 충청도 출신이지만 서울에서 목회를 하다 대구로 왔으니 전국구 목회자인 셈이다. 그런데 지역별로 돌다 보면 눈에 보이지 않는 지역 갈등을 느끼게 된다. 교회는 사회보다는 덜하지만 그래도 분명 지역 갈등이 존재한다.

호남의 기독교인들은 그들 나름의 피해 의식이 있는데, 거기에도 정당성이 있다. 내가 과거에 해남에서 군대 생활을 했는데, 실제로 호남의 도로 상태는 영남과 비교가 안 될 만큼 뒤져 있었다. 그건 과거의 일이라고 치부할 수 있지만, 그 과거의 일이 쌓여서 오늘이 있으므로 호남인들은 피해 의식을 가질 수밖에 없다.

도로 이야기가 나와서 말이지만 영호남을 잇는 도로는 매우 열악하다. 서울을 기점으로 해서 남북으로 난 도로들은 날로 확장되지만 영호남을 잇는 도로는 거의 개선이 되질 않는다. 교류가 없어서일 수도 있지만, 반대로 생각해 보면 도로가 없으니 교류가 없는 것이기도 하다. 영호남 지역감정 해결하려면 도로 뚫고 기차 깔아서 서로 많이 왕래하게 해주는 것이 최선이다.

또 목회자들조차 그 분위기에 편승하는 것은 참 어리석은 일이다. 총회를 보면 호남 출신 목회자들 똘똘 뭉치고, 영남 출신 똘똘 뭉쳐서 움직인다. 총회에 자리 하나만 나도 자기 지역 출신 넣으려고 하는 정치꾼들이 있다. 그런 사람들이 자꾸만 세를 결집시킨다. 목회자는 선지자적 사명을 갖고 지역감정을 타파하는 노력을 해야 함에도 오히려 더 갈등을 조장하는 세력도 있다.

다시 화해 문제로 가야만 한다. 화해. 그래서 채영남 목사가 적임자다. 정치꾼도 아니고 세력을 규합하는 데 능한 인물도 아니다. 그러면서도 영남 지역 목회자들과 친분과 교류를 두텁게 한다.

선거 때 채영남 목사가 이 지역에 와서 정견 발표할 때에 농담 한 마디를 했다.

"나는 내 부모님이 왜 내 이름을 영남이라고 지었는지 의아했습니다. 이제 와 생각해 보니 호남에 사는 내 이름을 영남이라고 이름 지은 것은 호남에 살면서 영남과 동서 화합을 하라고 지으신 것 아닌가 합니다."

청중들이 "와" 하며 박수를 쳤다. 정치적으로 표나 얻으려고 말하는 사람들에겐 진정성이 없다. 하지만 채영남 목사는 자주 영남 지역 교회를 찾아오는 등 화해를 위해 부지런히 발걸음을 옮긴다. 농담으로 던진 대화이긴 하지만, 말 그대로 화해를 위해 이 시대에 하나님이 보낸 총회장이 될 것이라 믿는다.

나는 독일계 경건주의 'Amish 공동체'가 설립한 학교인 Grace Theological Seminary에서 공부했다. 미국 인디애나주에 있는 신학대학교로서 굉장히 보수적이다. 그들은 아직도 전기를 사용하지 않고 촛불을 켜고 생활한다. 그들을 보면 '미국을 영적으로 지탱하는 사람들이 바로 이 사람들이구나' 하는 생각이 들게 한다.

내가 서울에 있다가 창신교회에 오니 교회는 전세 3억의 지하에 있었다. 기독교 인구도 가장 적고 불교 성향이 강한 경북 지역에서는 아무래도 목회에 어려움이 따른다. 그러나 내가 부임한 지 2년 6개월 만에 지하의 교회를 지금의 교회로 바꾸었다. 건물은 작지만 예배당과 교육관과 유치원을 지었다.

교회가 날로 성장하고 있을 때 뜨레스디아스에 훈련을 받으러 간 몇 분이 성령 체험을 하고 돌아오더니 지금까지의 믿음은 다 헛것이라고 주장하면서 이제야 하나님을 만났다고 했다. 성령 체험을 강조하는 경우의 장점과 단점이 있는데, 장점은 그동안 머리로만 믿어 오던 하나님을 체험적으로 믿게 된다는 점이다. 방언이나 예언의 은사를 받기도 하는 등의 장점이 따르는 것이다. 반대로 단점은 지나치게 성령 체험을 강조한 나머지 균형감을 잃어버린다는 점이다. 마치 성령 체험만이 전부인 것처럼 행동하고 하나님의 직통 계시만 강조한다. 따라서 교회 공동체에 대한 배려가 없고 오직 자신만 옳다는 교만한 독선주의에 빠지기 쉽다.

은사를 받을수록 자신이 죄인임을 인정하고 하나님 앞에 엎드려야 한다. 그러나 성령 체험을 한 성도들의 상당수는 균형감을 잃어버리고 교만해진다. 이런 이유로 교회가 성령 체험하는 훈련 과정에 대

복이 될지라

해 경계하는 측면이 있다.

우리 교회도 그런 어려움을 겪었다. 그분들이 자신들의 뜻대로 교회가 움직여지지 않자 교회를 쪼개서 나갔다. 그리고 아주 지근거리에 교회를 세우고 같은 노회에 소속이 되었다. 마음이 불편했지만 우리 교회 성도들은 그들을 위해 기도했다. 교회가 잘되기를 기도해 주며 좋은 목회자 오기를 기도했다.

그 외에도 교회에 어려운 문제들이 있었는데, 이런 문제를 혼자 겪어야 할 때는 정말 힘이 들었다. 누군가 곁에서 기도해 주고 함께 짐을 져주면 좋았을 텐데 목사라는 이름으로 홀로 묵묵히 짐을 져야 했다. 이런 교회 문제가 생길 때 총회가 거들어 주면 문제 해결이 참 쉽다. 노회나 총회는 개교회에서 벌어진 문제나 교회 간에 벌어진 문제를 판단하고 정리해 줘야 한다. 그러나 대부분의 갈등에 대해 총회가 방관적 입장을 취한 것도 사실이다. 총회에 네트워크가 잘 형성되면 이런 문제들을 해결하기가 한층 수월해진다. 이런 면에서도 사이버 총회가 할 수 있는 역할이 많다. 총회장인 채영남 목사는 이 사역에 대한 이해가 깊고 의지가 강해서 발전적인 방안이 모색되고 있다.

역사적으로 의미 있는 시점인 100회 총회는 한국 교회의 제2의 성장을 꿈꿔야 한다. 양적·질적 성장은 물론 기존의 사고와 형식에 묶이지 않는 패러다임의 변화를 꿈꿔야 한다. 그런 변화와 발전을 위해 지난 100회를 돌아보며, 하나님 앞에 회개하고 사람과는 화해하는 시대를 열어야 한다. 채영남 목사는 이런 원론들을 어떻게 실천해 갈지 구체적인 방안을 총회를 통해 잘 제시했다.

그뿐만 아니라 한국 사회는 급속도로 변화되고 있고, 나날이 다

문화 가정이 늘고 있다. 이제는 세계화로 인해 정치 경제가 다변화하는 시대에 살고 있으므로 이에 걸맞은 정책이 세워지고 추진되어야 한다. 또한 통일 한국을 대비한 정책들도 수립하고 실천해야 한다.

채영남 목사는 단순한 목회자 차원을 뛰어넘어 이 이정표를 세우고 그 방향으로 꿋꿋이 걸어간 지도자다. 그는 한국 교회의 새로운 역사를 기록할 책임을 졌고, 그럴 만한 능력을 갖추고 있다. 하나님은 감당할 수 있는 자에게 사명을 주고, 사명을 감당할 때 협력자도 주신다. 하나님이 채영남 목사를 선택했을 때 그 사명을 능히 감당할 수 있다고 판단하셨을 것이다. 협력자로서 꽤 오래 옆에서 지켜본 나는 채영남 목사가 이 사명을 감당할 최고의 적임자임을 믿는다.

불굴의 믿음의 용사

유한귀 (잠실제일교회 원로목사)

그분은 참 순수하고 진솔하기 때문에 주장에 호소력이 있다. 그리고 입은 무겁고 행동은 신중하고 추진력이 있어서 신뢰를 준다. 이런 점 때문에 한국 교회의 영성 회복에 선도적인 역할을 할 것이다.

나는 채영남 목사님이 본향교회 전신인 18평 건물의 극락교회에 시무한다는 이야기를 듣긴 했지만 딱히 친밀한 관계를 갖진 못했다. 얼굴만 알고 지내던 관계였다가 1986년에야 서로 가까워졌다. 내가 광주대학교 법학과에 입학을 했는데, 개강 날에 맞춰 학교에 가니 교실에 아는 얼굴, 채영남 목사님이 있었다. 그때 만나 함께 공부하면서 희로애락을 같이했다. 그 후 서로 계속 연락하면서 지내다가 나는 1989년에 잠실제일교회 담임으로 올라왔고 1990년도에 졸업했다.

극락교회는 동네 곁에 흐르는 극락강과 극락강역 이름을 딴 것이었다. 하지만 교회 이름이 불교 용어라는 점이 마음에 들지가 않았다. 본래 '극락'이라는 말이 교회에서는 천국을 뜻하는데, 히브리서 11장 14절에 나오는 '본향'이라는 단어를 따서 본향교회로 짓는 게 어떠냐는 의견을 주고받았다. 그리하여 1986년 말 본향교회로 개명

"

을 했다. 채 목사님이 1990년에 교회 건축을 하면서 기공 예배를 인
도해 달라는 부탁을 해서 내가 기공 예배를 인도하기도 했다.

광주대학교를 졸업한 후 나는 시카고에 있는 맥코믹(MCCOMICK
THEOLOGICAL SEMINARY)에서 공부를 했고 채 목사님도 계속 공부
를 했다. 채 목사님은 조선대학교 대학원에서 교육학 석사학위를 받
았다. 그 후에도 장신대에서 예배학을 전공해 박사를 받는 등 쉬지
않고 계속 공부를 했다. 사람이 목회나 공부 둘 중 하나 하기도 만만
치 않은데 채 목사님은 공부를 하면서도 열정적으로 목회를 했다.

지금의 본향교회를 지을 때의 이야기다. 이미 1985년에 한 번 건
축을 하고 1990년에 재건축을 했으니 5년마다 성전을 새로 지은 것
인데 이번에도 또 땅을 사서 건축을 한다고 했다. 물구덩이였던 그
땅에 지금의 성전을 지을 때는 적이 놀라지 않을 수 없었다. 본향교
회의 교세를 잘 알고 있었던 나는 그렇게 큰 교회를 지을 수 없다고
생각했다. 그런데 채 목사님은 단 한 번도 "걱정된다, 돈이 없어서 힘
들다" 이런 말을 하지 않았다. 나는 나보다 한참 동생인 젊은 목사
에게 놀라지 않을 수 없었다. 오히려 "걱정한다고 된답니까?" 이렇
게 말을 하는 것이다. 믿음의 반대는 염려요, 염려의 반대는 믿음이
다. 그는 그만큼 굳건한 믿음의 사람이었다. 성전 건축하면서 어려움
이 없다면 그건 거짓말이다. 그럼에도 그는 뚝심 있게 그 큰 예배당
을 지어 버렸다. 대단하다 싶었고 앞으로 인물이 될 사람이라고 생각
했다. 내가 경험한 채 목사님은 기드온 같은 믿음의 용사다.

그때 나는 대한기독교서회 이사였는데 내가 채 목사님을 대한기
독교서회 이사로 추천을 했다. 이런 인물이 이사를 해야 되겠다 싶었

복이 될지라

던 것이다.

채 목사님을 아는 모두가 인정하다시피 채 목사님은 정직하고 순수하다. 큰 교회 목사답지 않게 꾸밈이 없다. 어떻게 보면 철이 없어 보일 만큼 청순하다. 그래서 큰 일을 감당하기에는 너무 여리지 않느냐는 말도 있었다. 물론 이런 여론 가운데 한 가지는 옳고 한 가지는 틀렸다. 옳은 것은 그가 순수하다는 점이며 그가 여리다고 말한 것은 틀렸다. 그가 여리다면 어떻게 한 번 떨어진 부총회장에 또 출마했겠으며, 맨손으로 오직 믿음 하나로 그 큰 교회를 건축했겠는가?

채 목사님을 만난 분들이 모두 채 목사님의 겸손하고 낮은 자세와 진솔한 신앙 고백을 칭찬했다. "내가 젊었을 때 거문도에서 죽을 병에 걸렸는데 하나님이 죽게 된 나를 치유해 주었다. 하나님께서 나를 살려 주신 그때에 하나님께서 장차 나를 쓰실 곳이 있다고 확신했다. 내가 하나님 나라를 위해 일해야 하는 것이 내 신앙의 간증이요 믿음이다." 이처럼 진정성 있는 신앙 고백은 많은 사람들을 감동시켰다. 소명이 분명치 않은 사람은 결코 하나님의 일을 할 수 없는데, 채 목사님은 이처럼 자기 목숨과 바꾼 확실한 소명 의식을 갖고 있는 분이다.

100회기 총회, 채영남 목사님이 참으로 역사적인 총회장이 된다. 채 목사님은 총회 일을 준비하면서 학자들과 교회적으로도 다양한 사람들을 만나서 의견을 경청했다. 이 세대에 총회가 할 일이 무엇인지를 배우는 자세로 들어서 계획을 세워 나가는 모습만 봐도 선배 목사로서 참 든든하다.

총회장은 아무나 되는 것이 아니다. 하나님의 기름 부으심과 모든 주변 여건이 갖춰져야 감당할 수 있는 자리다. 특히 네 가지 요건을 갖춰야 출마라도 할 수 있다. 첫째는 교회 여건이 갖춰져야 된다. 두 번째로는 인간관계를 비롯한 본인의 사회적 관계와 여건들이 갖춰져야 된다. 셋째는 최소한도의 재정적인 여건도 갖춰야 한다. 마지막으로 가정에서의 뒷받침이 있어야 한다. 채 목사님은 네 가지 요건 중 경제적인 요건이 약했으나 나머지는 모두 완벽하게 갖췄다. 경제적으로 힘든 것은 하나님이 그의 믿음과 바꿔 주셨기에 총회장으로 세우신 것이다.

나는 선거 때에 이런 지도자를 만들기 위해 채 목사님을 꼭 밀어 달라고 나와 연이 닿는 사람들을 설득했다. 내 손이 닿는 곳까지는 최선을 다했다. 그때 내가 설득한 내용을 요약해서 채 목사님을 평가해 본다.

채 목사님은 영성이 뛰어난 훌륭한 목사다. 복음에 있어서는 보수적으로 예배를 잘 운영하면서 교회를 부흥시킨 목사다. 그리고 공부를 참 많이 하는 목사다. 그동안 노회와 총회 일을 꾸준히 했기 때문에 각 부서의 부분 부분을 잘 알아서 소화해 낼 수 있는 행정 능력이 있다. 누구에게도 대들지 않고 자기를 낮추는 겸손한 사람이다. 오직 하나님 한 분만을 바라보고 오늘의 그를 만든 입지전적인 인물이다. 때 묻지 아니한 참 좋은 인물이다. 이러한 평가는 선거를 위한 나의 위장된 주장이 아니라 내가 평생 봐온 채영남 목사님의 실제 모습이다.

채영남 목사님은 총회장 자리를 명예직으로 생각하지 않고 일하는 자리로 생각한다. 따라서 조직을 잘 관리하고 막힌 곳을 뚫어 내

복이 될지라

는 역할을 할 것이다.

채영남 목사님은 오랫동안 한국 교회 전체를 하나님 앞으로 끌고 가기 위한 노력을 했다. 행정적인 문제, 법적인 문제, 목회자 품위 문제, 교회 교육 문제 등에 대해 고민하고 구체적인 대안을 마련해 왔다. 이런 면에서 채 목사님은 그 누구보다 준비된 총회장이다. 일하고자 하는 그에게는 총회장 임기 1년이 매우 짧지만 그 기간을 누구보다 길게 활용하리라 믿는다.

내 영적 고향 집 본향교회

주경수 (옥과교회 담임목사)

채 목사님의 목회는 사람을 감동시키고 하나님을 감동시키는 목회다. 그 감동의 중심에 섬김과 겸손이 있다. 목사님이 사람을 감동시키니까 사람들은 하나님께 충성하고 목사님께 충성한다.

나는 1997년도 9월 초에 본향교회 교육전도사로 부임해 제2의 인생을 시작했다. 부임한 지 한 달 후인 10월 3일 본향교회에서 채영남 목사님 주례로 결혼을 한 후 두 아이를 낳았다. 석사과정도 본향교회에서 마치고 2008년 11월 셋째 주에 사임을 했다. 11년 3개월 동안 내 20대와 30대 청춘을 본향교회와 함께한 것이다. 본향교회는 나의 제2의 모교회가 되었고 채영남 목사님은 평생 잊을 수 없는 내 영적 아버지가 되었다. 채 목사님은 인자하고 참 따뜻한 분이며 나는 그분께 많은 사랑을 받았다.

나는 채 목사님께 목회의 기본을 철저히 배웠다. 채 목사님이 강조한 목회는 오직 복음, 십자가 복음, 말씀과 기도였다. 나는 지금도 배운 그대로 적용하고 있다. 목사가 예수님 중심, 말씀 중심으로 목회하는 것이 지극히 기본이니 그것을 강조할 이유가 없을지 모른다.

하지만 실제 현장에서는 인간 중심, 목회자 중심이 되는 경우가 훨씬 많다. 알고 보면 기본 중의 기본을 지키는 일이 가장 어려운 일이다. 채 목사님은 그 기본을 얼마나 철저히 지키는지 몸소 보여 주었다.

목사님은 예배를 목숨처럼 여겼다. 본향교회는 명절 당일이라 해도 금요 심야 기도회를 한 번도 쉰 적이 없다. 해외 출타 중인 경우를 제외하면 부목사들이 있어도 목사님이 반드시 모든 예배에 참석했다. 살아 있는 예배가 하나님을 감동시키므로 이처럼 교회가 부흥된다는 것을 실감했다.

내가 본향교회에 처음 갔을 때는 교인이 600명에서 700명이었다. 그 교회가 1,500명 2,000명을 넘어서는데도 목사님은 근본에서 조금도 벗어나거나 변하지 않았다. 하나님 앞에 겸손하고 사람을 사랑하는 모습을 보며 '아, 저러니까 하나님께서 양을 맡겨 주시는구나, 나도 저런 충성된 종이 돼야겠다' 생각했다. 그 모습을 본받아 나도 지금까지 목회했고, 지금 옥과교회에 종으로 있다.

그러나 20, 30대의 젊은 혈기에 실수를 하기도 했다. 때로는 내 생각과 마음대로 일을 해도 채 목사님은 묵묵히 기다렸다. 그 기다림이 나를 성장하게 했다. 무슨 일인지 구체적인 기억은 사라졌지만 목사님께 누를 끼친 일이 있었고 목사님도 내 실수를 알고 있었다. 회의 시간에 혼내시겠지, 내심 혼날 각오를 하고 있었는데 목사님은 그 일에 대해 전혀 내색도 하지 않았다. 그리고 한 달 후에 조용히 방에 불러서 말씀하셨다. "주 목사, 이러이러한 부분이 이렇게 됐네. 이럴 때는 이렇게 했으면 더 좋았을 텐데…. 주 목사가 젊어서 실수했지만 다음부터는 이렇게 하게." 그 말씀을 듣고 참 큰 은혜를 받았다. 나는 그때 목사님 방을 나오면서 울었다. 목사님이 나를 사랑한다는 것을 깊이 깨달았기 때문이다. 인자하게 기다릴 줄 아는 목사님의 리더십에서 참 목회자상을 봤다.

보통 부교역자들은 한 교회에 3년이나 5년 정도 시무한다. 그러나 나는 그런 사랑을 받고서 충성을 다하겠다고 생각했고, 그 이후로 앞만 보고 달렸다. 동기들이나 선배들이 "주 목사, 그 교회 그만 있고 나오소" 그렇게 말하면 "때가 되면 하나님이 옮겨 주시겠죠" 이렇게 대답하고 그냥 묵묵히 있었다.

옥과교회는 111년 된 역사적인 교회다. 6·25 때 순교한 조용택 전도사님의 순교 위에 자리 잡은 교회다. 젊은 나이에 이 좋은 교회의 담임으로 온 것도 하나님의 은혜다.

채 목사님의 목회 철학은 '복이 되는 교회'다. 복의 근원인 목회는 나 홀로 복을 받는 게 아니라 서로 복을 나누고 흘려 보내는 목회다. 나는 채 목사님의 사랑을 넘치게 받았으니 내가 받은 사랑을 또 이 옥과교회에서 흘려 보내고자 한다.

내가 본향교회에 갔을 때는 신대원 1학년이었다. 나는 파트타임 교육전도사로 시작했지만 사실상 풀타임 사역이었다. 학교 안 가는 날 교회 가고 방학에도 교회 가고, 틈만 나면 교회에 있으니 풀타임 사역과 다를 바가 없었다.

본향교회는 그럴 듯한 회식 한 번 없었다. 채 목사님은 오직 교회에서 나오는 밥만 먹으라고 했다. 교회에서 주면 먹고 안 주면 굶으라고 했다. 젊었을 때는 그 이유를 몰랐고 불만도 품었다. 그러나 지금 생각하면 참 감사할 일이다. 목회자는 교회에서 사례비 받는 것으로 먹고살아야 한다. 목회자가 풍성하면 목회가 잘 안 된다. 조금 주면 조금 먹고 많이 주면 많이 먹어야 한다.

신혼 초에 아내가 피아노 강사를 해서 생활비를 보탰다. 교회에서 주는 걸로 먹고 살기가 빠듯해서 쌀은 고향에서 가져왔다. 그래도 우린 굶지 않았다. 본향교회는 사택을 마련해 주지 않으니까 그것도 큰 부담이었는데 하나님께서 우리에게 집도 주셨다. 나는 그때 모든 훈련을 다 받았다. 육신의 훈련도 하고 영적 훈련도 하고. 그렇게 훈련을 받고 나니 하나님께서 나를 쓰셨다.

본향교회 있는 동안 나는 목회자이자 관리 집사이자 차량 기사이자 교회 사무장이었다. 나는 집에 있는 시간보다 교회에 있는 시간이 많았다. 본향교회는 빨간 날이 쉬는 날이 아니라 '보혈의 날'이라서 출근을 해야 한다. 일 때문에 어디에도 갈 수가 없어 아내와 자녀에게 미안했지만 감사하게도 아내와 자녀들이 잘 견뎌 줬다.

나는 막노동꾼이기도 했다. 양복이 작업복이 되어 바지가 성한 것이 하나도 없었다. 양복 입고 출근해서 일하다 보면 바지가 찢어진다. 급한 일이 생기면 바로 움직여야 하니까 작업복으로 갈아입을 틈도 없었다. 그러다 보니 옷이 다 찢어진다. 그러자 어느 날 권사님 한 분이 그걸 보고 양복을 해주었다. 그때 내가 양복을 네 벌이나 받았다. 감사하게도 내 평생 양복 선물을 가장 많이 받은 때다.

허드렛일도 다 부목사가 했다. 제일 인상 깊었던 것은 똥을 퍼낸 일이다. 신가동은 구 건물이기 때문에 교회 안에 화장실이 없고 조립식으로 바깥에 설치돼 있었다. 나는 출근 후 매일 화장실 청소를 했다. 화장실 청소를 해보면 은혜가 된다. 그러던 겨울 어느 날, 난방

행함으로

이 안 되어 화장실이 얼어 버렸다. 그런데 급하신 분이 그만 언 화장실에 실례를 하고 말았다. 다음 날 아침, 그대로 얼어 있는 변이 발견되었다. 그래서 뜨거운 물을 부은 후 퍼냈다. 그 후 나는 똥도 퍼봐야 목회를 잘하는 거라고 하면서 주일에 부목사 후배들한테 화장실 청소를 시키기도 했다.

2004년 10월 23일, 지금 성전인 새 건물에 입당을 했다. 교회가 지어지기 전까지만 해도 그곳은 논이었다. 3,000평 대지의 논을 6월쯤에 샀다. 벼가 다 심어진 논이었다. 논 주인들이 돈을 몇 억씩 받으니까 더 이상 논을 관리하지 않았는데도 이 벼들이 스스로 자라서 알곡이 되었다. 추수철도 지난 11월 중하순에 청년 둘과 나, 지금은 은퇴하신 장로님과 함께 700평쯤 되는 두 마지기 논을 거두었다. 그 벼를 말렸더니 쌀 다섯 가마니가 나왔다. 두 가마니를 떡을 해서 12월 25일 성탄절에 떡국을 끓여 성도들과 먹었던 기억을 잊을 수가 없다. 들풀도 먹이는 하나님께서 우리가 돌보지 않은 들판에 알곡을 키워 주신 것이다. 그 알곡이 저절로 익어 열매 맺은 것은 앞으로 열매 맺게 해주겠다는 본향교회에 대한 약속의 상징인지도 모른다.

교회가 커지면서 차량도 커졌다. 그런데 교회에는 대형차 운전자가 없었다. 교회 행사가 평일에 있을 때면, 집사님들이 다 직장을 가니까 운전할 사람이 없었다. 아무래도 목회자가 운전면허를 따야 하는 상황이었다. 그래서 교육전도사 시절인 1998년에 35인승 대형 면허를 땄다. 면허를 따고 보니 유익이 많았다. 나는 은퇴하면 차가 한두 대 다니는 시골 오지에서 군내버스 운전을 하며 어른들께 복음을 전하고 싶다.

복이 될지라

그간 나는 채 목사님을 꽤 오래 모시고 다녔다. 내가 운전할 때 채 목사님은 뒷자리에 앉지 않고 꼭 옆자리에 앉으셨다. 상전 의식을 갖지 않고 옆에 앉아서 형님처럼 따뜻한 말씀과 도움 되는 말씀을 해주는 겸손한 분이다. 그러니까 목사님을 모시고 운전하는 시간은 참 유익했다. 듣는 것도 많고 보는 것도 많은 배움의 시간이었다.

목사님은 창세기 12장 1-3절 말씀에 의거하여 어떻게 해서든 섬기려고 한다. 또 "우리가 살아도 주를 위하여 살고 죽어도 주를 위하여 죽나니 그러므로 사나 죽으나 우리가 주의 것이로다"라는 로마서 14장 8절 말씀처럼, 주님을 위해 죽고 주님을 위해 살면 주님이 책임져 주시는 것을 확고히 믿었다. 나도 그 말씀을 모토로 삼아 주님을 위해서 죽을 각오로 산다.

한국 교회가 이제는 성도들에게 관심을 가져야 한다. 지금까지는 양적 부흥이나 물질적인 것 등 외형적인 것에 관심을 많이 가졌으되 성도 하나하나에 대한 관심이 부족했다. 그러나 양이 없으면 목자도 필요가 없고 한국 교회도 필요가 없다. 우리가 생각하고 계획하는 것이 당장에 이뤄지지 않더라도 성도들을 돌보며 한자리에 있으면 하나님께서는 반드시 축복을 하시고 그 목자를 하나님이 원하는 때에 들어 쓰신다. 그 전형적인 예가 채 목사님이다. 목회자들조차 외면했던 불과 18평의 극락교회에 와서 무려 35년 동안 한자리를 지키면서 양들을 길렀기에 하나님께서 목사님을 축복했다고 믿는다.

본향교회는 행동하고 섬기는 기반이 잘되어 있다. 내가 부목사로 있을 때 '섬김과 나눔'이라는 사단법인을 만들었다. 독거노인을 돕거나 소년소녀가장들에게 장학금을 지불하고 명절이면 이웃을 돕고 우체부나 청소하는 분들에게 감사를 표하는 일 등을 한다. 법인 이사는 장로님들 중심으로 구성되어 있고 재원은 성도들의 헌금으로 감당한다.

본향교회 건축은 불가능한 일을 가능케 한 사건이다. 처음에는 1,200평만 있어서 대지를 매입하는 데 3년 정도 걸렸다. 신가동의 갑부인 땅 주인 한 사람이 땅을 내놓질 않았다. 아무리 가격을 쳐준다고 해도 안 파니까 그 땅을 못 산 채 그 주변 땅들만 샀다. 그러나 아무리 주변 땅을 사도 대지의 중간에 그 땅이 있으니 우리도 건물을 지을 수가 없었다. 우리는 그 땅을 놓고 정말이지 열심히 기도했다. 땅만 사두고 건물은 못 짓고 이자는 계속 나가니 입술이 타들어가는 상황이었다. 그러기를 무려 1년이 지났다. 목사님과 성도들은 1년간, 표현이 좀 과하지만 죽기 살기로 기도했다.

결국 일이 벌어졌다. 안 된 일이지만 그 부자의 아들이 사업에 실패해서 땅을 내놓고 만 것이다. 하나님은 사람이 생각할 수 없는 일을 행하시고 우리의 기도에 응답하심을 보여 주셨다. 교회 건축하자고 끌고 간 채 목사님의 심정이 어떠했을지는 짐작하고도 남음이 있다. 그러나 채 목사님은 흔들리지 않았다. 어떤 어려움이 있어도 하나님이 해결해 줄 거라고 믿고 조금도 염려하지 않았다. 비바람이 몰아쳐도 장막이 흔들려도 밤이 와도 목사님에게 두려움은 없었다.

채 목사님의 그런 강인한 리더십은 과거 죽음에서 살아난 체험적 신앙에서 연유한 것이리라 생각된다. 죽을병에 걸리자 어머니 외에 형제들조차 채 목사님을 외면했다고 한다. 그때 채 목사님을 살려 준 하나님, 죽을 각오로 하면 못할 게 없다고 하는데, 죽음을 이기게

복이 될지라

한 기적의 하나님을 체험했으니 어떤 어려움이 닥쳐도 하나님을 바라볼 수 있게 된 것이다.

당시 건축 부지가 수렁논이라 다져진 땅이 아니었다. 기초 작업을 하기 위해 엄청난 자갈들을 갖다 부었다. 작업이 중단된 때도 있어서 입당이 늦어졌다. 4월, 건물 골조도 없고 오직 바닥만 있는 자리에 서치 라이트 설치하고 바닥에 은박지를 깐 채 부활절 새벽 예배를 드렸다. 텅 빈 들에서 부활절 새벽 예배라니, 정말이지 감동적인 예배였다.

그 당시에 내가 전임전도사 월급 60만 원을 받아서 그것으로 살았다. 120만 원 받는 친구도 있을 때였다. 그런데 어느 날 부흥 강사께서 교회를 건축하면 목회자들은 일 년치 사례비를 헌금해야 한다고 했다. 그래서 우리 목회자들 전원이 일 년 사례비를 건축 헌금으로 드렸다. 가뜩이나 적은 월급인데 그마저 건축 헌금을 했으니 아내에게 참 미안했다. 지금도 그때를 생각하면 미안하고 눈시울이 뜨거워진다.

목회자는 혼자서 되는 게 아니라 사모의 도움이 정말로 중요하다. 그런데 내 아내는 십일조로 12만 원을 바쳤다. 내가 오히려 당황스러워서 물어봤다. "아니 여보, 사례비가 60만 원인데 십일조는 왜 12만원을 하는 거요?" 그랬더니 아내가 "까마귀가 물어다 줬어요"라고 한다. 장인어른이 목사님이다. 목회자의 딸로 자라며 경제적으로 힘이 들었을 텐데 다시 이런 남편을 만났다.

나는 본향교회에서 그렇게 바쁘게 사는 와중에 숭실대에서 대학원 공부를 했다. 밤차로 가서 강의 듣고 밤차로 내려오는 일정까지 소화하면 집안일을 도울 틈도 없고 그만큼 경제적으로도 힘들었다. 그래도 싫은 내색 한 번 하지 않은 아내가 눈물나게 감사하다.

나는 본향교회를 못 잊는다. 잊을 수가 없다. 지금도 본향교회 하수구 어디냐, 전기선 어디 있느냐, 천장 어디에 선이 설치되었느냐 물으면 줄줄이 답할 수 있다. 배관부터 지붕 끝까지 내 손이 안 거친 곳이 없다. 그래서 지금 가도 내 고향 집 같다. 교회 지으면서 고생도 많이 하고 눈물로 기도도 많이 했다.

본향교회 부목회자 출신 중에서 어떤 이는 상처를 받았을 수도 있다. 고생만 죽도록 했다고 원망하는 사람도 있을 수 있다. 그러나 나는 모든 것을 하나님께 맡긴 채 기도했고 하나님의 은혜를 구했다.

하나님은 모든 것을 합력하여 선을 이루신다. 내가 본향교회에서 고생을 하는 동안 목회자로서 갖춰야 할 탄탄한 기반을 다 배워 버렸다. 만일 부교역자로서 고생하지 않았으면 오늘의 나는 없었을 것이다. 본향교회에서 훈련하는 동안 섬김의 목회를 배웠고 오늘의 내가 만들어졌다. 감사를 다 표하기에도 부족할 정도다.

덧붙여 채 목사님 사모님 이야기를 하고 싶다. 내가 본향교회를 떠나 서울에 있을 때 사모님이 김치를 보내 주었다. 전도사 시절부터 사모님이 나를 챙겨 주신 그 은혜를 잊을 수가 없다.

목사님이 목회에 바쁘다 보면 사모님은 꽃피는 계절에 꽃구경 한 번 못 가실 때가 있다. 그러면 우리 부부가 사모님께 바람 쐬러 가자고 하여 함께 식사를 하기도 했다. 그때는 사모님이 운전을 못했다. 그래서 내가 사모님 운전부터 배우시라고 권면해서 운전을 배웠다.

사모님은 우리 집사람에게 친정엄마 같은 분이다. 아내가 첫 임신 때 유산을 했다. 우리 부부가 너무 어리고 지식도 없었던 탓이었는데 그때 아내가 많이 힘들어했다. 그런데 아이 출산 문제가 여자를 얼마나 예민하게 하는지 사모님은 잘 알고 계셨기에 우리 아내를 적극적으로 도와주었다. 그래서 아내가 아픔을 딛고 빨리 회복될 수 있었다.

지금은 그렇지 않지만 과거에는 본향교회 부교역자에게 쉬는 날이 없었다. 공식적으론 있지만 모두 내 집이려니 하며 나와서 일을 했다. 그러니까 아이 둘 다 월요일 첫 타임에 수술 날짜를 받아서 수술했다. 그래도 월요일이라 종일 간호하고 화요일에 출근했다. 아이가 출산한 뒤에는 아내 혼자 힘드니까 월요일엔 좀 쉬고 싶었지만 목사님께 차마 그 말은 못 하고 월요일에도 계속 출근을 했는데 사모님이 그런 나를 위로하고 격려해 주기도 했다. 사모님은 나에게도 어머니같고 큰누님 같은 분이다.

나는 본향교회를 생각하면 눈물이 나고 목사님을 생각하면 눈물이 나고 사모님을 생각하면 눈물이 나고 우리 아내를 생각하면 눈물이 난다. 그런데 그 모든 이를 만나게 하고 내 삶을 이끌어 오신 하늘의 아버지를 생각하면 더욱 눈물이 난다. 앞으로도 하나님 은혜 가운데 목사님과 오래오래 인연을 맺어 가길 소망한다.

행함으로

은퇴 부목사를 꿈꾼다 　　　주문창 (화순 본향교회 담임목사)

"나는 자신을 위해서는 아무것도 하지 않는다. 그러나 주님을 위해서는 모든 것을 한다." 나를 위해서라면 아무것도 하지 않고 주님을 위해서는 모든 것을 하겠다. 바꿔 말하면 나를 위해서는 아무것도 가지지 않고 주님을 위해서는 모든 것을 갖겠다는 말이다. 내가 본 목사님은 지금까지 바로 그렇게 살아왔다.

나는 본향교회 초대 부목사다. 내가 처음 목회를 했던 사역지는 거금도였다. 거금도는 전라남도 고흥군 소록도 뒤편에 있는 섬이다. 거기서 담임전도사를 했다. 그때 내 나이가 스물다섯 살이었다. 2월에 제대해서 8월에 그곳 전도사로 갔다.

거금도교회는 역사가 100년이 넘은 교회였다. 말하자면 고흥 지역의 '어머니 교회'였다. 우리 교단의 초대 교단장을 지낸 오석주 목사님이 개척한 교회다. 나는 거금도에서 호남신학대학교를 졸업하고 결혼해서 장로회신학대학원을 졸업했다.

내가 거금도에 간 것은 사명감이 있어서가 아니었다. 아무리 문을 두드려도 추천해 주는 분이 없었다. 나의 뒤를 봐줄 인맥이나 배경이 없으니 사역지를 찾을 수가 없었다. 시험을 봐서 들어가든지 은혜가 충만해서 들어가든지 성령의 초자연적인 역사로 들어갈 수 있으면 좋으련만 그렇게는 되지 않았다. 어떻게 보면 교회가 세상보다 더 인맥 중심이었고, 교회의 문이 더 닫혀 있었던 것 같다. 요즘도 그런 면에서는 크게 다르지 않은 상황이다.

졸업 후 아는 전도사님 소개로 남평에 있는 교회에 가서 일 년을 섬겼으나 담임목사님과의 관계가 쉽지 않았다. 이 교회에 더 있으면 안 되겠다 싶었다. 그 즈음 한 서점에 갔다가 우연히 채 목사님을 만났다. 채 목사님은 나를 아는 분이 아니었다. 채 목사님이 본향교회 오기 전에 화순 영생교회 초대 전도사였고, 그때 우리 아내가 영생교회 중등부 학생이었다. 마침 그날 나와 함께 서점에 간 전도사님이 과거에 영생교회 전도사 생활을 해서 채 목사님과 아는 관계였다. 그 전도사님이 채 목사님에게 나를 소개했다.

"채 목사님, 영생교회 전도사로 계실 때 중등부 여학생이 커서 시집을 갔는데 이분이 그 여학생의 남편입니다."

채 목사님이 반가워하며 지금은 어디에 있느냐고 물으시기에 남평에 있다고 답했다. 그날은 별 이야기 없이 그렇게 헤어졌다. 그런데 그 일이 있은 지 얼마 지나지 않아 목사님이 연락을 해왔다. 본향 교회의 전도사로 올 수 있냐고. 나는 그때까지 채 목사님을 잘 알지 못했지만, 그 당시에 있던 교회에 내가 계속 머무는 것이 덕이 안 되겠다 싶어서 무조건 가겠다고 했다.

그리하여 채 목사님 부름을 따라 전도사로 가서 1년 있다가 목사 안수를 받았다. 그곳은 하나님께서 예비하신 자리였다. 목사님은 내가 마음껏 일할 수 있는 장을 마련해 주셨다.

행함으로

한 사람의 자산은 일생 동안 누구를 만났는가에 달려 있다. 어떤 일을 하기 전에 누구를 만나느냐가 중요하다. 목사들도 어떤 교회에서 시무하느냐가 아니라 어떤 선배 목사를 만났느냐가 중요하다.

나는 어린 시절이 불우했다. 아버지가 우리를 돌볼 수가 없어서 외가에서 자랐다. 외가는 쌍둥이 마을로 유명한 전남 여천군 소라면 현천리였다. 우리 외삼촌은 지주였고 부호였으며 아주 선한 사람이었다. 배포가 크고 늘 베풀며 살았던 외삼촌은 내 어린 마음에 한 세계의 지도자처럼 보였다. 만남이 자산이라는 점에서 내 어린 시절의 자산은 외삼촌이었다.

스물아홉, 청년에서 장년으로 넘어갈 때 나는 채 목사님을 만났다. 그분은 지금까지 내 인생에서 가장 큰 자산이다. 내가 만난 채영남 목사님은 말로 다할 수 없을 만큼 큰 어른이었다. 일단 그릇이 크다. 어렸을 때 내 눈에 비추어졌던 외삼촌의 모습, 지도자인 그분과 똑같은 분을 또 본 것이다. 보물을 찾았다고 할까, 내 인생의 열쇠를 찾았다고 할까. 채 목사님과의 만남은 내 삶에서 가장 중요한 사건이 되었다.

나는 감성이 풍부한 사람이다. 그래서 목사님을 떠올리면 종종 눈물이 고인다. 나는 채 목사님을 진심으로, 내 마음 깊이 존경해 마지않는다. 정말이지 그분은 내가 가장 닮고 싶은 사람이다. 그러나 사람들은 사실 채 목사님을 어려워한다. 목사님은 좋게 말하면 선비 타입이고 나쁘게 말하면 왕자 타입이다. 하지만 나로선 채 목사님이 워낙 우러러보이니까 그런 불편함 같은 게 보이지 않는다. 불편한 감정이란 상대와 대등해지려고 할 때 생기는 감정이고 교만이나 이해관계와도 연결되어 있다. 그런데 나는 목사님을 내가 이겨야 할 상대로 생각지 않기 때문에 불편하지가 않았다. 내가 목사님을 만나지 않았다면 내 인생이 어떻게 되었을지 알 수가 없다.

채 목사님을 만나서 본향교회로 갔을 때 정말 기뻤다. 무엇보다 자유가 있었다. 때때로 나는 목사님께 버릇없는 이야기도 했다. 행복감을 주체 못해 안 해도 될 말까지 했다. 부목사님들은 대체로 채 목사님을 어려워하는데 나는 그렇지 않았다. 목사님도 개인적으로는 나를 아들처럼 참 따뜻하게 대해 준다.

처음에는 목사님을 본받지 않겠다고 마음먹었다. 목사님의 스케일이 너무 크니까 목사님 따라가다간 내 다리가 찢어질 것 같았다. 25년 전에는 교인이 300명도 채 안 됐는데 목사님은 3,000명 모이는 교회를 꿈꾸는 것이었다. 그러니까 너무 비현실적이었다. 부채가 있는데도 교회 부지를 사고 건축을 하고 선교비도 어느 교회보다 많이 쓰고 그랬던 것이다. "믿음은 바라는 것들의 실상이요 보이지 않는 것들의 증거"라는 히브리서 구절이 채 목사님께 딱 어울리는 말씀이었다. 결국은 나도 그 꿈을 닮아 가게 되었다. 지금은 목사님을 닮아 가려 하면서 내 기반도 잡아 가고 목회의 영역도 확장해 가고 있다.

사람들은 채 목사님께 친근하게 다가서기 어렵다고들 한다. 좀 된 장국처럼 구수하고 수더분하게 형님 동생 해야 하는데 도무지 그러질 못한다. 모두가 목사님 앞에 가면 학생이 되어 버리는 것이다. 그렇게 평가하는 사람은 목사님의 간만 보았지 장맛은 못 본 사람이다. 목사님이 선비 타입이라는 평가가 많은데, 보이는 그대로 정말로 깨끗한 사람이다.

한번은 교회 행사를 하고 남은 돈이 있었다. 교회 공금이 아니라서 그 돈을 목사님께 갖다 드리니 상당히 역정을 내셨다.

"그것을 나더러 가지라고? 왜 나를 줘?"

그러면 이 돈을 어떻게 처리해야 하느냐고 되묻자 "그건 자네가 알아서 할 일"이라고 했다. 이건 아주 작은 일이다.

사모님이 신가리 보건소장을 지낼 때, 보건소장 월급이 목사님 월급보다 몇 배가 많았다. 그런데 신가리에 있던 보건소가 폐쇄되어 사모님이 다른 곳으로 발령을 받게 되었을 때, 목회를 위해서 그 자리를 과감하게 버렸다. 그리고 또 목사님 소유의 집은 교회 건축을 할 때 팔아서 전액을 건축 헌금으로 내버렸다. 본인 재산을 모두 없애 버린 것이다. 그뿐이 아니다. 교회에서 목사님 차를 사줬다. 보통의 경우 목사님께 차를 사드리면 본인 앞으로 등록을 한다. 그런데 채 목사님은 자동차도 교회 명의로 등록을 했다.

아주 나중 이야기지만 나도 목사님의 그런 모습에 영향을 받았다. 내가 교회 건축을 할 때 설계사가 이 교회의 건축주를 교회가 아닌 주문창 목사 개인으로 해놓았다. 교회 등기가 내 앞으로 나왔으면 내가 가만히 갖고 있다가 나중에라도 소유권을 주장할 수 있다. 그러나 그건 도리에 맞지 않았다. 그래서 내가 다시 교회 명의로 등기를 하려고 하니까 소득세 3,000만 원을 내란다. 그 3,000만 원을 내면서까지 등기 이전을 했다. 지금 내가 타는 차도 교회 앞으로, 집도 교회 앞으로 해두었다. 이게 다 채 목사님의 영향을 받은 것이다.

본향교회 부목사로 있을 때 목사님과 함께 완도로 수련회를 간 적이 있다. 그때 방에 목사님의 낡은 성경책이 있었다. 나는 목사님을 존경하니까 우리 목사님 책인가 보다 하고 앞장을 열어 봤다. 그 책장 안에 목사님이 써 붙여 놓은 글귀가 있었다. 나중에 안 사실이지만 그 문장이 목사님의 좌우명이었다.

"나는 자신을 위해서는 아무것도 하지 않는다. 그러나 주님을 위해서는 모든 것을 한다."

나를 위해서라면 아무것도 하지 않고 주님을 위해서는 모든 것을 하겠다. 바꿔 말하면 나를 위해서는 아무것도 가지지 않고 주님을 위해서는 모든 것을 갖겠다는 말이다. 지금까지 내가 지켜본 목사님은 지금까지 바로 그렇게 살아왔다. 목사님은 정말 깨끗하다. 누군가가 목사님이 계명을 어겼다고 말하면 나는 그 말을 믿지 않는다. 있을 수 없는 일이다. 만일 그것이 사실이라면 그것은 누군가 작업을 해서 함정을 파 놓은 것이다. 목사님이 절대로 그랬을 리 없다고 확신한다.

우리 아이들 둘은 본향교회에서 태어나 유아세례를 받았고, 셋째는 본향교회를 떠난 후에 내가 세례를 줬다. 내 아내더러 사모의 모델이 누구냐고 하면 채 목사님 사모님이라고 한다. 사모님은 나에겐 누나 같고 아내에겐 언니 같은 분이다. 나의 전도사 시절, 아내의 배가 불러 있을 때의 일이다. 광주 유동 근처를 나갔다가 우연히 사모님을 만났다. 그때 사모님이 아내의 손에 만 원짜리 지폐를 쥐어 주면서 들어갈 때는 택시 타고 들어가라고 했다. 들어갈 때 버스 타지 말고 택시 타라고 돈을 준 것이다. 그 당시 목사님과 사모님이 돈이 있는 사람들도 아니었거니와, 어느 담임목사님 사모님이 택시비 쥐어 줬다는 말을 들어본 적도 없다.

명절이 되면 아내는 목사님 댁에 인사를 갈 때 빈손으로 안 가고 자그마한 참치 캔 하나라도 마련해서 간다. 그러면 사모님은 제일 좋은 선물을 준비해 놨다가 우리한테 주셨다. 또 때로는 거기다 금일봉까지 넣어 주기도 했다. 그래서 나도 그때 배운 대로 똑같이 한다. 명절이 되면 성도들이 이런저런 선물을 준다. 그러면 그 선물들을 나 혼자 갖지 않는다. 견물생심이라고 좋은 물건 보면 욕심 안 날 사람 없다. 우스갯소리 하자면 나는 곶감 선물은 남 주지 않는다. 그것은 냉장고에 얼려 놓고 야금야금 내가 다 먹는다. 그러나 나는 비싼 선물과 값이 헐한 선물을 잘 구분해 두었다가 가난한 성도가 오면 가장 비싼 것을 나눠 주고 가장 싼 것은 잘사는 성도에게 나눠 준다. 그게 내가 사모님께 배운 것이다.

전도사 때, 목사님이 큰 사람임을 느낀 웃지 못할 사건이 있었다. 당시에 나와 함께 시무하던 두 명의 교육전도사를 포함해 세 명의 전도사가 있었다. 우리 셋은 친구처럼 지내는 사이였다. 하루는 목사님이 우리에게 임무를 주었다.

"오늘 주 전도사는 심방을 하고, 나머지 두 전도사는 여름 수양회 할 장소를 물색해 오게."

"예."

우리는 대답을 하고 물러 나와서 사건을 공모했다. 친구들은 지리산 산수 구경을 가는데 나 혼자 심방하긴 싫었다. 나는 "목사님, 심방 다녀오겠습니다" 하고 미리 빠져나와 교회 밖에서 기다리고, 두 친구 전도사들은 승합차를 타고 교회를 빠져나왔다. 교회 밖에서 승합차에 합승을 하여 구례로 향했다. 우리는 여유롭게 놀면서 수양

복이 될지라

회 장소를 물색했다. 목사님께 보고를 해야 하니까 캠코더를 들고 가서 물색한 장소들을 녹화하면서 잘 놀고 돌아왔다.

들어올 때도 나는 교회 밖에서 하차하여 먼저 교회로 들어갔다. 친구들은 삼십 분쯤 뒤에 교회로 왔다. 목사님이 친구 전도사들에게 잘 갔다 왔느냐고 물었다. 그들이 잘 갔다 왔다고 호들갑을 떨면서 말하고 있을 때, 나는 기회를 놓치지 않고 엄살을 부렸다.

"목사님, 저는 혼자 심방하느라고 죽는 줄 알았습니다. 아, 저 친구들은 놀러가라고 하고 저만 심방하라고 할 수 있습니까?"

이렇게 농담까지 했다. 그러자 목사님이 "수고했네. 자, 이리 와서 이거 보소"라고 말했다. 목사님은 사전 답사한 장소를 함께 보자며 캠코더를 가리켰다. 이때까지도 나는 속으로 흥이 났다.

모두 교육관 텔레비전 앞에 앉아서 화면을 응시했다. 한참을 보고 있었을까. 화면 속에 아는 인물 하나가 등장했다. 바로 나였다. 그 순간 나는 숨이 멎는 것 같았다. '아, 끝났다' 이런 생각까지 들었다. 어떻게 해야 할 줄을 몰랐다. "너 왜 거짓말했냐, 알면서도 이런 짓을 하냐? 목회자 될 인간이 이런 식으로 담임목사를 속여도 되는 거냐?" 이렇게 소리 지르며 불같이 꾸짖어도 할 말이 없을 상황이었다. 쥐구멍이라도 찾아 들어가고 싶었다.

그러나 목사님은 여유롭고 호탕하게 껄껄껄 웃었다. 재미있다면서 껄껄 웃는 것이다. 그것으로 끝이었다. 그리곤 아무 말씀도 없어서 혹시나 그날 이후라도 한 말씀 할 줄 알았는데 일언반구 하지 않았다. 나는 그때 '이분이 정말 큰 인물이구나, 이분이 진짜 목사님이구나' 온몸으로 감동을 느꼈다. 그리고 나는 그때 앞으로 더 열심히 해야 한다고 다짐했고, 채 목사님을 위해서라면 무엇이든 할 수 있게 되었다.

내가 목사 안수를 받은 날, 안수식 때 입은 양복을 입은 채 교회에 들어왔는데 갑자기 종탑 불이 고장 났다. 아무리 고치려 해도 아래에서는 무엇이 되질 않았다. 교회 종탑이 상당히 높았는데 아무런 기술도 없는 내가 직접 올라갔다. 안수받을 때 입은 양복을 갈아입지도 못한 채 상의만 벗고선 그대로 올라갔다. 그러다 우지직 하고 바지가 찢어졌다. 그러나 나에겐 바지가 문제가 아니었다. 무조건 내가 고치고 싶었다. 남들은 그렇게까지 할 필요가 있느냐고 했지만 나는 목사님을 위해서라면 무엇이든 하고 싶었다.

나는 본향교회에서 약 5년을 시무하다가 담양 금정교회로 갔다. 금정교회로 간 이유는 목사님과 교회가 싫어서가 아니었다. 내가 부목사로서 채 목사님께 누가 되겠다 싶어서 떠났다. 담양 금정교회에 5년 6개월을 시무하면서도 목사님과 자주 통화를 했고, 내내 채 목사님을 잊지 못했다. 목사님도 나를 자주 불러 줬다. 그러던 어느 날 목사님이 물었다. "자네 개척하려는가?" 그래서 나는 앞뒤를 듣지도 않고 "네, 목사님 개척하겠습니다"라고 대답했다. 장소가 어딘지, 조건이 어떤지도 묻지 않았다. 채 목사님이 물었으니 그냥 순종을 한 것이다.

화순 본향교회를 개척할 수 있도록 건물을 내준 분은 영광 염산교회 출신이다. 그 교회는 호남에서 순교자가 가장 많이 나온 곳이다. 그 순교자의 피가 흐르는 교회에서 신앙생활을 했던 성도 한 분이 언젠가 형편이 되면 교회를 개척하겠다는 꿈을 품었다. 그랬던 그들이 광주로 이사를 와서 광주 본향교회에 등록을 했다. 그러고는 화순에 있는 건물을 교회로 개척하려고 본향교회에 내놓았다. 이분들이 본향교회 등록한 지 한 달밖에 안 되었을 때 그런 믿음의 결단을 한 것이다. 그 성도가 토우건설 사주이다. 채 목사님은 나를 불러서 그 성도가 바친 땅을 주었다.

왜 5년이 지난 나를 불러서 교회 개척을 권유했는지 나중에 목사님께 여쭤 봤다. 그러자 목사님이 내가 부목사로 있을 때의 일화들을 이야기했다. 그중 하나가 목사 안수 받은 날 종탑에 올라가서 양복 찢어 먹은 이야기였다. 또 하나는 자동차 세차 이야기였다.

겨울이 되어 눈이 많이 내리는 날이면 내가 목사님 차를 세차해 두었다. 또 목사님이 어딜 다녀오면 다시 세차를 해놓았다. 세차를 했는데 또 나갔다 들어오면 내가 또 세차를 했다. 그래서 많은 경우 네 번씩 세차를 하기도 했다. 장갑 끼고 물 뿌리고 차체를 재빨리 닦았는데, 그 일이 힘들게 생각되질 않았다. 목사님을 존경하니까 전혀 힘들지 않았던 것이다. 말이 쉽지 한겨울에 세 번 네 번 세차를 하는 건 정말 어려운 일이다. 내 마음에서 우러나지 않고선 할 수 없는 일이었다. 나중에는 목사님이 나에게 열쇠를 하나 건네줬다. 그리고 심지어는 어딜 가려면 차 타도 되느냐고 물어봤다. 그럴 때면 내가 차 주인이 된 것 같았다. 목사님은 그런 충성된 내 모습이 생각나서 불렀다고 했다.

개척 후 2년쯤 지났을 때 일이다. 내가 열심히 세차했던 그 차가 나에게 왔다. 목사님이 타던 차니까 다른 부목사님께 줄 수도 있었을 텐데, 굳이 내게 준 것이다. "이 차는 자네 거니까 가져가소." 내가 전에 세차를 하면서 "목사님, 다음에 새 차 사시면 이 차는 제 겁니다" 했던 적이 있는데, 목사님은 그때 했던 내 말을 잊지 않았던 것이다. 개척 교회 목사인 내가 몰기에 그 차는 좀 버거웠다. 나는 그 차를 팔아서 승합차를 구입하는 종잣돈으로 삼았다.

지금은 교회가 어느 정도 성장했음에도 나는 여전히 이렇게 생각한다. '목사님만 건재하면 나는 돌아갈 데가 있다.' 이런 생각을 하면 마음이 참 든든하다. 살다 보면 목회에 실수하고, 어려움을 당할 수도 있다. 그럴 때 나는 다 정리하고 목사님께 가서 "목사님 밑에서 부목사 하겠습니다" 이렇게 할 것이다.

지금 나는 노회 서기를 맡고 있는데, 목회 시작한 지 10년도 안 되어 이 일을 맡게 되었다. 이렇게 나를 세워 준 분이 채 목사님이다. 돈으로 사람을 도울 수는 있어도 돈으로 사람을 세울 수는 없다.

내가 아는 한 목사님은 신의를 버린 적이 없다. 그동안 채 목사님이 변했다고 말하는 사람들도 있다. 그러나 단연코 채 목사님은 그대로 그 자리에 있다. 30년 가까이 지근거리에서 목사님을 지켜본 바, 목사님은 그 모습 그대로다. 만일 변했다고 한다면 바로 그 사람이 변했을 가능성이 있는 것 아닐까 싶다.

목회자 사이에서 하는 말이 있다. 채영남 목사님께 밥 못 얻어먹은 사람은 목회하면 안 된다는 말이다. 목사님은 정말 정이 많다. 처음에는 딱딱해 보여도 몇 번만 찾아가 보면 정말 복잡하지 않고 순수한 분이다.

한번은 꿈속에서 목사님의 부음을 들었다. 그 소식을 듣고 찾아가니 옛날 본향교회 지하실에 목사님 시신이 있었다. 아직도 잊을 수 없는 너무나 생생한 꿈이었다. 나는 지하실로 들어가서 땅을 치면서 마구 울었다. 이건 아니라고, 이러면 안 된다고, 얼마나 울었는지 모른다. 울다 울다 깨어 보니 꿈이었지만 나는 실제로 펑펑 울고 있었다. 꿈을 깬 뒤에도 그게 현실이 될까 봐 얼마나 두려웠는지 모른다. 그만큼 나는 채 목사님을 사랑한다.

한번은 목사님이 전화를 걸어 왔다. 사모님 생신인데 목사님이 멀리 가셔서 챙길 수가 없다며, 사모님 혼자 있을 테니 가서 밥을 좀 같이 먹으라고 한 것이었다. 우리 부부가 가서 보니 정말로 사모님 혼자 계셨다. 사모님과 함께 식사를 하면서 그런 생각을 했다. '목사님과 우리는 한 가족이구나' 하는.

내가 오늘 여기에 있기까지 채 목사님이 많은 영향을 주었듯, 오늘의 채 목사님이 있기까지 가장 많은 영향을 준 사람은 그분의 어머니였다. 채 목사님의 어머니는 소천하기 직전까지 신안군 비금도에 사셨다. 목사님 형제들이 다들 잘살게 되었음에도 계속 그 섬에 머무른 이유는 고향 교회를 지키기 위해서였다. 교회 운영을 위해서 고기 장사와 행상을 하면서 목회자 사례비를 주고 교회를 지키느라 뭍으로 안 나온 것이다. 그 어머니의 기도가 오늘 목사님이 있게 한 가장 큰 힘이다.

이 지역에서 채 목사님의 영적 영향력은 초기에는 아주 미미했다. 20년 전만 해도 영향력을 발휘할 수 있는 교회가 아니었다. 그저 작고 조용한 교회일 뿐이었다. 그 환경에서도 본향교회는 움직였고 목사님은 남들이 생각지 못한 미래를 준비하고 있었다. 목사님은 '복이 되는 목회'를 함으로써 차츰 영향력을 확대하여 오늘에 이르렀다.

지금은 광주에서 본향교회를 빼면 연합이 안 된다고 할 정도다.

이번에 부총회장 선거에 출마했을 때 사람들이 말하길 만약 부총회장 떨어지면 채 목사님이 교회에서 상당한 타격을 입을 거라고 했다. 나는 아니라고 했다. 절대 아니라고 했다. 그건 본향교회를 모르는 소리다. 채 목사님은 어떤 일이 있어도 교회에서 입지가 흔들릴 분이 아니다. 나는 교회에서의 목사님 위상을 잘 알고 있다.

본향교회에는 교회의 기둥으로 섬기신 김흥철 장로님이 있었다. 지금은 소천하셨지만 그 장로님이 목사님을 예수님 섬기듯 섬겼다. 목사님을 섬기는 그분의 지극한 모습이 나머지 교인들에게 그대로 전이되었다. 본향교회 교인들은 어떤 일이 일어나도 흔들림 없이 목사님 중심으로 나아갈 것이다. 장로님이 목사님을 잘 섬겼듯이 목사님도 그분을 아버지 대하듯 공손하고 깍듯이 섬겼다. 그분이 돌아가셨을 때 목사님이 얼마나 울었는지 모른다.

처음에는 사람들이 목사님의 진심을 몰라줬다. 목사님이 배우처럼 잘생긴 데다 피부도 희어서 접근하기가 어렵다고들 했다. 그러나 세월이 흘러도 변함없이 후원하는 모습을 보면서 인식이 달라졌다. 이제 본향교회는 중심에 섰다. 지금은 거의 모든 기독교 행사가 본향교회에서 열린다. 만약에 본향교회가 없었으면 성시화 운동 본부도 없었을 것이다. 목사님들의 모임도 재정과 인적 후원이 필요하다. 그런데 본향교회처럼 전적으로 섬기는 교회가 없다. 노회도 노회장의 교회에서보다 본향교회에서 더 많이 열릴 정도다.

목사님은 광주 지역의 영적 리더인 동시에 육적 리더다. 육적 리더인 이유는 행사 때마다 교회에서 식사를 제공하기 때문이다. 영적 리더가 되려면 육적 리더도 되어야 한다. 한두 번도 아니고 매번 행사가 있을 때마다 본향교회가 자리를 마련한다. 물론 목사님만이 아니라 교회를 섬기는 성도들도 위대하다. 본향교회 교인들은 목사님이 리더가 되도록 세워 주는 훌륭한 성도들이다. 본향교회에는 딱히 큰 부자가 없다. 이처럼 부자 없는 교회에서 참으로 많은 행사를 섬기니 그 성도들 또한 훌륭한 거다.

오늘날 한국 교회는 사회적인 문제나 이단 문제 등 다양한 문제를 안고 있다. 이제는 넘어야 할 산들이 과거보다 훨씬 많아졌다. 특히 성경에서도 가장 큰 적으로 삼았던 '물질주의'라는 적과 싸워야 한다. 그러나 가장 큰 문제는 한국 교회에 열정이 없다는 점이다.

나는 열정을 다른 말로 '기도'라고 표현하고 싶다. 한국 교회에 기도가 사라져 버렸다. 1960, 1970년대에는 기도 운동이 엄청나게 뜨거웠다. 그런데 1980년대 후반부터 기도가 점점 식으면서 기도의 자리에 찬양이 들어왔다. 한동안 찬양에 불이 붙더니 1990년대에 제자훈련으로 넘어갔다. 묘하게 머리만 커져 간다. 목숨 바쳐 부르짖는 기도가 사라져 버렸다. 하나님이 하실 거라는 믿음이 있어야 기도가 나온다.

교회도 세상처럼 회의하는 거 좋아하고, 위원회 많이 만들고, 인간적인 것들 많이 만든다. 소위 인테리어하는 목회로 가고 있다. 소득이 높아지면서 헌금이 많아지자 그 돈으로 총회관 짓고 장학관 짓고 무언가를 정말 많이 한다. 그런데 기도하는 집, 교회의 본질인 '기도'가 거의 사라져 버렸다.

채 목사님이 100회기 총회장이 되었다. 따지고 보면 채 목사님이 외국의 유명한 대학에서 박사 학위를 받은 것도 아니고 신학을 전문적으로 파헤친 신학자도 아니며 수만 명의 신도를 거느린 초대형 교회의 담임목사도 아니다. 물론 그동안 선거 운동이야 열심히 했겠지만, 상대 후보도 열심히 했을 테니 선거 운동을 잘했다고 말할 수도 없다. 더구나 거의 돈을 쓰지 않는 깨끗한 선거를 했음에도 총회장이 된 것은 그야말로 하나님의 은혜이자 하나님의 기름 부으심이다.

그러면 대체 어떻게 했기에 하나님이 기름을 부으셨을까? 지금까지 말한 수많은 이유보다 더 중요한 이유가 있다. 본향교회에는 하나님만을 바라보고 부르짖는 기도가 있다. 채 목사님은 금요 심야 기도회를 철석같이 지킨다. 목사님이 직접 인도하고 교인들이 릴레이로 365일 금식 기도를 한다. 기도가 살아 있다는 것은 전적으로 하나님을 신뢰한다는 말이다. 하나님이 원하는 사람은 그처럼 하나님을 전적으로 신뢰하는 사람이므로 채 목사님을 들어 쓴 것이다.

채 목사님은 어디를 가든 교회 부흥이 아니라 기도를 외쳤다. 창세기 12장 2절 말씀이 채 목사님 평생 목회의 중심 구절이다. 복이 되는 게 목사님의 삶이고 성도들의 삶이고 그분께 영향을 받은 나 같은 사람의 삶이다. 나 역시 설교할 때마다 복이 될지어다, 복이 되십시오, 꼭 이야기한다. 그러니 광주 본향교회 성도들이 나가서 복이 되고, 내 설교를 들은 성도들 또한 나가서 복이 되어 살아간다. 이로써 세상에 복이 되는 그리스도인이 늘어 가는 것이다.

복이 되기 위해 한국 기독교가 할 일은 교회 건물을 단장하는 게 아니라 기도하는 일이다. 목사님은 어느 자리에서든지 복이 되는 한국 교회, 복이 되는 그리스도인이 되게 하려고 힘쓸 것이다. 그분 자신이 기도하는 지도자이기 때문이다.

우리 교회도 기도가 살아 있는 교회가 되도록 목회를 하고 있다. 조직이 잘 정돈되어 있어서 새로 들어온 사람들이 친해지기 어려운 구조가 아니라, 언제 와도 포근하고 빈틈도 있어서 누구나 적응할 수 있는 교회, 상처받은 자들이 와서 치유받는 교회, 처음 개척할 때처럼 따뜻하고 사랑이 넘치는 교회였으면 좋겠다. 그러기 위해서는 반드시 기도가 우선이 되어야 한다. 우리는 교인의 3분의 1이 새벽 기도에 나온다. 예배가 살아 있고 사람이 살아 있고 기도가 살아 있는 교회다. 앞으로도 이 기도가 지속되기를 바란다.

나는 어려서부터 신앙생활을 하고 신학교를 다니고 목회를 하면서 천국에는 오직 믿음으로 간다고 믿었다. 내 믿음으로 천국에 가고 교리에 따라 천국에 간다고 설교했다. 내가 깨끗한 생활을 하고 신앙고백을 하면 천국에 간다고 믿었다. 물론 그것은 너무나 당연한 말이다. 그러나 오해를 일으킬 수 있는 말이지만 솔직한 심정을 고백하자면, 그런 것들이 나에게 천국을 보여 주지 못했다. 하나님이 구원하지 않는다는 게 아니라, 내 양심을 놓고 볼 때 내가 천국 갈 수 있다는 확신이 서지 않았다. 정말이지 믿음과 신앙고백만으로 간다면 천국은 너무나 값싼 차표로 갈 수 있는 곳이다.

우리나라의 교회는 순교자들이 피를 흘려서 세웠다. 그 믿음의 초기에 성도들은 엄청난 핍박과 환난을 당했다. 하지만 요즘은 그런 핍박은 없다. 목사들은 핍박이 아니라 존경 받고 대우 받는 시대가 되었다. 그러면 요즘 시대에는 핍박이 없는 것인가? 그렇지 않다. 현대 사회의 핍박은 경제, 물질이다. 내가 가진 것이나 갖지 못한 것이

나의 믿음을 시험하는 시대다.

내가 확신하지 못했던 천국 가는 길이 교회를 건축하면서 보였다. 내가 개척을 하면서 내가 가진 모든 것을 하나님 앞에 내놓았다. 내 통장에 재산은 하나도 없고 마이너스만 났다. 매월 이자를 메우느라 정신없던 그때 천국이 보였다. '아, 이제 나는 천국 갈 수 있겠구나' 하는 확신이 들었다.

현재 우리 교회의 대지는 3천 평이다. 화순이라는 좁은 지역에서 우리 교회를 개척한 지 15년이 되었는데 출석 인원이 300명이고 청년과 학생 포함해서 700명이다. 나는 앞으로도 더 커나갈 교회를 꿈꾼다. 그것은 내 욕심을 채우기 위한 것이 아니다. 내가 교회를 크게 해야 더 풍성하게 나눌 수 있기 때문이다. 더 나누기 위한 욕심이고 섬기기 위한 욕심이다. 이런 소명은 내가 채 목사님 곁에서 배워 온 것이다.

내 재산을 다 털어 넣을 수 있는 용기도 채 목사님을 보고 배운 것이다. 한 채 있던 집을 통째로 교회에 헌금한 그 믿음, 나를 위해서는 아무것도 가지지 않고 주님을 위해서는 모든 것을 갖겠다는 그 믿음이 나를 가르쳤고 오늘의 나를 있게 했다.

내가 존경하고 사랑해 마지않는 채 목사님께 바라는 바가 있다. 늘 목사님의 건강이 가장 걱정이다. 평생 몸이 불편하기도 했지만 목사님은 운동을 너무 안 한다. 농담으로 숨 쉬기 운동만 한다고 말할 정도로 운동을 안 한다. 목사님이 오래도록 건강해서 은퇴 후에 함께 걸으며 도란도란 이야기 나누고 싶다. 함께 오지에 가서 밥도 먹고, 여행도 하며 살면 좋겠다.

복이 될지라

내 삶의 후반에 꼭 하고 싶은 일이 있다. 내가 은퇴 목사가 된 뒤에 목회 현장을 떠나게 되면, 목사님의 은퇴 부목사가 되어서 그분을 모시고 다니는 것이다. 진심으로 그런 날이 오길 바란다. 그런 날이 꼭 와야 하므로 채 목사님이 오래오래 건강하기를 기도한다.

탈북민을 강제로 송환하는 중국 정부를 향해 석방을 부르짖는 모습.

영호남 '한마음 성시화대회'에서 지도자들과 영호남의 화해를 위해 기도하는 모습.

채영남 목사는 늘 이렇게 노래한다. "주 예수님보다 귀한 것은 없네. 이 세상 부귀와 바꿀 수 없네." 이 세상 명예도 이 세상 자랑도 이 세상 그 무엇과도 바꿀 수 없는 귀하고 귀하신 예수님의 사랑, 영원히 죽을 자신을 위해 아들을 이 땅에 보내신 하나님의 은혜, 그 사랑과 은혜를 온 세상에 전하며 살아가도록 자신을 택해 준 하늘 아버지께 감사를 드리며.

대중문화가 사회에서 강력한 영향력을 행사하며 사람들의 마음을 지배하는 동안 교회는 방향성을 제시하기보다는 기독교 문화의 정체성마저 상실한 채 표류했다고 채영남 목사는 생각한다. 이 문제를 극복하기 위해, 문화 사역은 복음을 전하는 훌륭한 매개체가 되어야 한다고 주장한다. 이런 사고를 바탕으로 본향교회는 문호를 활짝 개방했다.

본향교회 중직자들은 지역 사회에 어떤 현안이 있는지를 늘 관찰한다. 성도들이 주민 자치 위원이 되어 지역 주민센터에 무엇이 필요한지를 알아보고, 교회는 행사에 필요한 차량, 장소, 인력, 식사 등 지역이 필요한 일을 제공한다. 주변 유치원 등에서 넓은 장소를 필요로 할 때면 본향교회를 이용하도록 내어 주고, 사회적 행사나 교회 행사에도 전폭적 지원을 한다.

교회 규모가 커졌기 때문에 이런 사역이 가능하다고 생각하는 것은 큰 오산이다. 이는 본향교회가 18평 규모일 때부터 천하 만민에 복이 되라는 소명을 바탕으로 해온 일이다.

과거의 교회가 동네 사람들의 공간이었다면, 교회가 현대화되는 과정에서 교회는 교인들만의 공간이 되었다. 사회와 교회가 분리되고 단절된 것이다. 앞으로 한국 교회가 존재하기 위해서는 반드시 사회와 손을 잡아야 하고 세상 사람들이 교회의 문턱을 낮게 생각하도록 만들어야 한다. 교회는 언제든 편하게 갈 수 있는 곳이고 지역사회에 꼭 필요한 공간이라고 느끼게 만들어야 미래의 교회가 존재할 수 있다.

본향교회는 성전(대지 3,000평·건평 1,700평)을 적극 활용한다. 평일에는 전 공간을 문화센터로 개방하여 주민들에게 각종 유익한 프로그램을 제공하고, 독서실, 영화관, 카페테리아, 서점, 체육관, 식당, 결혼식장 등의 시설을 제공하여 주민들이 교회에 거부감 없이 발을 들여놓게 한다.

자칫 해가 될 수 있는 일반 문화의 무분별한 수용과 확산을 억제하는 한편, 기독교적 가치관을 기반으로 한 삶의 질 향상에 보탬을 주고자 교회에 문화센터를 개설했다. 이곳에서는 성악, 스포츠 댄스, 영어 동요, 영어 회화, 한국 무용, 풍선 아트, 발레, 수학, 프뢰벨 등 다양한 강좌가 열리고 있다.

지역 여성들을 위해 개설된 여성대학은 매년 400여 명 정도의 인원이 등록할 정도로 호응도가 높다. 이 가운데 절반 이상이 비신자

채영남이 걸어온 길

이다. 여성들의 관심사를 분석해 프로그램에 적용하고, 발 관리, 글씨 쓰기, 크로마하프, 워십 댄스, 종이 접기, 숯 공예 등 다양한 취미 활동을 장려한다.

경로대학은 매년 두 학기로 나눠 진행된다. 여기서는 노인들의 여가 선용과 건강 증진에 도움이 될 수 있는 레크리에이션 및 자존감 회복을 위한 각종 학습들이 이뤄지고 있다. 강의를 마친 뒤에는 무료로 점심을 대접하고 있다.

이처럼 본향교회는 예배당 건물을 가장 효율적인 선교의 장으로 활용하고 있다. 교회들이 많은 비용을 들여 성전을 건축하고도 공간을 20퍼센트 정도밖에 활용하지 못하고 있다. 그러나 본향교회는 성전을 지역 사회와 공유함으로써 지역 주민이 비록 예수를 믿지 않더라도 교회에 대한 주인 의식을 갖고 자연스레 교회 문화를 접할 수 있도록 하였다.

"나는 자신을 위하여는 아무것도 원치 않는다. 그러나 주님을 위하여는 모든 것을 원한다."

이 말은 채영남 목사의 좌우명이다. 채영남 목사는 좌우명을 몸소 실천한 사람이다. 그는 가진 게 없다. 채 목사의 개인 곳간은 믿지 못할 만큼 텅 비어 있다. 그는 재산이 없다. 그러나 하나님은 그를 누구보다 부하게 만들었다. 본향교회도 쌓아 둔 재산이 없다. 그러나 재정이 차고 넘쳐서 섬기는 것이 아니라, 섬기다 보면 하나님이 곳간을 채워 주신다. 본향교회는 가진 게 없으나 하나님께서 매일 내려 주시는 만나와 메추라기로 이 교회를 세상의 어느 교회보다 부하게 만들었다.

복이 될지라

채영남은 주머니만 비운 게 아니라 건강도 비웠다. 그는 사실 네 번의 죽음의 위기를 지나왔다. 처음에는 폐결핵으로 죽게 되었다가 하나님의 은혜로 살아났다. 극단적 고통은 하나님이 주는 최고의 선물인 경우가 많다. 돌이켜 보면 폐결핵은 하나님이 그에게 주신 가장 큰 선물이었다. 또 2012년에는 응급실에 실려가 심장 수술을 받는 등 병마에 시달렸다. 평생 몸을 돌볼 여유가 없이 살았고 지금도 마찬가지다. 주시는 이도 아버지시요 거두시는 이도 아버지시니 오직 주님 나라를 위해서라면 생명조차 자신의 것이 아니다.

이제 채영남 목사는 누군가는 감당해야 할 역할을 맡았다. 아니 반드시 그가 감당해야 할 아주 중요한 역할을 맡았다. 본향교회의 담임목사로서 지금까지 복의 통로가 되어 온 것을 기뻐 받으신 하나님은 그를 100회기 총회장으로 세우셨다. 이제는 본향교회에서 근육을 단련했으니 가장 적절한 때에 더 큰 복의 통로가 되라고 그를 총회장 자리에 세우셨다. 채영남 목사는 이 자리가 자랑할 자리도 아니고 이름을 내는 자리도 아님을 잘 알고 있다. 광복 70주년, 선교 130주년, 그리고 100회 총회에 그를 부르신 하나님의 뜻을 따르는 데만 집중하고 있다.

채영남 목사는 이렇게 고백한다.

"나는 부족한 죄인이나 나를 죽음에서 건져 내신 하나님께서 나를 사용해 당신이 아버지임을 드러내셨다. 내가 총회장 되는 것은 내가 잘된 것이 아니다. 그것은 나를 내세울 상표가 아니다. 오직 주님의 종이 되었다는 낙인이고, 오직 주님의 도구로 사용되어야 한다는 징표다."

채영남 목사의 인생은 실패와 회복의 연속이었다. 고등학교 때는 대학 입시에 실패했으나 그 실패를 통해 예수님을 만났고, 몹쓸 병에 걸린 것도 실패였으나 거문도로 다시 보냄 받아 회복되었다. 병이 회복되어 영생교회로 갔으나 거기서도 실패했고, 그 때문에 극락교회로 왔으나 그곳에서 다시 병세기 짙어졌다. 노회장에 출마했으나 두 번이나 떨어졌고, 그 실패를 통해 더 낮아지는 법을 배웠다. 다시 총회장에 출마하여 또 쓴잔을 마심으로 더욱더 낮아짐을 경험했다. 그러나 그 모든 실패와 좌절을 통해 1세기를 마무리하고 새로운 세기를 준비하는 100회기 총회장으로 서게 되었다.

"그러나 내가 가는 길을 그가 아시나니 그가 나를 단련하신 후에는 내가 순금 같이 되어 나오리라"던 욥의 고백처럼 하나님께서는 채영남 목사를 단련시키셨다. 만일 그러한 실패들을 거듭하지 않았다면 오늘의 채영남은 없었을지 모른다. 그가 실패 없이 살았으면, 하나님이 채영남 목사를 단련시켜 더 큰 복의 통로로 사용하지 않았으면, 그는 노회장도 총회장도 될 수 없었을 것이다. 고난이 축복임을 하나님은 그의 인생을 통해서도 증명하고 있다.

채영남 목사가 오직 복이 되는 교회, 복이 되는 목사가 되려고 노력했을 때 하나님은 그를 들어 사용하셨다. 그래서 채 목사는 후배 목사들에게 당부한다. 오직 복이 되는 일에만 힘쓰고 복이 되는 일은 무조건 해야 한다고. 복이 되기 위해서는 공부도 하고 사람도 만나고 목회도 열심히 하고 노회 일도 하고 총회 일도 해야 한다. 그러면 하나님께서 반드시 들어 사용하시고 모든 것을 합력하여 선을 이루신다고.

복이 될지라

총회장이 되는 과정은 무척 어려우나 총회장의 임기는 1년에 불과하다. 총회장이 자칫 명예직에 머물기 쉬운 이유도 그 임기가 짧기 때문이다. 의지를 갖고 일을 하려면 아무리 짧아도 3년은 되어야 하지만 시간이 주어지지 않은 것을 탓하고 있을 수만은 없는 노릇이다. 그래서 채영남 목사는 이 짧은 기간에 무엇을 할지 기도로 하나님께 여쭈었다.

기도하고 묵상하는 동안 하나님께서는 한국 교회의 상황을 보여 주셨다. 사회는 물론 교회조차 극심한 가뭄에 타들어 간 논바닥처럼 찢어지고 갈라진 상황 말이다. 우리나라 1년 예산이 약 300조인데 갈등 비용으로 소요되는 손실이 약 264조 원이라고 한다. 국가의 일 년 예산과 맞먹는 엄청난 비용이 갈등 해소 비용으로 들어가고 있다. OECD 국가 중 종교 분쟁 지역인 터키를 제외하면 갈등 비용 1위의 국가인 셈이다. 갈등은 국가 발전의 강력한 저해 요인이다.

갈등은 사회에만 있는 게 아니다. 교회도 마찬가지다. 교회가 갈등으로 인해 하나님의 영광을 가리는 예는 얼마든지 있다. 어른들 세대에서는 갈등을 참고 견뎠으니 문제가 되지 않던 것들이 세대가 바뀌면서 겉으로 표출되기 시작했다. 매해 총회에 40건 이상의 교회 재판이 이루어진다. 그런데 총회의 판결이 마음에 들지 않으면 사회법으로 넘어간다. 교회 문제를 사회 문제로 비화시키는 장본인이 교회다. 그런 갈등과 불화가 많으면 아무리 교인이 많아도 교회가 힘을 발휘할 수가 없다.

3·1 운동 당시에는 기독교인이 1퍼센트였다. 그러나 그들이 복의 통로가 되니까 세상이 기독교를 신뢰했고, 그 신뢰를 바탕으로 한국

교회가 급성장했다. 지금은 40퍼센트 이상의 국가 지도자가 기독교인이다. 하지만 그들은 하나님을 자랑하는 게 아니라 자기를 자랑한다. 그러다 보니 자기만 복을 받고 복을 나눠 주지 않는다. 기독교인인 지도자들이 상처를 위로해 주는 게 아니라 오히려 상처를 더 만들거나 이미 난 상처에 소금을 뿌리는 역할을 하고 있다. 심지어 상처 준 자를 옹호하거나 상처 준 자들과 힘을 합쳐 상처 받은 자들을 괴롭게도 한다.

이런 문제들을 두고 기도한 끝에 100회 총회의 주제를 '화해'로 설정했다. 100회 총회의 슬로건은 "주여 우리로 화해하게 하소서"다. 화해라는 말은 사도 바울이 처음 사용했다. 화해란 적대감을 버리고 우정의 상태로 돌아가는 것이며, 전쟁에서 평화를 향해 나아가는 것이다.

채영남 목사는 갈등의 원인과 해법으로 세 가지를 제시한다. 첫째, 나로 인해 갈등이 발생한 경우다. 그럴 때면 자신이 상대에게 회개하고 용서를 구해야 한다. 둘째, 상대방으로 인해 갈등이 발생한 경우다. 그럴 때는 예수님의 방법으로 화해해야 한다. 예수님은 십자가에서도 저들의 죄를 저들에게 돌리지 말라고 기도하셨다. 상대의 잘못을 상대에게 돌리지 않는 그리스도의 정신이 필요하다. 셋째, 쌍방이 잘못을 저지른 경우다. 이 경우는 쌍방이 옳다고 주장하므로 문제가 더욱 복잡하다. 이럴 때에도 예수님의 방법을 배워야 한다.

빌립보서에서는 이렇게 말하고 있다.

아무 일에든지 다툼이나 허영으로 하지 말고 오직 겸손한 마음으

복이 될지라

로 각각 자기보다 남을 낫게 여기고 각각 자기 일을 돌볼 뿐더러 또한 각각 다른 사람들의 일을 돌보아 나의 기쁨을 충만하게 하라 너희 안에 이 마음을 품으라 곧 그리스도 예수의 마음이니(빌 2:3-5).

채영남 목사는 어머니와 아이의 관계를 화해의 좋은 예로 들었다. 잘못을 저지른 아이가 떼를 쓰며 밥을 안 먹는 경우가 있다. 이럴 때면 어머니는 아이를 어르고 달래 본다. 그래도 말을 안 들으면 혼찌검을 내기도 한다. 그래도 아이가 밥을 굶고 버티면 결국 어머니는 이렇게 말한다.

"내가 잘못했으니 어서 밥 먹어라."

아이는 자기가 잘못했음에도 어머니가 사과를 하니까 와서 밥을 먹는다. 이처럼 자신이 잘못하지 않았음에도 잘못했다고 말할 때 화해가 이뤄진다고 채영남 목사는 주장한다.

채영남 목사가 부총회장 선거를 하면서 보였던 태도도 그와 같았다. 혹시라도 서운한 마음을 먹은 사람이 있다고 하면 채영남 목사가 직접 찾아가서 내 부족함을 용서해 달라고 했다. 그렇게 하면 그분이 마음을 풀고 채영남 목사를 도와주었다. 우리는 빚을 탕감받은 종과 같다. 예수님이 우리의 모든 빚을 탕감해 주었으니 우리도 남의 빚을 탕감해 줘야 한다. 그렇게 하지 않고 끝까지 빚을 받아 내려는 종에게 예수님은 이렇게 말했다.

이에 주인이 그를 불러다가 말하되 악한 종아 네가 빌기에 내가 네 빚을 전부 탕감하여 주었거늘 내가 너를 불쌍히 여김과 같이 너도

네 동료를 불쌍히 여김이 마땅하지 아니하냐 하고 주인이 노하여 그 빚을 다 갚도록 그를 옥졸들에게 넘기니라 너희가 각각 마음으로부터 형제를 용서하지 아니하면 나의 하늘 아버지께서도 너희에게 이와 같이 하시리라(마 18:32-35).

용서와 화해를 주장하면서도 실천하지 않는 성도, 설교단에서는 화해를 강조하면서도 실천하지 않는 목회자가 되어선 안 된다. 그리스도인은 그리스도의 길을 따라 사는 사람이지 그리스도가 한 말을 입으로만 되뇌는 사람이 아니다.

100회 총회는 "주여 우리로 화해하게 하소서"라는 슬로건 하에 5대 목표를 세웠다. 말씀의 근거는 고린도후서 5장 19-21절이다.

곧 하나님께서 그리스도 안에 계시사 세상을 자기와 화목하게 하시며 그들의 죄를 그들에게 돌리지 아니하시고 화목하게 하는 말씀을 우리에게 부탁하셨느니라 그러므로 우리가 그리스도를 대신하여 사신이 되어 하나님이 우리를 통하여 너희를 권면하시는 것 같이 그리스도를 대신하여 간청하노니 너희는 하나님과 화목하라 하나님이 죄를 알지도 못하신 이를 우리를 대신하여 죄로 삼으신 것은 우리로 하여금 그 안에서 하나님의 의가 되게 하려 하심이라.

첫째는 '하나님과의 화해'다. 인간이 죄를 하나님 앞에 회개하고 하나님과의 관계를 회복한다. 목사 윤리 강령을 만들어 목회자들이 회개한다.

복이 될지라

둘째는 '교회의 화해'다. 총회가 하나 되고 노회가 하나 되고 교회가 하나 되는 것이다. 부모 자식 관계처럼 서로 갈등을 없애서 하나가 되어야 한다.

셋째, '이웃과의 화해'다. 가정, 직장, 학교, 군대 등 각자가 살아가는 위치에서 십자가 정신으로 이웃과 화해하며 살아야 한다. 교파 간에도 화해하고 북한과도 화해해야 한다.

넷째, '사회와의 화해'다. 교회와 성도는 사회에서 빛과 소금의 사명을 다해야 한다.

다섯째, '자연과의 화해'다. 사람이 자연을 공격하며 살아온 결과 이제는 자연이 사람을 공격하는 상황이 되었다. 인간은 자연과 조화롭게 살아야 한다.

정치가들의 선거에서 늘 주장하는 것이 '공명한 선거'다. 흑색선전을 하지 않고 정책 선거를 하자는 주장과 돈 선거를 하지 말고 깨끗한 선거를 하자는 주장이다. 주장은 그렇게 하면서도 결국에는 비난과 비방과 흑색선전과 돈을 이용한 부패하고 타락한 선거전을 하고 만다.

채영남 목사는 선거전에 돌입하면서 목사는 세상과 같아서는 안 된다고 다짐을 했다. 그래서 일체 부정적인 선거를 하지 않고 오직 정책 개발에 집중하기로 했다. 논쟁이나 정쟁을 하지 않고 겸손하게 낮아진 자세로 정책 개발하는 일에 힘썼고 비전을 제시하는데 집중했다. 그 결과 99회 부총회장에 당선되어 역사적인 100회 총회장으로 서게 되었다.

100회기 총회가 감당해야 할 산적한 문제들 중에서 채영남 목사가 특별히 관심을 가진 두 분야가 있다. 첫째는 교회 리더 재교육 영역이고, 둘째는 예수님 중심의 교회 질서 바로 세우기이다.

교회 지도자의 재교육은 매우 시급하고 중대한 과제다. 일단 장로나 목회자가 된 다음에는 재교육이 없다. 그러다 보니 교회에 많은 문제가 일어난다. 훈련에서 땀을 많이 흘리면 전장에서 피를 흘리지 않으나 훈련에서 땀을 흘리지 않으면 전투에서 곧 패배하고 만다. 따라서 총회는 목회자와 장로, 곧 교회의 리더들을 재교육하는 데에 많은 관심과 투자를 할 예정이다.

낙도나 산간벽지 혹은 해외에서 선교하는 지도자들이 있으므로 사이버 공간도 적극적으로 활용할 예정이다. 사이버 공간은 지도자 재교육은 물론 양방향 소통이 가능하므로 교회의 일치와 단합에도 많은 역할을 감당할 것이다.

둘째는 교회 질서의 구현이다. 개교회주의가 만연하면서 교회 조직에 대한 권위를 인정하지 않는 움직임이 있는 것도 사실이다. 그러나 교회는 결코 혼자 서 있을 수 없는 공동 운명체다. 예수님이 그 몸이기 때문이다. 하나님의 기름 부음 받은 목회자의 말에 순종하라고 하면서 하나님이 허락한 조직에 순종하지 않는 목사는 스스로 논리적 모순을 보여 주는 것이다. 본인의 권위만 내세우며 하나님의 권위는 인정하지 않는 것과 하등 다를 바가 없다.

이러한 조직의 질서에는 중요한 전제들이 있다. 우선 성령께서 함께하셔야 하고 말씀이 함께해야 한다. 물론 말씀과 성령이 따로 있을 수 없다. 말씀 있는 곳에 성령이 있고 성령 있는 곳에 말씀이 있다.

복이 될지라

따라서 직통 계시 같은 것들은 공동체적 확인을 거치지 않으면 자칫 독선이나 이단으로 빠지기 쉽다. 성령님이 운행하시니 직통 계시가 없다고 말할 수는 없으나, 그 계시를 공동체와 교회 질서 안에서 확인하는 작업이 필요하다는 말이다.

이러한 공동체적 확인을 위해 하나님은 교회 조직을 주셨다. 교회 조직은 하나님이 원하는 바에 따라 법적 기준을 명확하게 적용해야 한다. 그것은 강요나 폭력이나 권위적인 행위가 아니라 하나님으로부터 온 권위에 따른 적용이어야 한다. 반복해서 말하지만 교회와 총회의 권위를 하나님으로부터 온 것으로 인정하지 않는 목사가 있다면, 그 목사는 자신의 권위도 하나님으로부터 오지 않은 것으로 인정하는 사람이라고 생각할 수밖에 없다. 이와 같은 이유로 교회법은 매우 중요하다.

먼저 총회장이 탈법적 행위를 해서는 안 된다. 그리고 교회도 탈법적 행위를 하면 안 된다. 교회는 헌법 질서를 따라야 한다. 법이 존재하면 그 법에 준거해서 행위를 해야 한다. 다수가 반드시 옳다는 건 아니지만 만일 모든 이의 직관적 계시가 옳다면 하나님이 성전을 통해 역사하실 이유가 없다.

교회 헌법은 개인이 만든 것이 아니고 교회가 연합하여 만든 것이다. 그러므로 개인이 마음대로 그 법을 흔들 수 없다. 만일 개인이 흔들 법이라면 그건 법이 아닌 것이다. 법이 자신의 마음에 안 든다고 해서 위법 행위를 하는 것을 정당화할 수는 없다. 기존의 법들도 말씀에 의거하여 성령의 도우심으로 만들어진 질서다. 만일 그 법을 고쳐야 할 상황이라면 하나님이 그에 합당한 지혜를 주실 것임을 믿어야 한다.

채영남 목사는 이런 점에서 주님의 인도하심을 신실하게 따르는 교회 질서를 바로 세우고자 한다. 그런 면에서 지도자 재교육을 통한 총회와의 지속적인 관계 유지는 한국 기독교의 백 년을 내다 볼 때 대단히 가치 있는 일이다.

채영남 목사의 멘토는 2012년 하나님의 부르심을 받은 채남선 목사였다. 사람들은 과거에 '채남선 목사의 동생 채영남 목사'라고 불렀다. 하지만 이제는 '채영남 목사의 형 채남선 목사'라고 한다.

채남선 목사는 조선대학교 약대를 졸업한 재원으로 약국을 운영하면서 굉장한 호황을 누렸다. 많은 소득을 올리면서 교회를 재정적으로 섬겼는데, 교회 헌금의 대부분은 채남선이 바친 것이었다. 그가 CCC 간사로 헌신한 이후에는 담임목사가 CCC에 찾아와서 교회 재정에 타격을 입는다는 이유로 화를 낼 정도였다. 채남선은 뒤늦게 사역자의 길로 뛰어들었다.

채영남 목사의 어머니는 채남선 목사를 '채바울'이라고 불렀다. 그가 바울처럼 살기를 바랐던 것이다. 그래서인지 채남선은 복음을 명료하게 이해했으며, 광주 지역에서 말씀 교육으로 상당한 발자취를 남겼다. 그 당시의 제자들 중에는 복음화에 뛰어든 사람들이 많다. 채영남의 형제들 7남매 중 누님 둘은 목회자 부인이 되었고 둘은 목사가 되었다. 어머니의 기도로 이뤄진 복음의 가정에서 채남선은 그야말로 영적 아버지였다.

어머니의 인생에서 배운 것과 그 형님을 통해서 배운 것과 채영남 목사 자신이 터득한 진리는 오직 하나다. 우리가 붙잡을 건 예수님밖에 없고 믿을 것도 예수님밖에 없으며 살길도 예수님밖에 없다는 사실이다. 하나님이 우리를 사랑해서 이 땅에 예수님을 보냈으니 예수님으로 사는 것, 그것이 시작이요 끝이다. 인간이 붙잡고 싶은 것들, 부와 명예 같은 것은 아무리 붙잡는다 해도 하나님이 한 번 앗아가 버리면 다 끝나고 만다. 하나님은 친절하시고 늘 우리를 이해시키려 하지만 때론 묻지도 않은 채 거둬 가기도 하신다.

채영남은 자신을 위해 아무런 것도 소유하지 않았으나 후회도 없고 돌아볼 것도 없다. 아프면 아픈 대로 감사하고 좋으면 좋은 대로 감사하다. 그가 주님 만나는 그날까지 가야 할 길은 오직 하나다. 주님의 명령을 따라 천하 만민을 복되게 하는 그 사명을 감당하며 살아가는 것만이 그의 전부다.

이 세상 끝나는 날에도 자녀들과 후손에게 남기고 싶은 말은 "천하 만민에 복이 되는 사람이 되라"는 것이다. 소명에는 군더더기가 없다. 처음부터 끝까지, 세상 누구에게든지 줄기차게 "복이 되라"고 말한다. 모세를 만난 사람들이 오직 가나안 땅을 향해서 가야 했던 것처럼 채영남 목사를 만난 자들은 복이 되는 자로 살아가야 한다. 그렇게 살아가라고 하나님이 붙여 주었으니 천하 만민에게 복의 통로가 되는 삶을 살아야 하는 것이다.

채영남 목사는 "나를 위하여는 아무것도 원치 않고 주님을 위하여는 모든 것을 원하는" 삶을 살아왔다. 하나님을 위해서만 모든 것을 원하는 사람은 반드시 천하 만민에게 복을 주는 통로가 된다는 이 가치 하나를 붙들고 채영남 목사는 100회 총회장 자리까지 왔다.

채영남 목사의 길은 아직 끝나지 않았다. 그의 길은 아직 중간도 오지 않았다. 이제 시작이다. 그동안 본향교회와 광주 지역에서 복의 통로가 되었던 채영남 목사는 이제 이 나라와 민족과 온 세계에 복의 통로가 되는 삶을 살아갈 차례가 되었다.

채영남 목사에게는 갚을 수 없는 빚을 진 사람들이 있다. 나중에, 아주 나중에 하늘의 아버지께서 그들에게 빚을 갚아 주실 것이다. 채영남 목사가 빚을 진 사람들은 먼저 본향교회 교인들이다. 이 땅의 많은 교회들 가운데 드물게 사랑과 헌신으로 이름이 난 교회다. 본향교회는 사랑으로 지어진 교회이고 사랑으로 살아온 교회이며 사랑으로 소문이 난 교회다. 그들의 크고 깊은 사랑에 채영남 목사는 겸손히 머리 숙여 이렇게 인사한다.

"감사합니다. 미안합니다. 사랑합니다. 최선을 다하겠습니다."

채영남 목사가 병들어 죽게 되었을 때 그를 선택하여 지금까지 함께 살아온 고계옥 사모에게도 말할 수 없는 빚을 졌다. 첫아이가 태어났을 때 찾아가 보지도 못했다. 또 남편이 안 올까봐 둘째는 아예 집에서 낳았고 스스로 탯줄을 잘랐던 그 아내에게 머리 숙여 겸손하게 인사한다.

"고마워요. 미안해요. 사랑해요"

채영남 목사는 어린 시절 자랐던 비금도의 명사십리를 떠올리거나 거문도의 산꼭대기를 떠올리면 가슴이 탁 트인다. 끝도 없이 펼쳐진 바다와 수평선을 바라보노라면 이 세상을 창조한 하나님의 섭리에 경배 드리지 않을 수 없었다. 그 젊은 청년을 오늘 천하 만민을 복되게 할 자리까지 이끄신 주님의 은혜는 하늘을 두루마리 삼고 바

복이 될지라

다를 먹물 삼아도 다 기록할 수가 없다.

채영남 목사는 늘 이렇게 노래한다.

"주 예수님보다 귀한 것은 없네. 이 세상 부귀와 바꿀 수 없네."

이 세상 명예도 이 세상 자랑도 이 세상 그 무엇과도 바꿀 수 없는 귀하고 귀하신 예수님의 사랑, 영원히 죽을 자신을 위해 아들을 이 땅에 보내신 하나님의 은혜, 그 사랑과 은혜를 온 세상에 전하며 살아가도록 자신을 택해 준 하늘의 아버지께 감사를 드리며.

여호와께서 아브람에게 이르시되 너는 너의 고향과 친척과 아버지의 집을 떠나 내가 네게 보여 줄 땅으로 가라 내가 너로 큰 민족을 이루고 네게 복을 주어 네 이름을 창대하게 하리니 너는 복이 될지라 너를 축복하는 자에게는 내가 복을 내리고 너를 저주하는 자에게는 내가 저주하리니 땅의 모든 족속이 너로 말미암아 복을 얻을 것이라 하신지라(창 12:1-3).

창세기 12장의 이 말씀은 목회자로서 아니 그리스도인으로서 살아온 제 평생의 소명입니다. 저는 이 말씀을 소명으로 받을 때 오랜 시간 홀로 궁금한 것이 있었습니다. 당시 아브라함은 이미 고향을 떠났고 아버지의 집도 떠난 상황이었지요. 그런데 하나님은 왜 그에게 또 떠나라고 명령했을까요? 하나님이 아브라함에게 질문을 던진 것임을 깨달았습니다.

"나를 의지할 것인가? 네 육신의 아버지를 의지할 것인가? 네가 궁극적으로 돌아가고 의지할 곳은 육신의 아버지인가? 하늘의 아버지인가?"

사람이 참으로 복이 되려면 육신의 것들을 버리고 하나님의 소유가 되어야만 합니다. 복이 된다는 것은 바로 인간으로서의 모든 것을 내려놓고 하나님의 종으로서 인간이 되는 것입니다.

교회가 할 일은 두 가지입니다. 복을 받는 일과 복을 나누는 일입니다. 예배와 성경 공부, 기도, 찬송, 이런 것들은 아버지로부터 복을 받는 일입니다. 전도, 선교, 봉사 등은 이웃을 섬기는 일로 복을 나누는 일입니다. 다시 말해 복을 받는 통로는 '예배', 복을 나누는 통로는 '섬김'입니다.

교회의 본질은 바로 '예배와 섬김'입니다. 예배를 통해 복을 받고 섬김을 통해 복을 나눠야 합니다. 교회가 잘되려면 복을 나누는 일을 잘해야 합니다. 성도와 목회자와 교회가 복이 될 때 이웃과 민족과 천하 만민이 복을 받고 하나님 나라가 확장됩니다.

하나님이 아브라함에게 말씀하셨듯 복은 자동으로 따라옵니다. 아브라함이 큰 민족을 이루어 복을 구하니까 하나님이 주겠다고 하신 게 아닙니다. 하나님이 복을 줘서 창대하게 할 테니 "너는 복이 되라"고 말씀하셨습니다. 복된 일만 하면 복은 하나님이 주실 테니 받을 것을 생각하지 말고 복이 될 것만 생각하면 되는 게 그리스도인입니다.

아무리 돌아보아도 저는 내세울 만한 것이 없습니다. 병으로 인해 네 번이나 죽을 고비를 넘겼고, 병으로 죽을 고비를 넘기기 이전에 이미 죄로 인하여 사망을 했던 사람입니다. 그런 제가 대한예수교 장로회 통합 교단의 제100회 총회장으로 취임하게 되었습니다. 갈등과 분쟁으로 얼룩진 한국 사회, 그리고 그 사회에서 제 역할을 잘 감당하지 못하고 있는 한국 교회에 하나님께서 저를 종으로 부르신 것입니다.

저는 무익하고 부족한 죄인이나 저를 죽음에서 건져 내신 하나님께서 천하 만민에게 복이 되는 삶을 살라고 이 자리에 부르셨다고 믿습니다. 총회장의 자리는 저를 내세울 브랜드가 아닙니다. 오직 주님의 종이 되었다는 낙인이고, 주님의 도구로 사용되어야 한다는 또 하나의 징표입니다. 앞으로 해야 할 일이 참으로 많은 이때에 한국 교회의 새로운 이정표를 세우기 위하여 가장 낮은 자세로 섬기는 자가 되겠습니다.

저와 함께 복이 되는 삶을 살아 준 본향교회 성도들, 그리고 저를 종으로 세워 주신 한국 교회, 책을 통해 제가 하나님 아버지의 아들임과 예수님의 종임을 증언해 준 여러분께 감사드립니다. 저에게 주신 하나님의 은혜를 세상에 나눠 주신 홍성사에 참으로 심심한 감사를 드립니다.

남은 날도 주 예수님보다 귀한 것은 아무것도 없는 세상에서 오직 주 예수님만을 높이며 살겠습니다. 그 귀하신 보혈의 피로 세상을 복되게 하는 것은 남은 날의 제 사명입니다. 저를 아는 모든 분과 이 글을 읽는 독자 여러분도 하나님 아버지께서 주신 저의 사명에 동참하여 천하 만민에게 복이 되는 그리스도인이 되시길 축원합니다.

이 모든 길에 함께하셨고 남은 날도 함께하실 하늘 아버지께 감사드립니다.

2015년 8월 1일

채영남

내가 너로 큰 민족을 이루고 네게 복을 주어
네 이름을 창대하게 하리니 너는 복이 될지라

복이 될지라

The Story of
BONHYANG Church &
Pastor. Young Nam Chai

2015. 8. 28. 초판 1쇄 인쇄
2015. 9. 4. 초판 1쇄 발행

지은이 강영길
펴낸이 정애주
국효숙 김기민 김의연 김일영 김준표 박세정
박혜민 송승호 염보미 오민택 오형탁 윤진숙
이한별 임승철 조주영 차길환 한미영 허은

펴낸곳 주식회사 홍성사
등록번호 제1-449호 1977. 8. 1.
주소 (121-885) 서울시 마포구 양화진4길 3
전화 02) 333-5161
팩스 02) 333-5165
홈페이지 www.hsbooks.com
이메일 hsbooks@hsbooks.com
트위터 twitter.com/hongsungsa
페이스북 facebook.com/hongsungsa
양화진책방 02) 333-5163

ⓒ 강영길, 2015

• 잘못된 책은 바꿔 드립니다.
• 책값은 뒤표지에 있습니다.

ISBN 978-89-365-1110-4 (03230)

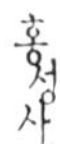